本书为教育部哲学社会科学研究重大课题攻关项目"中国近代边疆学术史资料整理与研究"（课题编号：22JZD035）、国家社科基金重点项目"近代中国的边疆学学科建构与边疆研究"（课题编号：22AZS017）、四川省社科基金重点项目"《李安宅全集》整理、编纂与研究"（课题编号：SC22A011）的阶段性成果。

学随世变

李安宅的学术人生

汪洪亮 著

人民出版社

留美时的李安宅像

李安宅夫人于式玉像

李安宅、于式玉夫妇在四川师范学院

前排左起为四女李立廉、李安宅、子李印生、三女李秀廉、二女李瑞廉，后排左起为大女李培廉、堂弟李安寰之妻、堂妹李三余、外甥吴慧春

李安宅、于式玉在拉卜楞调研

国民政府教育部颁发给视察员李安宅的行旅护照（1940年5月）

左起:冯友兰、倪青原、罗忠恕、李安宅

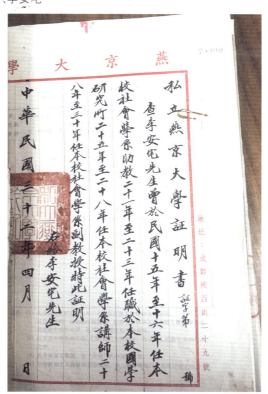

李安宅就职燕京大学之证明书
（1943 年 4 月）

2008 年 7 月 14 日,作者与李印生合影,北京海淀区亮甲店李印生家中

2020 年 11 月 8 日,作者与李秀廉合影,北京中央民族歌舞剧团家属院内

目　　录

导　言

　　学术史在当下中国可谓异军突起,其重要关切之一即是学术与时代的互动。"一时代有一时代之学术",诸如先秦诸子学、两汉儒学及经学、魏晋玄学、隋唐佛学、宋明理学、清代考据学,都是其所在时代的主流思想或学术。学有所兴,必有时趋。讨论近代中国学术,常常离不开传统学术的创新与转型、西学东渐的本土适应与应用、中西学术竞争与互融等几个关键词。近代中国边疆研究也是如此,凸显了时代需要、学术转型和学科形塑。①

　　学术史的另一个重要关切,就是知人论学。过去学术史研究者常关注作品,而忽视作者经历,导致文本解读者与文本创制者的切割。有人将这种现象概括为"人的隐去"或"人的消失",呼吁学术史研究重心要放在人上;指出学术史应该是学术的历史,其主体,不仅要有学术,更应有学人;认为学术史离不开具体的学术文本,应当回

---

① 参见汪洪亮:《中国边疆研究的近代转型——20 世纪 30—40 年代边政学的兴起》,《四川师范大学学报》2020 年第 5 期。

到"学术"的生产过程中。①

在学人与学术史研究中,又存在一种聚光与遮蔽之现象:极少数被反复研究,大多数陷于沉寂。孤月独明,不如繁星满天,历史的真实理应是后者;但历史的研究,却未能呈现这种真实,很多曾经众声喧哗的画面,如今只剩下单调的高音。难怪王铭铭追求的"人生史","最好是选择一位重要,却并非是路人皆知的'非常人'为对象"②。李安宅就是这样一种"非常人",近些年逐步受到关注,但目前的研究尚远不能体现其学术与时代的互动,也远未反映李安宅人生与学术的丰富性和独特性。③

一、一个大变动的时代

近代中国与前不同,正如梁启超在 1901 年所指出的,相对于中国数千年来的"停顿时代"来说,处于充满变数的"过渡时代":政治上的"新政体",学问上的"新学界"和社会理想风俗上的"新道德",均未能取代旧有,而是新旧交织。④"过渡"就是一种"变动","过渡时代"就是一种"变动时代",只是这种变动不是那种决然的"峰回路转",而更多具有中西新旧杂糅的特征。

----

① 参见罗志田:《学术史:学人的隐去与回归》,《读书》2012 年第 11 期。

② 参见王铭铭:《人生史与人类学》,三联书店 2010 年版,"绪论"。

③ 关于李安宅研究之现状,可以参见拙文《知人论学:纪念李安宅诞辰 120 周年学术研讨会述评》,《青海民族大学学报》2021 年第 3 期。

④ 参见梁启超:《过渡时代论》(1901 年 6 月 26 日),《饮冰室合集·文集之六》,中华书局 1989 年版,第 27—30 页。

关于近代中国的"变动"特征，很多学者在其著作的标题中即给予明确标识。随意搜检，俯拾皆是。比如汪家熔《大变动时代的建设者——张元济传》（四川人民出版社 1985 年版）、罗志田《变动时代的文化履迹》（复旦大学出版社 2010 年版）、沈渭滨《士与大变动时代》（北京师范大学出版社 2019 年版）、王先明《变动时代的乡绅：乡绅与乡村社会结构变迁（1901—1945）》（人民出版社 2009 年版）、李良玉《变动时代的记录》（吉林人民出版社 2003 年版）、李志茗《晚清幕府：变动社会中的非正式制度》（上海社会科学院出版社 2018 年版）、左松涛《变动时代的知识、思想与制度》（武汉出版社 2011 年版），等等。对这种"变动"的形容，除了"大"，还有其他各种感情色彩更鲜明的词语。比如"巨变"，就有齐世荣、廖学盛《20 世纪的历史巨变》（学习出版社 2005 年版）、高瑞泉《巨变时代的社会思潮与知识分子》（上海古籍出版社 2014 年版）；再如"激变"，就有罗志田《激变时代的文化与政治》（北京大学出版社 2006 年版）、王静《激变时代的思考者——郭沫若与其诸子观》（中国社会科学出版社 2021 年版）、刘文丽《激变时代的选择——戴季陶政治思想研究》（首都师范大学出版社 2015 年版）；又如"剧变"，就有马敏《官商之间：社会剧变中的近代绅商》（华中师范大学出版社 2003 年版）、李少军《迎来近代剧变的经世学人——魏源与冯桂芬》（湖北教育出版社 2000 年版）；还有"裂变"，如罗志田《裂变中的传承：20 世纪前期的中国文化与学术》（中华书局 2019 年版）、高钟《文化激荡中的政府导向与社会裂变：1853—1911 年的湖北》（华中师范大学出版社 1998 年版）、张鸣《北洋裂变：军阀与五四》（广西师范大学出版社 2010 年版）。如此等等，指不胜屈。当然，这些表示变化的形容词，有着不同的指向，其角度和程度也有差异。还有些著述，冠以类似以上各种"变"，并不仅仅用在表述"近代"，有的用来指称历史上的某时期，有的从近代延伸到现代，覆盖了整个 20 世纪，此不赘述。

　　毫无疑问，20 世纪的中国处于一个大变动时代。一百年间，从晚清到民国，再到中华人民共和国，历史进程如潮汐起伏。20 世纪也是这个世界的大变动时代。这个世纪留下的精彩，也许超过既往任何一个世纪，而且就某些指标来看，比如经济指标，或许超过既往所有世纪的总和。这个世纪，整个世界也是空前地相互联系甚至捆绑在了一起。① 这个世纪并非"太平世界"，"环球同此凉热"，不仅经历了两次世界大战，可谓人间的大灾难，而且战后 30 年科技发展对人类社会造成的改变，又非任何长度相当的历史时期可比，可谓"黄金时代"。但在 20 世纪的最后 20 多年，世界又进入了解体分散、彷徨不定、危机重重的时代，对于非洲、苏联及欧洲的社会主义国家，可以说是一个灾难时期，然后进入一个问题重重，不可预知的未来。②

　　就中国而言，这个世纪体现了中国数千年来最为剧烈的转型和动荡。尤其是 20 世纪前 30 年，在报人张季鸾的观感中，"中国政治、经济、社会各方面，实已经重大之变迁。盖由帝制以至共和，由党政以至党治，由筹备立宪以至国民革命"，可说是"五千年来未有之新局"，"就世界言，亦足包括其数世纪进化之阶段"。③

---

　　① 参见［英］艾瑞克·霍布斯鲍姆：《极端的年代：1914—1991》，郑明萱译，中信出版社 2014 年版，第 7 页。
　　② 参见［英］艾瑞克·霍布斯鲍姆：《极端的年代：1914—1991》，郑明萱译，中信出版社 2014 年版，第 7 页。
　　③ 参见张季鸾：《大公报一万号纪念辞》，《大公报》（天津）1931 年 5 月 22 日。

关于近代中国的"动荡"，本书的主角李安宅（1900—1985）有比较切近的观察。1938 年，他在《社会学论集》的"自序"中说道：

> 这一段落的中国社会，是在空前未有的非常时期，自无待言。整个社会系统既那样动荡着，活在系统以内的个人也更脉搏紧张地充满了这个节奏。可惜著者不是从事文艺的人，不能写出惊心动魄或如泣如诉的文艺来。更可惜不是从事武备的人，没有在行动上打出一条血路。一个关心社会现象的知识分子，一面有建设科学的野心，一面又感觉到口头的科学没有用，要在活的人生里找出理论的指导线索，且使理论的知识变成活的人生，结果便流露了这么一点痕迹。①

李安宅这段话内涵非常丰富，表达了那时情势的复杂性以及国人在此情势下的进退失据。"直接行动"虽然有必要，但又很难成为知识人的首选。社会动荡与内心纠结，有心作为但壮志难酬，文武难以双全，书生立言也要面对时代，求知与致用的两难，都在这段话中展露无遗。怎一个纠结了得！相比多数知识人来说，李安宅的人生经历足够丰富，学术领域足够广泛，介入社会的愿望足够强烈，这些也注定他比多数知识人活得更累，浮沉涨跌也就更为起伏多姿。这段话可以视作其夫子自道及其人生注脚，几乎可以解释他在变革时代中人生与学术的全部面相，值得我们仔细玩味。②

---

① 李安宅：《社会学论集》，燕京大学出版部，1938 年，"自序"，第 1 页。
② 参见汪洪亮：《建设科学理论与寻求"活的人生"——李安宅的人生轨迹与学术历程》，《民族学刊》2010 年第 1 期。

这段话所描述的"非常时期"指的是九一八事变后的 20 世纪 30 年代。国运与边疆问题密切关联。早在 1931 年前，中国边疆已经出现危机：时人指出，虽然边疆多事，仍不过是"我国近百年来政治一种必然之演变"，"不过至'九一八'而愈显著耳"。① 各国在中国边疆争雄竞长，但对中国表面上仍表示维持"领土完整""机会均等"的原则。1931 年日本竟悍然侵占东北，各国在华均势遂被打破，于是"纷起效尤，对于领土之侵略，更明目张胆，不复有顾忌。法占九岛，英窥班洪，既唆南疆独立，又助藏军内犯，一时山雨欲来，风云变色"②。

对于边疆危机的升级，时人也有体认，虽然"近世中国边疆的土地失陷和民族纷扰的事件，是数之不尽"，惟此尚属局部的危机，无碍大局，但是以九一八事变为契机，"中国全部边疆"都"交了多事之秋"③。也有人发现，"各列强宰割中国边疆的活动范围和实力，多受了日本势力的牵制，而日帝国主义者已无形中占了最上峰的地位，这不能不说是中国边疆问题上的一种大转变"④。对此问题，国人忧心忡忡，甚至有大战将至的预感。刘咸在 1935 年指出，"年来各国因感于世界危机日益迫切，第二次世界大战万不可免，莫不亟图自卫，未雨绸缪，布置国防，不遗余力"，但是我国"既无强大海军，可资保护要塞口岸"，"门户洞开，有国无防，至若东北西北西南各陆地边界，

---

① 黄定初：《帝国主义侵略下我国边疆之危机》，《边事研究》第 2 卷第 5 期，1935 年，第 10 页。
② 吾行健：《编者序言》，凌纯声等：《中国今日之边疆问题》，正中书局 1934 年版，第 1 页。
③ 思慕：《中国边疆问题讲话》，上海生活书店 1937 年版，第 2 页。
④ 范苑声：《我对于今日的边疆问题之认识与意见》，《边事研究》1935 年第 2 期，第 134 页。

则以清季当局昏昧，罔识世界大势，对于边地，以为无关重要，不知爱惜，一任强邻之勘界侵占，久有'界碑生足'之诮，驯至领土日蹙，藩封尽失，屏障毫无，坐使外人势力，深入堂奥"。① 刘咸在 1935 年即预示二战之将要发生，颇具先见之明。

无独有偶。对于中国困境及个人作为，另一位学者也发表过与李安宅类似的感慨。1945 年 2 月 22 日，寓居成都的徐益棠在《清代秘史》自序中写道：

> 士当乱离之世，当必有所建树，或荷戈于疆场，或运筹于帷幄，生何足恋，死亦不惜！乃余避乱他乡，偷生篱间，消磨于图籍之中，俯仰于饥寒之下，掇拾败纸，辑成斯编，得不为贤者所齿冷乎？……壮者待教，幼者待养，东望故乡，又安得使余奋然投袂而起，奔赴国事者耶？他日国军凯旋，挈儿辈翩然返里，重过竹贵轩廊下，风廉凉榻，纨扇流萤，溯往事于当年，哭穷途于斯日，又得毋憬然兴感，泫然流涕也欤？②

上述两位学者的喟叹，一在抗战军兴之初期，一在抗战将结之前夕。时势略异，所见略同。徐益棠所谓"乱离之世"，正是李安宅所谓"社会动荡"，如果联通来看，恰好反映了现今"十四年抗战"之说的合理性：1937 年前后抗战情势虽有不同，唯日本侵华进程有异，而国人抗战心绪略同。所谓"有所建树"，也是希望在文武两道都有施展，要么荷戈疆场，要么运筹帷幄。千古文人侠客梦，豪气干云，往往

---

① 刘咸：《国防建设与边疆民族》，《东方杂志》1935 年第 9 号，第 35—36 页。
② 徐益棠：《清代秘史》，铁风出版社 1948 年版，"自序"。

英雄气短。作为学人，二人均对面临国破山河碎而无法有直接建树而感到自责。相比一直充满革命情怀的李安宅，徐益棠更多一些感时伤世。但我们都可以从中看到他们所处社会的动荡以及他们的无力又奋起的复杂心态。

二、一个特立独行的学者

笔者近些年来一直关注近代边疆学术史，尤其关注顾颉刚、李安宅、徐益棠、张廷休等边疆学人和"边疆学""边政学"等学科化的努力，此前发表的一些成果，近期也已汇聚成《知人论学：民国时期的边疆学人与学术》一书①，希望能通过人生史和学科史的解读，认识近代中国所经历的剧变和时代予以个人的激发与挤压。本书部分内容即从过去笔者对李安宅所作研究延伸而来，虽已有新解，但仍存在很多问题待解。所以本书只是笔者研究李安宅的一个小结，而且寓意着新的开始。笔者关于徐益棠的研究，也才刚刚开始，以后择机还会持续。②

如果读者对李安宅的人生轨迹与学术历程有所了解，可能不难看到李安宅是大变动时代中一个特立独行的学者。他的独特性，至少在民族学与边疆学术界是无人堪比的。比如他从事学科研究领域的复合性，学术成长的曲折性，学术政治纠结的复杂性，都是具有典

---

① 参见汪洪亮：《知人论学：民国时期的边疆学人与学术》，中华书局 2022 年版。
② 参见汪洪亮、钟荣帆：《文化先行与边民为本：徐益棠边政思想述论》，《广西民族大学学报》2019 年第 4 期；钟荣帆、汪洪亮：《徐益棠对边疆民族研究的贡献》，《中南民族大学学报》2020 年第 6 期。

型意义的个案个例。

在民族学与边疆学术界，他的治学领域可能是最宽泛的。在既有的学术史表述中，李安宅的头衔有社会学家、人类学家、藏学家、宗教学家、教育家等多种。与同时期多数民族学家很不一样的是，李安宅研究兴趣特别宽广，论著兼跨多个学科。他自己就说过，他的兴趣和特长包括社会科学、哲学、文学批评、比较宗教学、语言与思想的关系、民族文化与不同文化接触的问题。我们只需检阅其出版的著作，可见其所言不虚。其著作有《仪礼与礼记之社会学的研究》《意义学》《边疆社会工作》《美学》《语言底魔力》《社会学论集》，编译有《巫术与语言》，译著有《交感巫术的心理学》《知识社会学》《两性社会学》《巫术科学宗教与神话》等。这些著述大多在 19 世纪三四十年代的中华书局、商务印书馆出版，其中很多是具有开创性意义的著作。岳永逸认为，"与其说李安宅是狭义的社会学家，还不如说他是广义的社会科学家"，也可以说他是"中国社会人类学家中的哲学家、语言学家"。① 赵毅衡强调李安宅是中国符号学的前驱人物、中国人类学研究的开创者、藏学的奠基者之一，认为李安宅受到英国学者瑞恰慈影响而写出的《意义学》一书是 20 世纪 80 年代之前中国唯一的符号学著作。② 凌兴珍考察李安宅的边疆教育思想，认为他是"教育社会学家"或"教育人类学家"。③ 当然，李安宅最为学人熟知

---

① 参见岳永逸：《语言的"通胀"与意义》，《读书》2020 年第 5 期。
② 参见赵毅衡：《李安宅与中国最早的符号学著作〈意义学〉》，《河北师范大学学报》2020 年第 5 期。按："瑞恰慈"，李安宅作品中写作"吕嘉慈"。
③ 参见凌兴珍：《"人本・创化・适应"：李安宅教育思想及其在边疆教育中的应用——一个社会学/人类学家对中国汉藏教育文化问题的探寻与应对》，《四川师范大学学报》2020 年第 3 期。

的研究领域还是藏学,其著作《藏族宗教史之实地研究》被誉为"有关藏族宗教史的第一部杰作"①。

李安宅的这种似乎过于宽泛的研究领域,实与其学术成长经历相关。其一是出道晚,求道心切,笨鸟先飞,非常用功。在李安宅求学过程中,以祖母为代表的家族势力处处滞碍,幸有三叔支持才得以脱困,不过当他走出山村,已经 21 岁了。李安宅在游历中见识了外面的世界,已非往日之笼中鸟、井中蛙。学海无涯,李安宅可谓逆水行舟,付出更多辛劳,得以后来居上。其二是开源节流,学科领域也得以拓殖。对李安宅早年生活造成诸多困扰的"封建传统",始终是个无法抹去的存在。即使李安宅已经在北京站稳脚跟后,大家庭同样如影随形,总有家乡人投奔寄居,很大程度上干扰了李安宅的家庭生活和学术生活。他在与于式玉结婚后,家中常需看护和照顾多个弟妹、子女、侄儿侄女,家庭负担极重。② 李安宅只得四处兼职授课,也接单翻译,非常劳苦,既增加了收入,也无意中扩展了个人的研究领域。其三是随遇而安,适者生存。李安宅适应能力不错,学科领域宽广,走到哪里就能研究到哪里,处处都是其田野,也就处处有收获。社会变动不居,李安宅的学术也在移步换景。其学术转型大致可以归纳为四点:从其关注时代来看,是由古及今;从其学术视野来看,是自西徂东;从其研究区域来看,是从北到南;从其学术旨趣来看,是由虚入实。③ 李安宅的每一转型,既是与时俱进,也是因地制宜,并非

---

① 李安宅:《藏族宗教史之实地研究》,中国藏学出版社 1989 年版,"简介"。

② 参见汪洪亮:《藏学界的"天涯同命鸟"——于式玉与李安宅的人生与学术》,《民族学刊》2011 年第 3 期。

③ 参见汪洪亮:《李安宅的学术转型及其时代动因》,《宜宾学院学报》2011 年第 12 期。

硬着陆,而是"华丽转身"。

　　不仅与胡适、顾颉刚的少年得志无法相比,就是在同一个学科领域,李安宅的出道也比吴文藻要晚很多,尽管他比吴文藻还要大一岁。他与吴文藻并无师徒关系,却还被一些人视作"吴门弟子"。李安宅虽然出道晚,却拿到了不少"第一",一出手,就引人注目和喝彩。我们不妨看看中国留学生在国外的博士论文篇目。如胡适《中国古代哲学方法进化史》、吴文藻《见于英国舆论和行动中的中国鸦片问题》、李济《中国民族的形成》、徐益棠《云南省的三大民族》、杨堃《中国家族中的祖先崇拜》等等,都是在研究中国问题。在外国人面前讲"中国故事",当然是扬长避短,也或许各取所需:效率高,确保较快顺利毕业;导师也可以借此了解遥远的中国。这种"一石三鸟"的趋向,本无可厚非,但其中或有避难就易的策略考虑。李安宅34岁始有机会到美国留学,还因为资历问题被人刁难,于是作为"试验品",不拿博士学位,但可得博士待遇。① 李安宅迎难而上,知耻后勇,没有讲"中国故事",而是深入墨西哥州的印第安人部落,写出了近代中国第一个海外民族志《关于祖尼人的一些观察和探讨》,1937年发表在《美国人类学家》杂志,其观点很快"自成一派"。② 李安宅回国后,与于式玉在甘南拉卜楞寺从事民族学调查工作达三年,又创下了民国时期在一个地方田野调查时间最长的纪录。③

　　李安宅在边疆学领域也是独树一帜,是第一个用一本书的篇

---

　　① 参见陈波:《李安宅与华西学派人类学》,巴蜀书社2010年版,第12—13页。

　　② 参见李安宅《回忆海外访学》,写于1969年3月19日,由陈波整理,载于《中国人类学评论》第16辑。

　　③ 参见王建民:《中国民族学史》(上卷),云南教育出版社1997年版,第225页。

幅来阐述边疆学理的学者,可说是近代中国边疆研究学科建构上最有成绩的学者。其他学者最多是一篇文章来阐述其学科构想,比如顾颉刚在《禹贡学会研究边疆计划书》中首次提出学科意义上的"边疆学",杨成志的《边政研究导论》和吴文藻的《边政学发凡》提出从民族学和政治学着眼,兼用其他学科来加强边政研究,杨堃的《边疆教育与边疆教育学》倡导创建边疆教育学,而李安宅用一本书的篇幅来论证边疆社会工作学。这就是他撰写的《边疆社会工作》一书。在这本书中,李安宅指出,他所谓的边疆社会工作,也可以说是应用人类学。他在阐明"边疆工作所需要的条件及其实际方法",所贡献的意见,就是"不但根据实地经验,亦且依照'应用人类学'的通则",接下来,他斩钉截铁地表态:"应用人类学就是边疆社会工作学,只因舆论不够开明,所以热心边疆的人与机关尚多彷徨歧途,而不知有所取法。"[1]这本书逻辑严密,虚实结合,学用并举,构建了一个较为完整的学科体系,具有极强的现实指导意义。[2]

李安宅在近代学术史上有着重要地位,是开中国现代藏学先河的前辈学者。以李安宅为核心的华西坝上人类学家,是被誉为"人类学的中国时代"的标志性学者群体之一。[3] 这个学者群体具有与既往人类学界所指称的"南派""北派"明显差异的学术个性特征,被李绍明称为中国人类学的"华西学派",而陈波也以《李安宅与华西学派人

---

① 李安宅:《边疆社会工作》,中华书局 1944 年版。

② 参见汪洪亮:《"问题"与"主义"之变奏:近代以来中国边疆学构筑的回顾与前瞻》,《中国边疆史地研究》2020 年第 4 期。

③ 参见汪洪亮:《抗战建国与边疆学术:华西坝教会五大学的边疆研究》,中华书局 2020 年版。

类学》为书名,阐释这一命题。① 不过该书着意发掘李安宅的人类学及其独特性,对"华西学派"何以成立,有何特征并无论述。2017年李锦以中国人类学"华西学派"的学术体系为题申报国家社科基金重大招标项目获准,其旨趣即在学科史上坐实这个学派的存在,并探讨其学术体系与话语体系。无论"华西学派"的提法是否成立,但李安宅作为抗战时期华西坝上人类学家的核心人物,却为学界所公认。

就是李安宅除了是个学者,还曾经是个军人。在成都即将解放之前,游历美英治学、讲学已经两年的李安宅和于式玉赶着回到成都华西坝,却是为何? 成都刚解放,川西北军政委员会主任、西南军区司令员贺龙就找到了李安宅、于式玉,促成了一批藏学专家参加十八军研究室,参与了和平解放西藏工作。贺龙为什么如此精准掌握李安宅的才干与行踪? 李安宅又为何年届半百还奔向雪域高原? 他在昌都、拉萨等地都开展了哪些卓有成效的教育和民族工作? 这些问题,都是有待研究的。

就是在私人生活中,李安宅也有其高光时刻。他和于式玉先后生了两对双胞胎,用今天话说,可谓人生赢家。这在民国学者中恐怕也是独一份的。但是他的境遇也有不美好的一面。首先,大器无法早成。近30岁才正式工作,与当时不少留学生回国就直接评聘教授无法比拟,职称晋升也相对迟缓。1929年,比他小一岁的吴文藻回国即任燕京大学教授,而他才毕业留校工作。其次,子女聚少离多。

---

① 参见李绍明:《略论中国人类学的华西学派》,《广西民族研究》2007年第3期;陈波:《李安宅与华西学派人类学》,巴蜀书社2010年版。

李安宅夫妇 1938 年被迫离开北京去西北，可谓抛家别雏，一别多年，抗战结束后，才与子女在成都短暂相聚，又相继去美英等国，再度回国又很快参军进藏，返回内地后，子女均已散离各处。相处时短别亦难，无奈时局使其然。再次，晚年相对凄凉，生活虽有人照顾，但治学已无余力，专长无从发挥；简居华西，偏安一隅，其所在单位并无民族学、社会学一类专业。既无门生绕膝，也就无法桃李芬芳。吴文藻、费孝通、吴泽霖都遇上了好时代，又处在好口岸发挥了余热，培养了不少学术传人。抚今追昔，不免为之怜惜，不由蹙额深思，何故如此？

在民国时期民族学与边疆学界，李安宅是个特立独行的存在。无论其人生轨迹，还是其学术历程，都是无法复制的，也是难以雷同的。这里面充满了他冲出牢笼的奋斗，也隐藏了整夜难眠的叹息。他曾经挑灯夜战编译西书，曾经漂洋过海求知问学，曾经跋山涉水调研广袤边疆，曾经投笔从戎走上雪域高原，曾经意气风发讲经说法……在本书中，我们力图回到其生活的场域中去，触摸他斑驳的心灵。

伴随李安宅度过幸福而又艰辛时日的于式玉（1904—1969），在民国时期也是有一定影响的藏学专家。她的大哥于道泉是藏学界之泰斗人物、语言学家，而其妹妹于若木是中共领导人陈云的夫人。于式玉自 1929 年暑期，因大哥于道泉介绍而与李安宅相识，就与李安宅生死相依。他们比肩并辔地行走在广袤的边疆原野，堪称藏学界的"天涯同命鸟"。于式玉在协助李安宅从事拉卜楞寺调查的同时，自己也做了不少藏族教育和实地研究工作，发表若干论文和游记。① 中国藏学出版社 1990 年版《于式玉藏区考察文集》就是其藏区办学和调查研究的成果汇集。于式玉的藏学研究具有丰富而细腻的特点,其视野、角度与李安宅既相通,又有差异。贯穿于式玉藏学研究的核心价值观,就是"全体大用",实际上是论证和构建中华民族整体性。② 于式玉的一生,可谓才情未尽,蜡炬成灰。笔者将另外写一本小书来讲述她的一生。在本书中,她基本上就是李安宅的侧影。我们应该知道,她基本上伴随李安宅左右但又从不刻意出头,她是李安宅最坚定有力的支持者。

三、人生难有如果

李安宅出生在 20 世纪元年,也就是庚子年——1900 年,去世于 1985 年,经历了差不多七分之六个世纪。身处这个大变动时代,李安宅的人生与学术恰是那一时期中国学术与政治关系的缩影。李安宅身上打满了"过渡时代"的烙印:他既有旧式婚姻的苦涩,也有自由恋爱的甜蜜;既有私塾旧学的功底,也有西洋留学的经历。

李安宅一生学术兼涉多个学科和领域,其学术路数、学术趣味在不同时期又有着不同的侧重,其学术转型与其所处时代的变化有着密切联系。李安宅一生学术随时代更易而"与时俱进",似不可以

---

① 参见汪洪亮:《藏学界的"天涯同命鸟"——于式玉与李安宅的人生与学术》,《民族学刊》2011 年第 3 期。

② 参见汪洪亮:《于式玉的藏学研究与中华民族整体性追求》,《中国藏学》2020 年第 3 期。

"多变"而简单概括之。李安宅学术之变，有其学术及工作经历变化因素，也有时局变化因素，且其学术在多变中也有不变的层面，那就是要将理论知识用于"活的人生"，注重实地调查以求当下中国的了解，从而为国家民族的振兴做出一个学者应有的努力。这其实更多反映了时代如何影响学术和学人如何因应时代。①

李安宅本来可能有别样的一种学术人生：如果他不在1938年离开北平，其夫人于式玉不拒绝日本人的北平女子文理学院院长的任命，他们可能成了附逆的汉奸；如果不是他执意要在边疆工作，拒绝接受国民政府教育部所属边疆学校或边疆文化教育馆负责人的任命，他可能会"进步"成为国民政府的要人；如果不是赶在成都解放前自国外赶回，他们可能会成为旅美或旅英华人学者，而不会有参军入藏的经历。而这一切的"如果"都没有出现，很大程度上取决于李安宅自己对人生的设计。由于他的爱国心，他不可能视国家贫弱而无动于衷，做一个置之度外、不问世事的学者；由于他的"学问需要实地研究"的治学理念，他扎根到了边疆就舍不得再离开。不过，所有人生的设计，其实都逃不开时代的规约。正如水，装在什么容器里，确定了它以什么样的姿势存在。②

在民国时期，特别是在20世纪三四十年代，李安宅是个很响亮的名字。他著译皆丰，大多在当时的主流出版社——商务印书馆和中华书局出版。当时各类媒体，包括海内外，对其著译作品都有书

---

① 参见汪洪亮：《建设科学理论与寻求"活的人生"——李安宅的人生轨迹与学术历程》，《民族学刊》2010年第1期。

② 汪洪亮：《建设科学理论与寻求"活的人生"——李安宅的人生轨迹与学术历程》，《民族学刊》2010年第1期。

评、书介。① 集中体现李安宅边疆思想的《边疆社会工作》一书,成为那个时代社会学的经典著作,其"最大特色,在于不是为边疆而论边疆,乃是从整个国家去看边疆,将边疆工作与整个国家的要求联系起来"②。

　　在民国边政学界,李安宅具有非常特殊而重要的地位。他的边疆研究既有理论支持,也有实践导向,既能抵高层,又能接地气。他是中国边疆学会、中国边政学会的核心成员,是中华基督教会全国总会边疆服务运动最为重要的顾问。李安宅对边疆研究的主张就是研究、服务、训练要三位一体,反对坐在城市的楼房里,为了研究而研究。两次被邀请担任教育部直属的中央边疆学校校长或边疆文化馆馆长,他都婉拒。蒙藏委员会委员长吴忠信在1947年7月17日举行的中国边政学会第二届第一次常务理事会上,即对其"在抗战期中对于西南康藏社会文化之研究"高度评价,认为"颇多贡献"。③ 他主持华西协合大学社会学系和华西边疆研究所,一度兼任华西协合大学和燕京大学两校社会学系主任,一度担任华西边疆研究学会会

---

　　① 如全增嘏:《李安宅之"意义学"》,《人言周刊》1934年第19期,第382—383页;全增嘏:《书评——意义学》,《出版周刊》1934年第87期,第17—20页;黄举安:《谈边疆教育读后感言》,《边疆通讯》1947年第5期;窦季良:《读过边疆社会工作以后》;等等。同时期海外也有不少人对其作品进行评述,如Mary Shih-yü Yü,"A Tibetan Story of the Transferring of One's Soul into Another Body",*The Journal of American Folklore*,Vol.62,No.243,Jan.-Mar.,1949,pp.34−41;Charles S. Braden,"Research in the History of Religions(1948−1949)",*Journal of Bible and Religion*,Vol.18,No.1,Jan.,1950,pp.48−52;David Crockett Graham,"Anthropological Research in West China",*Man*,Vol.39,Aug.,1939,Royal Anthropological Institute of Great Britain and Ireland Stable,p.130;Owen Lattimore,"Some Recent Inner Asian Studies",*Pacific Affairs*,Vol.20,No.3,Sep.,1947,pp.318−327。

　　② 王先强:《边疆工作与国家政策——读李安宅著〈边疆社会工作〉纪要并代介绍》,《文化先锋》1946年第5期,第17页。

　　③ 参见《中国边政学会开会员大会》,《边政公论》第6卷第3期,1947年,第359页。

长和《华西边疆研究学会杂志》主编,团聚了大批边疆学者,倡导并身体力行实地研究,在华西人类学界具有主导性的地位与作用。后来学者视其为华西人类学后期的中心人物(前期是葛维汉),实为公允之论。①

李安宅晚年担任了中国社会学研究会顾问、中国民族学会顾问、中国民俗学研究会顾问等,但在学术表达和发表方面,已近乎"失语"。1981 年,他在《西藏研究》创刊号发表《从拉卜楞寺的护法神看佛教的象征主义——兼谈印藏佛教简史》。这可能是他生前公开发表的最后一篇文章。《中国藏学》1988 年第 1 期发表李安宅代表作《藏族宗教史之实地研究》的《出版前言》《文化背景》和《历史概况》三部分,已是遗作选刊。② 比他年纪小但登上学术舞台并不比他晚多少的费孝通、林耀华等却迎来了第二个学术春天,登台授课,设帐招徒,很快就桃李芬芳,在后来的学术史书写中自然更加浓墨重彩。

四、绕梁的"余音"

李安宅和徐益棠在 20 世纪的学术史书写中,虽在相关学科或某专题研究领域中常被提及,但就其人生轨迹与学术历程而言,却无专文论及。尤其是徐益棠,涉猎学科领域虽不如李安宅宽广,但仍兼采

---

① 参见李绍明:《略论中国人类学的华西学派》,《广西民族研究》2007 年第 3 期。

② 该刊编者按语:"本文为我国已故知名的社会学家、藏学家李安宅教授的遗作。解放前,他曾长期生活在安多藏族地区,进行社会调查,积累了大量的极为珍贵的第一手资料。他在 40 年代撰写的《藏族宗教史之实地研究》一书就是其中的重要著述之一。此书在国内迄今尚未出版。为了纪念李安宅教授,现选刊该书,以飨读者。"

多科,在民族学、历史学等领域均有著述,在历史文献研究和实地民族调查方面皆有丰硕成果,但在学术史书写中却近乎失语。进入 21 世纪以来,始有学者关注。李安宅研究近十年来可谓异军突起,出现了多学科"围观"的态势。徐益棠研究也已起步,其边政思想得到初步阐发。但就目前成果呈现来看,还远不足以反映二人跌宕人生的丰富性和知识生产的复合性,甚至还有很多基础性和关键性问题没有得到解决。比如如何定位吴文藻和李安宅这两位学者的关系? 过去学界常将李安宅也列入"吴门弟子"是否科学? 比如近年来学界言说的以李安宅为代表的中国人类学"华西学派"在学理上是否成立? 一些问题还似是而非,需要"动手动脚找东西"来加以补足和验证。

李安宅研究的学术史相对要久远一些。邓锐龄在《民族研究》1983 年第 3 期发表《介绍李安宅著〈拉卜楞寺〉》,可能是 20 世纪 80 年代后学界最早对李安宅作品进行评介的文章。此后很长一段时间有关李安宅的文章,多为对其作品《藏族宗教史之实地研究》《〈仪礼〉和〈礼记〉之社会学的研究》《边疆社会工作》及其编译、编著或翻译的作品《美学》《意义学》《两性社会学》《巫术与语言》的评介。但总体来讲,除了其藏学研究之外,他的人生轨迹和学术成绩在国内学界长时间内没有得到足够重视,近乎默默无闻。李安宅的生平与思想少有人做系统研究,不仅常人不知,许多搞学术史的人也不晓;就是耕耘在李安宅曾经从事的专业领域内的"局内人",不少也对这个名字感到陌生。如岱峻所述,抗战时期"活跃在西南地区的人类学家李安宅先生,也是一位被遗忘已久的学者"①。

---

① 岱峻:《李济与李安宅——学科史的个案研究》,王铭铭主编:《中国人类学评论》第 6 辑,世界图书出版公司 2008 年版,第 184—185 页。

"遗忘"其实只是暂时的,或者只是相对而言的。至少李安宅的作品,还是具有很强生命力的。且不谈民族学、藏学,诸如美学、语言学、意义学等各类学科史的回顾中,李安宅也是榜上有名,只是较长时间里失之简略罢了。1990 年前后,李安宅遗著部分出版,但学界利用率较低,不少论著也还没有被收录。① 不过,近些年来情况发生了很大变化,李安宅研究渐成气候。无论是其人生与学术,都得到了前所未有的发掘。早年的不少作品,在隐逸多年后,也开始被学界重新认识。在当下的学术检阅机制下,李安宅研究的新样貌可谓一目了然,用"全面开花"来形容并不为过。

具体的研究情况,在本书附录 1《李安宅先生编年事辑》中有所呈现,还可以参考拙文《知人论世:李安宅人生与学术史研究的意义与路径》②。国外学界对李安宅的研究,可参考龙达瑞的《我所知道的李安宅教授:兼谈海外对他的研究》③。林日杖从编辑角度,通过"篇名检索""主题检索"及"全文检索"三种方式在中国知网上检索"李安宅",并结合其他来源的相关论著,对 2015 年前李安宅研究作了初步评估。他的结论是 2006 年起,国内李安宅研究兴起,其中汪洪亮、陈波等学者作用较大。他认为,加强具有人类学味道以及思想史、学术史意味的研究,改变"述"多"评"少、过度依赖发表的文献成

---

① 这种状况,笔者在《建设科学理论与寻求"活的人生"——李安宅的人生轨迹与学术历程》(《民族学刊》2010 年第 1 期)中已有介绍。关于近年来的研究状况,还可以参见林日杖:《编辑视野下的李安宅研究:学术研究综述的范式转型》,《中国藏学》2015 年第 2 期。

② 载《原生态民族文化学刊》2020 年第 3 期。

③ 载《中国藏学》2015 年第 2 期。

果进行评述的状况,是学界今后应该努力的一个目标。①

　　李安宅研究兴起,要说"作用大",应归功于李安宅、于式玉工作的最后一站——四川师范大学。2014 年 10 月,历史文化与旅游学院与龙泉驿区档案馆合作举办了成都东山历史文化名人学术研讨会,主题即研讨王叔岷、李安宅和白敦仁的人生与学术,其中提交李安宅研究论文即达 14 篇。为了纪念于式玉诞辰 115 周年及其去世50 周年,传承和弘扬李安宅、于式玉的边疆学术传统和爱国情怀,经笔者倡议,由四川师范大学历史文化与旅游学院主办,四川省社会科学重点研究基地中国近现代西南区域政治与社会研究中心牵头承办的"于式玉与民国学术"工作坊 2019 年 8 月 6 日在成都举行,与会学者提交的 10 余篇论文从不同角度对于式玉的人生与学术作了研讨。② 2020 年 10 月 23—25 日,笔者组织纪念李安宅诞辰 120 周年学术研讨会。来自国内外 20 多所高校和科研机构的 50 余位学者在四川师范大学参加会议。李安宅妻妹(于陆琳)之女孟运女士、李安宅外孙女任东晓女士及多位学者分别致辞,或追忆往事,或点评学术,或反思人生,皆情真意切,言近旨远,引起会场师生共鸣。另有30 多篇论文围绕李安宅、于式玉的人生与学术,以及民族国家认同建构、边疆治理等问题进行了深入研讨。③

　　从期刊发表情况来看,李安宅研究似乎正从冷门走向热点。仅

---

　　①　参见林日杖:《编辑视野下的李安宅研究:学术研究综述的范式转型》,《中国藏学》2015 年第 2 期。

　　②　参见张露、赵徐州、曾江:《"于式玉与民国学术"工作坊在四川师范大学成功举办》,中国社会科学网,2019 年 8 月 11 日。

　　③　参见汪洪亮:《知人论学:纪念李安宅诞辰 120 周年学术研讨会述评》,《青海民族大学学报》2021 年第 3 期。

以中国知网搜索为例，以"李安宅"为篇名搜索，20世纪80年代仅3篇，20世纪90年代仅2篇，2000—2009年仅7篇。此后李安宅研究成果激增，2010—2019年达46篇（其中2015年即有18篇），2020—2021年11月，即有13篇，可见学界对李安宅研究关注"热度"上升。截止到2021年底，以"于式玉"为篇名搜索有16篇，其中7篇题目均含"李安宅"，可见于式玉研究尚未完全取得独立地位。这些成果涉及历史学、人类学、语言学等学科领域。

如果要说当下李安宅研究的特点，我觉得有几个方面是比较显明的。一是李安宅的大部分著作（不再局限于藏学），都有人做了新诠释，前文关于李安宅的多学科研究的论述中已有论列，此不赘述。二是李安宅的学者身份多了"边疆学者"，其《边疆社会工作》一书近年来得到最多的阐释。[①] 三是研究者来自多种学科，除了民族学和历史学外，还有文艺学、美学、民俗学等相关学科。四是其生平与学术研究相得益彰，语境分析和文本解读相互促进。李安宅的已刊著作，受到学界关注，其未刊手稿也在陆续发布和解读之中。这些特点都表明了李安宅研究正在走向深入。

对于李安宅和于式玉藏学研究成果的整理，中国藏学出版社居功至伟，先后于1989年9月出版李安宅的著作《藏族宗教史之实地

---

① 彭秀良认为，"从社会工作的角度来考察边疆问题，李安宅是独一无二的"。参见彭秀良：《守望与开新：近代中国的社会工作》，河北教育出版社2010年版，第265页。岳天明指出："李安宅对社会工作的性质、类别和趋势及边疆社会工作的探讨直面中国边疆社会现实，是一项很了不起的开创性工作，极好地表征着那一代社会学者矢志进行社会学本土化探索的努力，是值得珍视的学术财富。"参见岳天明：《论李安宅的边疆社会工作思想——兼及中国社会工作的学术史意识》，《西北师大学报》2017年第1期。另有河北大学贾梦瑶、西北师范大学朱志刚等两个硕士研究生均以李安宅的边疆社会工作思想为题撰写毕业论文，常宝、席婷婷、郭占锋等青年学者也专文讨论李安宅的边疆社会工作思想。

研究》,1990 年 12 月出版《于式玉藏区考察文集》,1992 年 6 月出版
《李安宅藏学文论选》,2002 年 12 月出版《李安宅、于式玉藏学文论
选》(该书实为二人此前分别出版的藏学论文集之合集)。1991 年 3
月,四川人民出版社出版了"李安宅社会学遗著选"丛书,分别为《巫
术的分析》《两性社会学》《语言·意义·美学》《〈仪礼〉和〈礼记〉之
社会学的研究》。这些图书构成了李安宅、于式玉研究的基本资料。
陈波 2010 年在巴蜀书社出版了《李安宅和华西学派人类学》,试图
"揭示李安宅为人类学而奋斗的痕迹,和他的人类学对中国人类学
的他者意义"①。不过,就整体而言,对李安宅的研究还有很多空间,
一是其论著目前只有专题整理,而缺乏完整而系统的整理;二是其生
平研究因受到资料限制,还有一些"未解之谜";而其学术和思想研
究也尚待深入。

五、人生史:趋势与路径

　　如果说下一步李安宅研究该如何走向,我不敢妄断。或许有以
下几个趋势,提出来供学界同人参考。一是李安宅人生与学术的丰
富性和独特性,会受到学界更多注意。作为民族学界学科涉猎最广
泛的学者之一,李安宅的学术选择和转型,有时代风向标指引,有个
人学术旨趣迁变,还需要进一步从心灵史角度体察,复原历史场景,
挖掘其文本之语境与作者之心境。二是李安宅的学术成长及其交

---

　　①　陈波:《李安宅和华西学派人类学》,巴蜀书社 2010 年版,"前言",第 2—3 页。

游，需要受到关注。李安宅求学治学辗转多地，穿插海内境外，行走政学之间，兼涉多种学科，成长历程跌宕，学术交游广阔，可从社会史角度切入，复原更多历史细节，丰富民国学术界尤其是民族学和边疆学的学术共同体构筑图景。三是要从学科史、学术史角度，更为细致地进入李安宅等学人的学术世界，品读其作品的学术价值与时代意义，解析其传播与推广、创造与创新以及应用的概念和话语。李安宅是一个具有原创能力的大学者，他在多个学科领域都具有开创性的贡献，无论是在学科理论还是在社会实务方面都提出了很多独创性的概念和思路，需要我们去提取、提炼，并与同时代学人之思比较、鉴别，从而更加明了其要义及其在学科发展历程中的贡献与位置。

中国人类学界似不太注重民族学、人类学的学术史、学科史的梳理。王建民、胡鸿保等虽然做了努力，但多是展示各个历史阶段学科发展的宏观情形，而对具体某学者如何投入边疆研究，取得了何许成绩少有探讨。他们看到了这些学者纸面的成绩，而很少进入这些学者的内心世界。① 我们可以看到既有研究中罗列的相关学者各个历史阶段的学术成果，却很难看见成果创造者的学术思想，及其思想形成和传播的过程。不少在民国人类学界曾经影响很大的学者，在现今的学术史论著中大多寂静无声。随便列举一下，这个名单就可以拉得很长：凌纯声、柯象峰、徐益棠、芮逸夫、卫惠林、梁瓯第、马长寿、江应樑、任乃强、李有义、吴定良、岑家梧、胡耐安、胡鉴民、庄学本、张少微、蒋旨昂……他们中的大多数，至今仍消隐在那些泛黄发脆的纸页中。当然，近些年来，情况也有些微变化，部分开设民族学专业的

---

① 参见王建民：《中国民族学史》，云南教育出版社 1997 年版；胡鸿保：《中国人类学史》，中国人民大学出版社 2006 年版。

高校在整理和追溯学术史传统的时候,也注意到传承发扬前人学术传统的必要,比如马长寿之于陕西师范大学、吴泽霖之于中南民族大学。笔者所在的四川师范大学,也有多位学者关注曾在该校工作的李安宅和于式玉。

王铭铭近年来关注人类学的学科发展史及吴文藻等学人的人生与学术,特别推崇"人生史"这个概念。在他看来,所谓"人生史",就是"被选择的个别人物的整体一生",即"被选择的人物生死之间的生活"。作为一个人类学家,他宣称"我的追求是历史方面的",他认为要做好"人生史"的研究,最好是"选择一位重要,却并非是路人皆知的'非常人'为对象,围绕这个人物,穷尽相关文献,进行相关口述史或口承传统(如传说、传闻、谣言、访谈)研究,将零碎的信息当作'补丁',恢复该人物一生经历的所有事,一生所想象的物,制作某一'history of a life'。"①这番表述对于从事学科、学人与学术等课题研究的学者,具有特别的启发意义,遥遥呼应了历史学家钱穆关于"历史讲人事,人事该以人为主,事为副。非有人生,何来人事"②的治史名言。

梁启超在《中国历史研究法补编》中专门谈到人物的专史研究,提出"伟大人物是作专史的主要对象,但所谓伟大者,不单指人格的伟大,连关系的伟大也包在里头"③。李安宅就是这种"关系的伟大"

---

① 王铭铭:《人生史与人类学》,三联书店 2010 年版,"绪论"。
② 钱穆:《国史新论》,三联书店 2001 年版,第 298 页。他在《略论中国史学》一文中也说:"历史记载人事,人不同,斯事不同。人为主,事为副,未有不得其人而能得其事者。"参见钱穆:《现代中国学术论衡》,三联书店 2001 年版,第 113—114 页。
③ 梁启超:《中国历史研究法补编》,《中国历史研究法》,上海古籍出版社 1998 年版,第 186 页。

的重要链接体，尽管其在学界地位与受关注度不如胡适、顾颉刚、傅斯年等"国学大师"，但是他在政学两界都有较高的活跃度，其"朋友圈"或者交往范围也是相当宽广，他的学术话题除了有关学术，也与民族国家建设及边疆社会发展有着直接关联，从而使其人生角色不再是单一的，而是具有丰富的"关系"，与诸多话题都有牵连，那么他就完全具备梁启超所言"专史研究"的"伟大人物"标准了。

社会史是近年来史学界非常活跃的研究领域，其概念界定常有专史说、通史说和范式说，各有所本。在笔者看来，从事具体研究的学者们可以各取所需，不必为其概念所束缚。更想强调的是，各类专门史与社会史可以贯通，比如经济史、政治史、学术史，都应注意社会史这个视角。比如这个追问："新文化是怎么运动起来的？"比如这个判断："淮海战役是小推车推出来的。"比如这个假设："如果早一个月就下雨了，义和团是否还会声势浩荡？"其中，都暗含了社会史视角切入相关专题研究的必要性。任何历史人物和事件，都不是凭空出世的，都有其社会环境、氛围及影响。我们的历史研究对象，并非孤立存在，而其言行及思虑，在很大程度上取决于其所处的位置和场景。我们常强调注意文本与语境的密切关联，就是要设身处地去思考其"位置"和"场景"，从而有所谓"理解之同情"。我们要注意人物行事及性格的成因，要关注历史事件运行过程中社会各界的互动，要重视人物及事件对社会所造成的影响，要探寻其间"关系的伟大"。其间可述之处甚多，此暂不赘述。

老辈学人的学术史研究，常与关注"重要人物"的思想史纠结在一起。在他们看来，一般人是没有"思想"的，即使有也没有"表达"。即使有表达，但无人倾听。不少号称学术史的作品，其实是对学者著作的内容介绍和思想分析;而思想史作品,又往往是学人著述的摘录。罗志田就曾指出,在清末民初相当长的一段时间里,"思想"与"学术"几乎可以混为一谈。五四以后,梁启超写出了著名的《中国近三百年学术史》,虽然题目中已不见"思想",仍继承了清末那种融思想学术于一炉的取向。钱穆的同名著作亦然。若依今天的后见之明看,或许还更多是思想史著作。有意思的是,陆宝千后来写了一本《清代思想史》,共八章,以"思想"名者仅二,以"学"名者凡六。故其全书虽以"思想史"名,却继承了此前的"学术史"取向。① 葛兆光的《中国思想史》另辟蹊径,目光向下,关注"一般"人的思想,在很大程度上弥补了过去思想史著述中专注于大人物而忽视更大人群的疏漏。② "一般"人往往并没有很多论著,甚至都未曾留下任何声音、文字和影像,在很多人看来,几乎是失语的群体或个体。从这个角度言,葛兆光的思想史,是很难得的没有"学术"的思想史,这是对过去思想史与学术史缠结不清的一个纠偏。

如果说学术史是群像,学人史则是单人照。相对而言,群像由一个个具体的学人所组成,而单人照往往也有众多学人及其所处之时代与处境为背景。两者之研究都非常重要,相辅相成。由学人而知学术,当属知人论世之取径。对学人之研究,更延及学人所处之时代及其同时代人之研究,掌握其作为一般社会成员的活动,是历史研究的重要内容。桑兵批评今人所写学术思想家评传,好将生平与学术思想分离,以为便于架构编排叙述,实则不过方便用后来外在系统,条理解释固有材料,无形中以今人观念揣度解释古人思想。他主张,

---

① 参见罗志田:《学术史:学人的隐去与回归》,《读书》2012 年第 11 期。
② 参见葛兆光:《中国史学史》,复旦大学出版社 2001 年版。

历史的中心是人，历史人物多为各领域出类拔萃者，要想具有了解之同情，实属难事，不了解其人其事，论学论人，难免隔靴搔痒；以学人的活动及其相互关系为历史整体的一部分，而非仅为专门的学术史。研究学人历史，可以探察历史各个层面，揣摩考察学人对于历史和时势的观察判断。①

这种"人生史"和当前方兴未艾的社会史，关注的往往并非众人皆知的大人物，更多具有目光平视或向下的"平民"或"底层"视角。梁启超认为，讨论"学术思想变迁之大势"，必须述及所有"在其时代占势力"而"可以代表一时代一地方之思想者"，不必计其"思想之为良与否、为完全为不完全、为有条理为无条理"。② 因此，思考和研究李安宅的生平与思想，对于我们认识那个时代的学术与政治及学人的心境，都有一种通联性的意义。

李安宅见证了大半个20世纪的风雨，与政学两界诸多人士都有密切往来；其学术与时俱变，晚年被迫离开学术而蹉跎岁月。他的人生与学术是20世纪中国知识分子生命与精神史的缩影，具有典范意义：他既是一位具有丰厚的传统文化素养的学人，在新的历史时期肩负学术近代转型的使命，又是一位游学欧美、饱读西学的现代学者，在中国特别是边疆地区致力于人类学、社会学等社会科学中国化，作出了突出贡献。

李安宅在民国学界，尤其是在人类学界和边疆研究领域具有重要影响。但在其人生的最后30年，他几乎脱离了学术工作。他的学

---

① 参见桑兵：《晚清民国的学人与学术》，中华书局2008年版，"绪论"，第5—9页。
② 参见《新民丛报》第6号（1902年4月）、《周末学术余议》及梁启超的"记者识语"，转引自罗志田：《经典淡出之后》，三联书店2013年版，"自序"，第2页。

科和领域,在新中国很长一段时期处于"失语"的境地。晚年的李安宅也不再有重拾学术的热情和能力,不再有传道授业的舞台和机会。所以,他早年的学术贡献多少为后人所忽略和淡忘。从这个意义上讲,李安宅正是王铭铭所言的"重要,却并非路人皆知的非常人"。基于李安宅丰富而跌宕的人生经历及其重要的学术地位,我们理应对他的学术人生做一个"人生史"的研究。作为一个社会学家,李安宅一直在观察和参与他所处的时代和社会,留下了不少对那个时代的思想文化和社会动态的评论,其人生与学术也就深刻打下了时代的烙印。我们寻索其人生与学术,需要从个人与时代和学术与社会的视角去考察。

六、伤感与宿命

笔者近年所作研究,自称边疆学术史。围绕民国时期的边政学,笔者经心注目于20世纪30—40年代中国边疆研究的相关学者、学会、期刊,先后发表数十篇论文。学然后知不足,愈发觉得这个研究领域广袤,竟有知难而退的畏惧心理。但对李安宅的研究,笔者却能做到一直持续。

这本书的写作,要追溯到20年前。笔者自1997年即落草狮子山,很长时间未曾注意过,四川师大历史上有过一位名叫李安宅的大学者。2001年,学校为筹备次年的50周年校庆活动,决定对学校历史及相关人物进行研究。当时非常年轻的王川教授便主持川师学者研究,列出了李安宅、刘绍禹、伍非百、张静虚等学者名单,笔者便自告奋勇研究李安宅。2002 年参与杨天宏先生主持的国家社科基金"中华基督教会全国总会的边疆服务"研究,发现李安宅是其中的灵魂人物。在 2009 年后笔者开始集中精力研究民国时期的边政学,发现李安宅在其中仍然具有不俗的学术成绩与很高的学术地位。2014年开始关注抗战时期华西坝教会五大学的边疆研究,同样发现李安宅是其中旁人不可替代的核心人物之一。20 年来,笔者在各种研究题目的撰著中,未曾忘却对李安宅人生与学术的探寻。通过各种途径搜寻资料,笔者尝试撰写了多篇论文,在《中国藏学》《思想战线》《西藏大学学报》《民族学刊》等处刊发,引起学界特别是民族学界的注意。他们认为笔者的研究对民族学界是一种填补性工作。民族学家总是走在"田野"上,不怎么关注这方面的题目,即使有关注,也大多注意到自己的师祖爷,从而在种种叠加层累中造成很多学人在今日学术史书写的遮蔽和隐逸。

真正让笔者具有持续动力去研究李安宅,缘于笔者和李安宅女儿李瑞廉及女婿任志林的忘年友谊。笔者在 2006 年发表了研究李安宅的第一篇学术论文《李安宅边疆思想要略》,现在看来那篇文章十分稚嫩,其中还有史料的识读失误。但在李安宅研究领域中,却算是抢了个"先手"。林日杖曾有评述,认为自该文起,"李安宅研究大致告别对李安宅本人及其具体论著进行介绍的层面,开始进入扎实研究的阶段"①。不过牵连起笔者和李安宅后人联系的则是一篇随

---

① 林日杖言:"汪洪亮《李安宅边疆思想要略》可以说国内李安宅研究界标性的一文。尽管汪洪亮本人对此文并不满意,但此文由于其开拓性的意义,为诸多学人所引用及下载,成为中国知网核心区有关论文中引用量最多及下载量亦大的论文。2006 年起有关研究涉及了李安宅学术人生的方方面面。"参见林日杖:《编辑视野下的李安宅研究:学术研究综述的范式转型》,《中国藏学》2015 年第 2 期。

笔。2006年，四川师大已退休的骆天银教授创办了《夕照明》内刊，约笔者写文章，笔者就写了篇《重温李安宅关于读书与治学的论述》。不知怎么这个刊物寄到了李瑞廉老师那里。笔者很惊讶又欣喜地接到了老人家电话，那声音非常清脆干练。此后笔者就应约常去成都西门车站旁四川群众艺术馆李瑞廉老师家。李老师快人快语，爱憎分明，论及过去的一些是是非非，偶尔疾言厉色，偶尔和颜悦色。任志林老师则总是慈眉善目，乐呵呵的，凡是谈及过去不快之事，总说："小汪啊，你也别全听李老师的"，"那个事啊也不怪他"，"那个时候嘛，就是如此"。为此他常受到李老师批评："你就晓得和稀泥。"任老师是从朝鲜战场上下来的军人，享受了较高级别待遇，他接电话时在旁的笔者就听到对方的称呼："领导"。有两年多时间，笔者常接到电话去他们家里陪他们聊天，翻阅他们当年"抢救"下来的一些资料。他们看到笔者每发的一篇论文，就抱有欣赏态度，而且鼓励笔者大胆写，该咋写就咋写；还将笔者的文章寄给李印生看了。2008年7月14日，恰好是汶川地震后，北京奥运前，笔者在京拜会了从中华医学会退休的李印生，并在他家共进午餐，听其广场蓄须的故事；也在那几天拜会了中央民族歌舞剧团退休老人李秀廉。

有愧的是，笔者写作的进度太慢了，与笔者交往最密的李瑞廉、任志林夫妇均先后离世，而在北京奥运前夕共进午餐、长须垂胸的李印生也已不在人间；唯有在家含饴弄孙、不问世事的李秀廉，最为长寿，于2022年12月16日去世。至此，李安宅的子女已经隐入尘烟。李瑞廉身体非常硬朗，步履轻快，身板挺直，没有勾腰驼背，不知怎么的，突然就倒下了。2010年4月间，接到任志林老师电话，说很久没有邀请笔者过去，是因为李老师病了。我们便去医院探望。她在病床上，努力想撑起身子，但又无力地放弃了；努力想跟我说话，但什么都说不出来，我也就什么都听不到。她抓着我的手，眼睛非常清澈。我似乎听得懂，她应该是在嘱托我多研究李安宅。任志林则宽慰我，不要有负担，现在年轻人忙，还有很多事情要做。过了一阵时间，任志林来电话，说李老师已经走了。笔者一时默然，无语凝噎。此后曾经打通过任志林电话，他说腿脚逐渐无力，爬楼已有困难，准备搬到女儿家居住了。两年后得知，任志林老师也走了。说来也是宿命。他们去世的日子，似乎冥冥间自有安排。李瑞廉一直是青年心态，2010 年 5 月 4 日去世。任志林是军人，2012 年 8 月 1 日去世。呜呼！这难道是智者的自我安排？现在想来痛悔的还有一事，就是未曾与他们合影留念。一开始是想着他们身体硬朗，来日方长，后来去医院探望感觉不合时宜，就这样一步步错过了。

这些年来，笔者也许是太忙了，也许是太疏懒了，一直在写，但又一直没写出更多；一直在搜集整理李安宅作品，但又一直没搜集齐整理好。笔者曾经多次表达，我想写的，并不是李安宅一个人的传记。对其宽泛的学术兴趣及精湛的学术研究，笔者力所不逮，没办法对其学术进行鞭辟入里的分析和评判。实际上，笔者也不必大幅转述他学术论著中的观点。如果要了解他的学术见解，自然可以去读他的原著。笔者更想写的，是希望把李安宅放在 20 世纪政治、思想和学术的脉络中，探寻学人在这个变动时代里，如何调和个人与社会、政治和学术。换言之，笔者想写的是李安宅生活的那个时代。

笔者现在意识到，我现在做到的，与"我想写的"还距离遥远。只是李安宅研究对笔者来说，应该是长时间的修行，并不会因为本书的出版而终止，笔者还会继续推出新作，希望在未来再推出本书的增订本。

现在追寻李安宅走过的足迹,其实是翻阅那一时代知识分子的精神生活史和身体史。而回望李安宅那一代人的学术历程,无疑也是对他们所从事的学科发展史的一种尊重,对那个时代群星璀璨的学人群体的一种仰望。

本书即是这样的一种努力。读者在品读李安宅的人生与学术的时候,或许能够审视我们自己站立的这块大地。

第一章　大家庭的隐痛:李安宅的少年生活

中国早有俗话云:三岁看大,七岁看老。在一个人的成长过程中,早年生活往往会打下深刻的印记,甚至会左右人生轨迹。所谓早年生活,即成年以前的生活。关于早年生活的影响,众多政治家、文学家的自述中早有呈现。在史学家的作品中,这样的研究也是屡见不鲜。罗志田对胡适早年生活的描述,王汎森对傅斯年早年生活的描述①,都给读者留下了深刻的印象。王奇生研究了蒋介石早年生活经历,发现幼年失怙对蒋介石个性特质、行事风格影响深远。在

---

① 参见罗志田:《再造文明之梦:胡适传》,社会科学文献出版社 2015 年版。按:此书先曾在四川人民出版社、中华书局出版,此为修订版;罗志田:《"率性"与"作圣":少年胡适受学经历与胡适其人》,《四川大学学报》1995 年第 5 期。有关胡适早年生活的研究成果较多,如胡明:《试论胡适少年时代的思想启蒙》,《苏州大学学报》1995 年第 1 期;董鹏、张国盛:《清末上海新式教育对少年胡适之影响》,《长江论坛》2013 年第 2 期等。尤其是胡适在留学阶段对个人志趣的塑造,成为学界关注的一个热点。较有代表性的论文有胡明:《胡适留学时期的求知之路》,《近代史研究》1995 年第 1 期;徐希军、刘向东:《留学美国与胡适民主政治思想的形成》,《安庆师范学院学报》2001 年第 2 期;马仁杰:《胡适的学术成长生涯与启示研究——以〈胡适留学日记〉为中心考察》,《理论月刊》2014 年第 11 期。另参见王奇生:《从孤儿寡母到孤家寡人:蒋介石的早年成长经历与个性特质》,《南京大学学报》2010 年第 5 期;王汎森:《傅斯年:中国近代历史与政治中的个体生命》,三联书店 2012 年版。

蒋的一生中,孤儿寡母、孤苦伶仃和孤立无援的童年记忆被反复提及。孤苦的童年,塑造了他孤僻的个性,缺失对人的"基本信赖",养成幽暗、多疑、敏感的性格。我们可以从中感受到他们早年的遭遇与心理,的确对他们后来的奋斗和局限都有隐隐的导向和牵制。①

每个人都有自己的家乡,有的回得去,有的回不去,有的回去了也发现物是人非,青春不在,记忆也已经无处安放。每个人都有自己的童年,有的幸福无比,有的苦不堪言,无论如何,童年的记忆无边无际,是人生旅途中难以抹去的印迹。在李安宅的自述中,我们同样可以感受到,尽管李安宅自离开家乡后,就基本未曾回去,但在他的人生历程中,家乡始终是个无法抹去的存在。父母在,不远游,在李安宅身上也体现得十分明显。幸好"游必有方",李安宅后来在三叔庇护下得以离开家乡。但他在北京站稳脚跟后,"家乡"也如影随形,总有家乡人寄居于此,很大程度上干扰了李安宅的家庭生活和学术生活。"乡愁"有时也真正让人"愁",城里的"乡下人"大多无法绕过这一烦扰。当然"乡下人"也有好处,就是有可以回去的"家乡",可以寄托"乡思",或告老还乡,或归园田居。不过,对李安宅而言,离开家乡是一次义无反顾的旅程。他离开家乡后,足迹远至欧美,遍及域中,唯与家乡渐行渐远。李安宅的童年,充满了青春的隐痛;他的家乡,也就施加了其难以背负之沉重。

---

① 参见王奇生：《从孤儿寡母到孤家寡人：蒋介石的早年成长经历与个性特质》,《南京大学学报》2010年第5期。

一、六份自传

有必要交代我们重建李安宅早年生活的史料基础。除了为数不少的著述外，李安宅的其他存世文献并不太多。他晚年的一些思想汇报或历史交代性质的叙述中，部分内容具体到了某月某日，李安宅的部分交代文稿也提到参考其日记，可见李安宅至少在某一段时间是写日记的。但目前尚未知其日记和书信的全部保留情况。个人私密或半公开性质资料①的缺失，加之他的同辈大多"同病相怜"，"周边"朋辈及晚辈也逐渐凋零，与他过从较多的吴文藻、费孝通、柯象峰、徐益棠等人的日记也基本未见披露，这些都使后人研究李安宅感到困难。

李安宅的个人历史交代的文字，蕴含了丰富的时代信息，学界尚未充分使用。李安宅在 1949 年后一共撰写了至少六份自传，学界基本上仅对其 1961 年版自传略多涉及。这几份自传，撰写于不同时段，面临不同时局及不同要求，对自传的铺叙重点及写作手法均有微妙差异，但描述的史实基本一致。但是写作时间越晚，所涉及时段就越长。要完整地记述李安宅的人生与学术，就应该整体看李安宅的所有自传，兼及其历次"思想汇报"和"交代历史"材料，这样才能对其不同时期的处境及其心境有更多体悟。不过那个时期的自传，主要是向组织交心谈心，下笔较为谨慎，叙事并不枝蔓，所呈现的仅是

---

① 窃以为，相对于发表的论著而言，日记可谓私密性质，而书信和各类汇报材料可以看作是半公开性质的资料。

一个简写的人。

自传是一种回顾性的叙事，是自我意识的产物，是自我实现认同、确证自我身份的重要途径，也常通过叙事来完成其自我身份的建构。① 自传常被认为游走在真实与虚构之间。关于自传的真实性问题，在今日西方学界的理论研究中已经被舍弃，而文本、自我、身份等问题的讨论逐步占据主流，其社会学意义更为学界所关注。也就是说，自传的真实固然值得讨论，但我们更要追寻的是其中所反映的时代及其自我身份的建构。从历史研究的角度来讲，我们除了研究其事实的真实，也有必要讨论其叙述的真实。在真实与虚构之间，往往是我们研究的问题意识所在。②

我们有必要对李安宅的自传的真实性进行探讨。自传的真实性是有限度的，即使传主本意是想求真的。毕竟是在时过境迁之后，追忆往事，难免有时空误植，李代桃僵，甚至无中生有；更不排除有传主自抬身价，有意作伪，虚美隐恶，或出于自我保护的目的，有所曲笔回护，或因牵涉旁人，不便秉笔直书，等等情况，都会影响到自传的真实性。李安宅的这些自传，都写于 1949 年后，大多基于澄清和交代历史政治问题所作。其所写内容，或有取舍，但不至于有意作假，因为作假的成本很高。如果一事多表，有关当事人或见证者相互或各自举证，一旦南辕北辙或人言言殊，就有有心作伪之虞，"不忠诚"的后果自然就很严重。所以，我们相信自传的叙事部分基本上都是实事求是的。如果有作假的话，那多半是涉及自我评价的段落，要么不惜

---

① 参见梁庆标：《自我意识与身份：自传研究的新视角》，《宁夏社会科学》2014 年第 1 期。

② 参见聂婷：《西方现代自传叙事中的"真实"问题研究》，华中师范大学硕士论文，2016 年。

"自黑"以获取同情理解，要么"自高"以显示其思想境界。这种情况下，客观让其客观，主观则可能屈从时势，违背本意。本书所构建的李安宅人生史，最基本史料主要是这几种自传。为了避免"偏听则暗"，笔者辅以其他相关资料。

笔者所见的李安宅自传性文字有多种，除了其交代个人历史的文字，以及其在各类表格中的履历交代及社会关系梳理外，以独立的文本形式出现的自传就有六种。

一为《自传》，1951 年 7 月 3 日完成，凡 4 页，文末注明"填表人李安宅，1951 年 7 月 3 日于昌都地区"，应为李安宅偕夫人于式玉参军入藏，应组织要求根据有关表格改写而成，抑或是为填表而作之草稿。

二为《李安宅自传》，题注"进军前写于昌都，一份寄西南民委应已转中央民委，一份存西藏工委组织部"，"1951 年 7 月 11 日草毕于昌都"，凡 20 页；系刻板油印，份数不详。由于写作时间与前一自传接近，可以看作前者的"扩展版"。

三为《自传》，1961 年 9 月 3 日撰成于西南民族学院①，凡 21 页；设置若干两级标题，内容按照上级印发的自传内容要求，严格按照小标题的界域铺开。

四为《李安宅自传》，1966 年撰成于四川师范学院②，凡 9 页。

五为《李安宅经历简述》，1967 年 11 月 13 日写作。

六为《李安宅自传简述》，1967 年所写，凡 10 页，其间又有多个略有修改的版本，皆以时间顺序铺展其人生历程，而辅之以思想

---

① 2003 年改名为"西南民族大学"。

② 1985 年改名为"四川师范大学"。

反省。

前四份列入了四川师范大学所藏档案。后两份则为笔者从其他途径获得。

二、腹地山村

本章所谓"早年生活"，笔者觉得放在 1929 年是比较合适的。与同时代年龄相近、有着密切交往的很多学者相比，李安宅确然是大器晚成。比如史学家顾颉刚、社会学家吴文藻等，不到 30 岁已在学界崭露头角，发表若干著述。[①] 1929 年，李安宅才在燕京大学读完大学，开始正式留校工作。比他还小一岁的吴文藻这一年已经在美取得哥伦比亚大学社会学博士学位，到校担任教授。此前 1926 年李安宅留在燕大社会学系担任助理，并继续读书，主要身份实际上仍是个学生。李安宅在 1929 年前，基本没有发表著述。他 5 岁即入私塾，为何直到 21 岁才中学毕业，得以走出那个小山村，逐渐走到求学的坦途，走上师者和学者的道路？我们通过阅读其自传及相关资料，可以从其早年生活得到答案。

李安宅于 1900 年 3 月 31 日出生在河北省迁安县（现为迁西县）洒河桥镇白塔寨村。这一年是庚子年，义和团运动狂飙突进，席卷了中国北方，随后八国联军入侵，给以清朝政权以沉重打击，加剧了清廷的衰落。"中学"无用的观念，在甲午后就已相当流行。日本乃小

---

① 参见汪洪亮：《顾颉刚与李安宅的人生交集与思想学术异同》，《中国藏学》2015年第 2 期。

国,却因维新而自强,打败昔日的"老师"中国,极大刺激了国人对传统文化的反思和对西学的学习借鉴。而异端进入正统,反证正统之不足恃。① 戊戌维新时期传统政治文化体制虽然受到冲击,"中体西用"论受到批判,但维新派思想对下层人民生活影响甚微。义和团运动一方面使传统的文化政治体制失去权威,另一方面标志着"中学为体"思路的终结。②

义和团运动的失败表明旧式的农民革命已然难以挽救一个腐败政权的衰落和抵御强悍敌人的侵略,道义的愤怒下产生的不理智行为并不值得提倡。梁启超早在一百多年前就说过,"非从文化树一健全基础,社会不能洗心革面,则无根蒂的政治行动,决然无效","目前之政治运动,专恃感情冲动作用,感情之为物,起灭迅速,乏继续性,群众尤甚。经数次挫折,易致颓废,颓废以后,元气之回复,倍难于前"。③ 此语虽是说五四,但移过来看义和团运动,却同样一针见血。④

迁西县位于河北省唐山市北部,燕山南麓,长城脚下,西距北京150公里,东距秦皇岛130公里,北距承德130公里,南距天津140公里、唐山75公里。洒河桥镇隶属于迁西县,境内洒河与滦河汇流。该镇距县城22公里,距北京、秦皇岛、承德均为150公里,属京、秦、承腹地,连接华北与东北的重要通道。在今日交通条件来看,此地不

① 参见罗志田:《社会分野与思想竞争:传教士与义和团的微妙互动关系》,《清史研究》2002年第1期。
② 朱宗震:《义和团运动与"中学为体"的终结》,《华东师范大学学报》2000年第3期。
③ 梁启超:《"五四纪念日"感言》,《晨报》1920年5月4日。
④ 参见汪洪亮:《一个英国观察家眼中的义和团运动》,《社会科学研究》2003年第5期。

算偏僻。但在当时,深居山中的村寨也像个世外桃源,在获取信息方面,也不具备特别的优势。陈波曾到李安宅的故乡寻访,他如此描述:"白塔寨是华北平原和中国东北接壤地带一个普通的村落,四面丘陵和石山环绕,村前一条河流流过。这里离最近的集镇有六华里,离县城有六十华里。从至少一千多年前开始,这个村落就宁静地躺在滦河边上。"①

可作佐证的是,李安宅生活的小山村,虽离京津地区并不远,尽管狂飙突进的义和团运动、风起云涌的辛亥革命及思想激荡的五四运动次第发生,但在"京东地区"依然水波不兴,并不曾受义和团运动及其后清朝覆亡、民国崛起的多大影响。李安宅就承认,他上中学时,正是五四运动前后,但在京东交通闭塞,很少有人看报纸,未受直接影响。不过他出生时八国联军经过其家乡的传闻,依然给他留下了历史记忆。据李安宅 1951 年的自传,1900 年,"攻占北京的八国联军,也不知哪一股经过我们京东地区。据说家中逃难,我是在母亲褓褓中。所以外患与封建传统,在我一生中留下了深刻的印象"②。

回顾李安宅的一生,外患一直在改变其生活的轨迹和方式,包括其学术的选择。而封建传统,却一直缠绕着其幼时的成长及后来的婚姻家庭。八国联军的这一段往事,对李安宅而言仅是口耳相传。"外患"对其人生与学术的深刻印记,主要还是来自日本对中国的侵略。李安宅本在燕京大学研习社会学、人类学已有成就,尤其是在翻译和编著多种著作后,在学界已有一定影响。要论人文鼎盛,没有什

---

① 陈波:《李安宅与华西学派人类学》,巴蜀书社 2010 年版,第 49 页。
② 下文关于李安宅早年生活的记述,如无注明,一般引自 1951 年 7 月 11 日写于昌都自传。

么地方比北平更好。但在日本占领北平后,燕京大学即使因为美日之间尚未撕破脸皮而能暂时维持,但教员出了校门就仍感憋屈的情况下,不愿意在这种近乎窒息的氛围中苟延残喘,又曾参与过抵制日本侵略的宣传工作的李安宅被迫抛家别雏,携妻远走西北,后又转战西南,学术转向基于田野的应用人类学,尤其是藏族宗教的人类学研究和边疆工作的社会学研究。

这个曾经主要坐在摇椅上的人类学家,开始奔走在寺院和田野之间。后来因为其燕大老同学、在华西协合大学担任文学院院长和教务长的罗忠恕邀请,他来到了华西大学——那个已经接纳了好几所投奔的教会大学的校园,担任了社会学系主任,成立了华西边疆研究所并担任副所长(华西大学校长张凌高兼所长),俨然具有华西坝边疆研究"东道主"的身份,逐渐形成以其为核心的华西人类学的圈子,奠定其被后世称许的学术地位。① 此为后话。

李安宅的这一学术转型,虽然也在人类学的内在理路之中,但也是时局使然。如非抗战,他大概率是在燕京大学延续其著译生活。全面抗战爆发后,国民政府首都内迁,大量国家机关、重要工厂和高校蜂拥而至西部地区,极大改变了抗战时期的中国教育和学术地图。原先远离边疆或并不从事边疆研究的学者有了亲近边疆并研究边疆的机会,客观上推动了边疆研究的复兴,并且改变了边疆研究的格局。② 李安宅也因此远走西北,此后其学术生涯截然不同,从坐在书房里搞著译变成了在田野中求索边疆问题。

---

① 参见汪洪亮:《抗战建国与边疆学术:华西坝教会五大学的边疆研究》,中华书局2020年版。

② 参见汪洪亮:《20世纪三四十年代中国学术地图变化与边疆研究的复兴》,《四川师范大学学报》2015年第2期。

1938 年,李安宅在其《社会学论集》"自序"中写道:"这一段落的中国社会,是在空前未有的非常时期,自无待言。整个社会系统既那样动荡着,活在系统以内的个人也更脉搏紧张地充满了这个节奏。可惜著者不是从事文艺的人,不能写出惊心动魄或如泣如诉的文艺来。更可惜不是从事武备的人,没有在行动上打出一条血路。"①此段"空前未有之非常",主要就是日本势力对中国的渗透及中国的衰败。李安宅苦无文韬武略,不能定国安邦,但也有民族气节和学术良心,既不愿在日本占领下的北京仰人鼻息,教书度日,也不愿坐视汉人对藏族社会基础与制度"一无所知",于是"下了终生为藏族服务的决心"。

所谓"封建传统",则主要来自他所在的这个封建家庭。在近代中国,西学东渐,国人公民意识已有所增长;不少国人走出国门,走向世界,回国后也鼓吹要开民智和新民德。不过,这对固守传统礼教的老辈来说,有时也是离经叛道,难以接受。

在李安宅的儿子李印生的表述中,李家是个书香世家,号"中和堂"。他的曾祖父曾是清廷御医,到他祖父成年时家里已经很穷。祖母是唐山丰润县的名门闺秀,婚后生有三子,自己成年纺纱织布以为糊口之计,却一直坚持叫三个儿子读书,一时传为佳话,受到乡里人的敬重。后来大儿子考中了秀才,以教私塾为业。二儿子考中了武举,一段时间以为商旅保镖为业,因为当初练武家境贫寒,营养跟不上,据说练拉硬功必须每天吃牛肉,可是他因为家里穷连每顿吃干饭都得不了保证,结果伤了身体,因此身体不支就改为行医。他虽然

---

① 李安宅:《社会学论集》,燕京大学出版部,1938 年,"自序",第 1 页。

从小习武,但并未放弃学文,自古以来儒生精通医道是比较容易的,而且为数不少,因而形成了儒医派,所以他行医以后很快出了名,成了当地附近几个县的名医。后来他就在洒河桥镇上开了间"大生堂"中药店,坐堂行医,这就是李安宅的生身父亲。老三学业有成以后,当了邻县遵化县的邮局局长。①

李印生的这段叙述,不知所本何自,或系亲人或族人的讲述。在李安宅本人留下的文字叙述中,我只看到其父亲乃武秀才的说法,并没有看到有类似详细的表述。

李安宅祖上经商,家产应属殷实,但其祖父喜好鸦片,家道中落。在李安宅后来的各类表述中,其祖父未曾获得正面评价,反而有了以下印象,大概也是来自亲人的转述:"祖父以为第一个孙子落地碰上他有重病,当然是个不孝的家伙。"在1961年版的自传中,李安宅写道:"生我的那年祖父死去,据说他曾承继祖业商业发家,因无生产技能,又吸鸦片,财产都被家族亲戚骗光了,祖母以针线活路帮人,扶养子女,终年难得温饱。"在李安宅的其他自述性文字中,祖父都是非常负面的形象。如"据说他曾承继祖业商店数家,因他老实,吃鸦片,财产都被家族亲戚骗光了"。不过,从其父辈从事职业来看,至少横向比较,李安宅幼时经济条件不会太差。

祖父母共有三子一女:老大即李安宅的大伯,小时在杂货店当过学徒,后在私塾教书,又相继任迁安县劝学员、县师范校长、县教育科长;老二即李安宅的父亲,名李之华,小时在药铺当学徒,曾任邮务生,做过短期的邮局长,后又开中药铺行医;老三即李安宅的三叔,小

---

① 李印生:《两个学者的故事》,未刊稿,第3页。2008年7月14日,笔者在北京李印生寓所获赠。

时在大哥所教的私塾上学,后来继大伯教私塾,后做过邮局长和巡员等职,以二等邮局长终于任所。这一女即李安宅的姑母,早年孀居,后接回家与众兄弟一起居住。弟兄三人从未分家,共奉祖母,也从未长期在一起,各以自己的职业谋生。在那个小山村里,李安宅叔父一辈都有收入较高的工作,还有在县上任职者,算是个比较显要的家庭。当然,这种显要只是相对赤贫之家而言。用今日话说,大致处于温饱到小康区间。

祖父去世后,这个家庭就以祖母为中心。沉浸其中的封建传统,对李安宅的人生与学术,同样影响甚巨,不容小觑。所有人都要经历一个童年。不是所有人的童年都沐浴着阳光,不是所有的宠爱都值得期待,不是所有的学者都是大器早成,不是所有的成功都是一帆风顺。这在李安宅的成长过程中体现得非常充分。李安宅所谓家庭的"封建传统",概言之,就是对自由的捆绑,具体言之包含自小就过继给大伯、因祖母专制而学业受阻、婚姻无法自主等几个层面。

三、认伯为父

李安宅所谓家庭的"封建传统",其一就是李安宅过继给大伯。按照当地的"封建礼教",长子必须出身长门,弟弟不应先于兄长有子。在1951年自传中,李安宅对过继之事及其后续情况记载尤详,只是在行文中仍称大伯为"父":"我叫作父母的是过继我的伯父母,生我的父母,我叫作二叔二婶,父母中年无子,二婶把我生下来,二叔即昭告祖先,把我过继给后来才知道是伯父母的了。""父叔三兄弟都是满清的秀才，二叔是武的，那两位是文的。父亲和二叔都先在镇上学买卖（当学徒）。""我记事的时候，祖母统治下的父亲、二叔、三叔，都是自由职业者……父亲小时，在杂货店学徒，暇时自修，考取秀才，即以教私塾为业。以后在本县倡办新教育，以视学，教育科长，终其生。二叔小时，在旧药铺学徒，暇时自修，考取武秀才。以后以行医，当邮局长，行医，终其生。三叔在父亲私塾中学习，然后代父亲教私塾，考取秀才，当邮局长、巡员，终其生。"这里李安宅所叫的"父亲"实是其大伯，而其所叫的"二叔"才是他的亲生父亲，因其小时过继给大伯。

对于这个称谓，李安宅在相关文本记载中有时又按实际身份分别叫"大伯""父亲"。1957年，李安宅说，"我记事的时候，祖母统治下的大伯（我因生下来就过继给他，一直称他父亲），父亲，三叔都是自由职业者"。1961年9月3日所写自传中，李安宅对过继之事只字未提，按实际身份叫"大伯""父亲"："大伯小时在杂货店学徒，便中自修，后以教私塾立家馆，在本县办学堂，以师范校长、视学、教育科长终其生。父亲小时在旧药铺学徒，以后行医，当邮局长，又行医终其生。三叔在大伯私塾上学，以后代大伯教私塾，当邮局长，巡员，终其生。"或因时日久远，正宜正本清源，何况此为封建礼教，在社会主义新时期已是不合时宜。

李安宅过继给大伯，其生母显然并不乐意，但又无力阻止。在李安宅10多岁时，李家三弟兄都只有一个男丁。李安宅幼时在家受宠，显而易见。但其生母郁闷，也不言而喻。对爱子不能相认，作为生母只被唤作"二婶"，心里痛楚可想而知。但在封建礼教束缚下，逆来只能顺受，但又不甘心，她便常与长嫂冲突。李安宅写道："二婶与母亲在心理上为我而有的争夺战,便是她们时常冲突的原因"。

李安宅亲生父母感情并不和睦,"二叔在未订婚前即讨厌二婶的脾气,但父母之命,使他没有办法",婚后所生爱子又为长兄嫂所"夺",家庭生活中的不愉快肯定还会增多。李安宅 4 岁时,生父在镇上娶了个姨太太,也将其生母接去了。但同一年,其生母就病故了。可怜她一个初为人母的女子,竟然郁郁而终。在其短暂的生命历程中,未曾获得一声"母亲"的呼唤。

李安宅直到 10 多岁才知道过继真相。这时,已是民国了。李安宅 1951 年自传记载:

> 一次村中有人问我:"你妈妈死了,你不想吗?"我愤怒地回答:"你的妈妈才死了呢!"家中知道这事,才告诉我承继的经过。那时二婶早死了,我怕二叔,不敢多见面,而且他在镇上时多,回家时少。父母和三叔婶,对我都十分慈爱,而且我在全家奉若神明的祖母保护之下,变成全家希有的公民——掌上明珠。反过来,我对任何我常见的长辈都同样亲热,没有这一房那一房的分别;所以对于私有财产的观念,也就十分淡薄。典型封建的儒家传统,在我生命史上,就有这一点好处,其他都是矛盾,都是我反对大家庭,反对儒家的理由。

李安宅留世文献中,哪有如此凄楚的往事追忆? 外人又何曾知会其早年的艰辛? 唯其在自传中,有这样一份详细的表述。在 1961 年版自传中,李安宅对其幼年生活一笔带过,尤其是其过继给大伯一节,只字未提。笔者未在相关文献中搜索到李安宅知晓其亲生母亲去世后的更多心境的表述，但我们可以想象，此前此后的李安宅在心态上一定有了变化，明白一直唤为"父亲"的实为大伯，而其亲生父亲也并不能亲近，亲生母亲已经长眠地下，李安宅应该有种"寄居"的心态。当家居已无可恋，远方即成向往。如果这样理解是正确的话，李安宅后来非常努力想离开家乡，离开家庭，其内心世界我们如果设身处地应能有更深层次的体会。"居必择乡，游必就士"，李安宅渴望走出大山，脱离知晓真相后的家庭，也就是非常自然的事情了。不过我们也要看到，家乡可以远离，但仍会若即若离。李安宅的幼年成长，恰如在画布上涂上了底色，尽管他后来大展宏图，同样常受到其家庭的拖累和掣肘。于是李安宅的家乡基本上就成了回不去但又甩不脱的家乡了。

李安宅叔父三兄弟都是满清秀才，不过老二也就是其亲生父亲是武秀才，其他两位则习文。其叫成父亲的大伯和叫成二叔的亲生父亲，都先曾在镇上当学徒，"将自食其力与学术功名结合在一起"，三叔则在大伯的培植之下，一面教私塾，一面求学。清末新政期间，"父亲为本县新教育创始人之一；二叔在镇上创办新学堂以后，干了一段邮局长，终生开药铺行医；三叔则死在邮局长的任上"。

在那个小山村中，一门三秀才，且均有较高薪水可拿，而且相互友爱，对上孝顺，本是十分理想的。但李安宅觉察到，家中的妇人并不开心，"几个没有受过教育的妯娌、姑嫂、舅母、外甥女相处，而且相处在统一的家庭政权之下，没有通融的余地，表面上的天堂，实际便是地狱。"比如其姑母，为祖母所生唯一女儿，很早就成了寡妇，膝下一儿一女，女儿自养，儿子过继给大伯。为了"祖母的欢心"和"兄妹的友爱"，大伯将姑母一家迎到家中供养。在李安宅看来，姑母是祖母以下最有权威的人。由此,"家中的钟爱,由表姐、表弟与我平分。而表姐的聪明伶俐,尤为第一"。后来,已娶姨太太的老二劝祖母为老大娶了姨太太。老二的姨太太没有过门,而是住在镇上,"寄居山林,不得进家",所以李安宅就管她叫"山姨",而将大伯姨太太叫"家姨"。

这里顺便将李安宅的家族成员状况做个介绍。李安宅的兄弟姐妹众多,有"母亲"(实为大婶)所生的三个姐姐,然寿命都不长,在民国时期均已去世。大伯所娶姨太太生有二弟安寰、四弟安实。老二姨太太没有生育。三婶生有四妹李宁、三弟安宇、五妹三余。表姐婚后也没有生育,与姑母都在1921年前死于家中。表弟由李安宅供给读完初级师范,后毕业于济南齐鲁大学,上海解放后在银行工作。由于三叔于1923年去世,而李安宅在10多岁时多跟从三叔,故三婶所生三儿女,都由李安宅在北京培植上学。四妹李宁在延安与杨云阶①结婚,后在汉口工作。三弟安宁毕业于清华大学留校教书,后到大连海事学校教书,并将三婶与四弟安实前后又原籍迁到大连。五妹三余则在成都华西大学毕业后当了医生。李安宅的祖母1923年冬去世。三叔则因溺水早于祖母死于是年。1933年二弟安寰死,留下孀妇张凤鸾,以后由北京,到成都,与李安宅家人一起生活,新中国

---

① 杨云阶(1894—1961),湖南桑植县龙潭坪乡人。1928年4月参加红军,次年3月加入中国共产党,任红二军警卫团供给部主任。1931年1月,任桑鹤游击总队政委并参加湘鄂川黔边特委任委员。1932年,调任红二军团卫生部政委。1935年冬,调任红二军团(后称红二方面军)总部参谋,参加长征。1937年,杨随八路军120师奔赴抗日前线。1942年随贺龙到延安,入中央学校学习,后任师卫生部长和晋绥军区卫生部政委。解放战争时期,他调任晋绥军区政治部联络部副部长。1949年南下,年底任最高人民检察署中南分署第一处处长。1953年后,历任中南卫生局预防处处长、湖南省人民检察院副检察长、省卫生厅副厅长、省政协委员。1961年7月病逝。

成立后到北京工厂做工，能勤劳。她也没有生育，李安宅曾将两个女儿瑞廉、秀廉过继给她，原先将儿子荫凌过继给她，但早逝。1942年，"父母与二叔于原籍相继去世"。当时家中唯一不得上学机会的为1927年生的四弟安实。他娶的乡村妇女，土改后为村中劳动模范。他自己则身体多病，到大连就医后，原籍只留下年老的山姨、家姨，四弟妇及其男孩（李安宅未曾见过）。从这一段表述，我们即可看到李安宅受困于家庭实在太多，自小即被过继的他居然也有将儿女过继的经历。封建大家庭的惯性势力如此之大，令人不由扼腕。

四、学业受阻

给李安宅并没留下任何好印象的祖父去世后，这个大家庭就是祖母一人的天下。在她的威仪之下，整个家庭表面一团和气，实则暗流涌动。对于李安宅来说，这样的家庭表面上温暖，实则渗透寒意，让其早就看到了其中的旋涡。尤其是在他求知欲旺盛的时候，不得出门念书，让他切实感受到了大家庭的束缚。

李安宅开蒙不算晚，5岁时就在自家私塾读书，老师是大伯的学生张子和。张子和向李安宅祖母报告了一种叫作官话字母的"奇怪玩意儿"，李安宅向他请教，当天晚上就会了，可见其聪慧。二姐没有上过学，李安宅教她用字母写信。他赶上最后的秀才科，又到县城传习新教育。后来私塾就变成了小学堂，但没有高小。李安宅在这里一待就是七年。因为祖母舍不得他离家，李安宅又在药铺里做了两年学徒,直到 14 岁才被允许到 12 里外的南团汀①上学。当时高小是三年制。该校是春季开学,于是李安宅秋天在高二班上旁听了一季,次年春天才正式入高一。有个新来的同学叫王乃堂,受过他哥哥桐城派文学的影响,每每于散步时教李安宅背诵该派的文章。李安宅读书很认真,也受到王乃堂的感化。1916 年冬天,他们高小毕业,商量着考滦县初级师范官费,以便减轻家庭经济负担。可是王乃堂得以前去报到,李安宅则被叫回了家。原因何在? 这是祖母一直荫庇着他,生怕他在外面学坏了,而且还给他安排了婚事。

李安宅得知王乃堂考取的消息,不由对家庭的妨碍怀恨在心。恰好在这一年,其三叔被安排到遵化县任邮局长,那里有省立第五中学。他带着三婶及李安宅夫妇到了那里,并劝祖母说,跟着他吃饭,到中学读书,既不费钱,也不怕学坏。祖母这才放下心来,表示同意。李安宅在这年暑假考取了自费中学。尽管王乃堂比他早半年升学,但李安宅却早王乃堂半年毕业,可见其学习的投入。刚开始他感觉英文教得很快,虽然勉强读得出来,但不如好多人那样顺口。英文教员说,中国人不会英文便不能获得现代知识。李安宅一听便着急了,一切课外时间都拿来背诵英文。

天赋加上勤劳,是学习进步的法宝。半年时间,李安宅就追上了班上的平均水平,一年超过去,到了二三年级便可读当时遇到的任何英文书了,"四年中,中英文成为我特别嗜好,颇希望作个文学家。但在中英文中读到哲学的内容,使我重思想,看不起技巧"。这可能就是李安宅在著述中用词俭省、逻辑严密、步步为营、环环

① 南团汀位于迁西县城北 25 公里处,属迁西县三屯背镇所辖。

相扣、没有累赘铺叙和蹩脚比喻的原因。

李安宅在中学时，就有反抗精神，赶过教员，闹过学潮，而且都取得了胜利。因为他们那个班，所有功课都在定程的前面，就理直气壮地闹。李安宅在1961年的自传里说："这是五四运动前后，但在京东交通闭塞，很少有人看报纸，未受直接影响，只有学校内部驱逐不称职的教员的若干次风潮，都是参加了的。当时主导思想在儒家理学与桐城派文学基础上，要求学本领，冲破老家限制，升学向上爬。"

在读中学时，李安宅的表姐和姑母去世。他的第一个孩子征祥出生。李安宅祖母本来重病，因得了重孙，心情愉快，竟然病愈。1921年，李安宅中学毕业。这一年，中国共产党成立了。李安宅已经21岁了。三叔被调到天津，希望供李安宅上大学。遵化比较近，李安宅能到那里去读书，是因三叔在祖母面前做了保证才被允许的。天津是大城市，离家就太远了。祖母与"父亲"和"二叔"组成联合战线，"反对升学，主张做事；怕勉强升学弄得高不成，低不就，更怕染上大城市的习气。他们认为三叔的职业最可靠，恐怕人事复杂的事对我性格不合，发生危险"。话说到这里，三叔将计就计，把李安宅带到天津补习，报考邮政。古话说，将在外，君命有所不受。李安宅的人生由此翻开新的一页，基本告别了这个小山村，但是大家庭却是无法告别的。李安宅后来在北京站稳脚跟，家中老幼大多曾仰赖接济或依附生活。

1921年秋天，"父亲"将李安宅送到天津，此后一年半，李安宅白天自修，晚上到青年会夜校学英文，准备报考邮政。美国传教士侯感恩①担任

---

① 侯感恩（R.M.Hogan），传教士，美籍，天津青年会夜校老师。

英文教员，这是李安宅接触与交往的第一个外国人。他动员李安宅在夜校另外的班次义务帮助别人学习，使李安宅第一次接触到除了自己向上爬之外，还有对于素不相识的人义务帮助的道理。也使他认识中国人盲目到外国留学的坏处。在 1951 年自传中，李安宅表示，这是首次被灌输"为人服务"的观念，并意识到中国学生羡慕留学的"毛病"。"为人服务"是基督教处理人与人关系的一个重要理念。在其经典中，有这样的表述："我来不是要受人的服侍，乃是要服侍人，并且要舍命作多人的赎价"（《马可》10 章 45 节）。因此，便有牺牲为人服务之义。①

其实近代中国留学运动中留而不学以及混学位等诸多怪象，当年留学生就早有提出。留美学生、后来成为中国学术界和思想界中心人物的胡适，就是近代中国对留学大张挞伐最为著名者，他曾写文章《非留学篇》，宣称："留学者，吾国之大耻也！留学者，过渡之舟楫而非敲门之砖也；留学者，废时伤财事倍功半者也；留学者，救急之计而非久远之图也。"②1930 年潘光旦写下《留学生问题》，批判"以出洋为无上时髦的举动""不求深造的弊病"，提出"要打破留学生必较非留学生为有价值的谬误观念"，"引用人才，更不应只在留学与非留学的分别上用功夫"。③ 两人写作时间相距十多年，但其基本观点

---

① 参见范定九：《与非基督教同盟诸君的商榷》，唐晓峰、王帅编：《民国时期非基督教运动重要文献汇编》，社会科学文献出版社 2015 年版，第 362 页。关于民国非基督教运动，可以参见杨天宏：《基督教与民国知识分子：1922—1927 年中国非基督教运动研究》，人民出版社 2005 年版。

② 胡适：《非留学篇》，原载《留美学生年报》第 3 年本，参见《胡适全集》第 20 卷，安徽教育出版社 2003 年版，第 6—30 页。

③ 参见潘光旦：《留学生问题》，《读书问题》1930 年 11 月，参见潘光旦：《夔庵随笔》，百花文艺出版社 2002 年版，第 257—259 页。

都是留学是为了以后不留学,所以留学不能盲目。

侯感恩所谓"盲目"留学,是指尚不具备学问基础,也不明确学习目标而单纯追求留学的行为。所以曾经批判中国人盲目留学美国的侯感恩,后来积极鼓动李安宅留学,即因断定李安宅已经具备很好的学术根基。侯感恩在李安宅的早期学术成长中起到了非常重要的导航作用。他给李安宅灌输的思想,在一定程度上影响了李安宅后来的学术选择。李安宅选择学习社会学,并且不急于求学异邦,均与侯感恩的这一教导有着关联。

按那时的规定,中学毕业不能报考邮务员,只能报考邮务生。三叔认为,邮务生工作过于"机械",主张非考上邮务员不干。李安宅感到"经济不独立是其不自由的最大原因,虽有善意的三叔也无济于事"。1922年,他通过报纸广告认识一个白俄,互教中英文,且合组一个国际语文学校。当年冬,开校广告即将印出时,三叔调任热河,李安宅不得不被遣送回乡了。

1923年上半年,李安宅在家,郁郁不乐。头一年,孩子征祥出疹子死去。出门在外,大概不会太觉察家庭中的种种矛盾,至少不会朝夕感悟。宅居在家,深陷其中,李安宅就发现这个大家庭中的妇女之间矛盾随处可见。他越希望加强夫人张瑞芝的文化学习,越发现她受到婆婆的限制。他又不能对母亲(实为大婶)发脾气,只能向瑞芝发难,弄得家庭"乌烟瘴气"。恰值侯感恩调济南青年会,来信告知李安宅,有办法让李安宅一边在齐鲁大学读书,一边在青年会夜校教英文以实现"工读自给",还引用美国谚语"半块面包,远比没有好"。当年夏天,李安宅即刻赶到北京投考,一考而中。

考取消息传到以后,三叔由热河乘船顺滦河回家,溺水而亡。福无双至,喜讯和噩耗接踵而来。为了免让病中的祖母悲痛,家中封锁了消息。李安宅将三叔尸体运回,帮同"父亲"和"二叔"办理丧事。事后,李安宅拟到济南就读齐鲁大学。"家中无人不反对。但我得到祖母在病中的许可,决然离家。"大概此时祖母已经病入膏肓,来日无多,意识到对孙辈也该放手。人之将死,不放手也得放手。但这些决定均需祖母首肯,可见其在家中仍具有绝对权威。恰在当年,祖母去世,李安宅得以自行支配此后的生活。

在李安宅求学过程中,以祖母为代表的家族势力处处滞碍,幸有三叔支持才得以脱困。此后其父辈似乎对李安宅并无多少约束,大概其亲爹长住镇上,与其接触并不多,而其大伯虽有养育之恩,但在知晓过继真相后,恐也无法一如往昔亲近。再者,李安宅已经在游历中见识了外面的世界,已非往日之笼中鸟、井中蛙。祖母死后,他自然是义无反顾,再也无人阻止其自由选择,而其学业发展只会不断加速以求后来居上,不可能再走回头路了。

五、包办婚姻

李安宅在婚姻态度上,与胡适类似,虽然不满旧式婚姻,但仍服从家族安排,且能与结发妻子友好相处。不同的是,胡适与江冬秀在婚姻中相守一生,但在婚外却有许多情史。[①] 而李安宅则经历了三次婚姻,都因妻子病亡而新娶。李安宅7岁就订婚了,每逢上街还莫

---

① 关于胡适的情感生活,可以参见江勇振:《星星、月亮、太阳:胡适的情感世界》,新星出版社2006年版;周质平:《胡适的情缘与晚境》,黄山书社2008年版。

名其妙地很想看看家住镇上的未来媳妇的模样。但在他高小读完后,开始痛恨婚姻,婚姻此时已经成了他的"绊脚石"。在他17岁时,也就是1917年三四月间,他在家举行了婚礼。

李安宅为人宽厚,颇有济世达人情怀。他因自恨被人玩弄,也就同情同样被玩弄、无法自主命运的结发妻子。她家中较为富裕,到了白塔寨这个"破地方",在李安宅看来,有点委屈了她。"她一个字也不识,比我大四岁,但甚服从。这就引起我教她注音字母使她识字的兴趣,给她起名张瑞芝。"很显然,在老家,李安宅的努力无法奏效。

后来李安宅坚持外出读书,在北京逐步站稳脚跟。1926年暑假,已经在燕京大学留校做助教并继续读书的李安宅,回到迁西老家,发现他和瑞芝生育的第二个孩子满儿也夭折了。"为了提高她的文化程度",他"坚决"将瑞芝带到北京,"父亲亦为避免家姨而有的闲气,令我将她一同带出来。我将她俩安插在北京城内唯一可使成年妇女上学的地方——圣经学校,我则住在西郊海甸(今北京市海淀区)"。并请王乃堂带安宇来北京读书,兼照顾"家姨"和瑞芝。后来"家姨"因生子安实而辍学,"与安宇家居"。李安宅将瑞芝发展为共产党员,"争取了当地几位家庭妇女与知识份(分)子,用社会服务名义办识字班,挑花班等——再以后,燕大的妇女工厂,即以此为基础"。

1928年夏,瑞芝生第三个孩子培廉,入冬即病倒,当时共产党进入地下状态,"成年提心吊胆的生活,使她受苦不小"。李安宅在1951年版自传中写道:

> 我每每在漆黑的夜间十一二点钟由清华绕小路回海甸,她

都是候着门,一听外面脚步声即把门开开,以免惊动旁人。当年为了张家口工作的便利,不能不收用一个当过兵的作调查。他舅舅在张家口,母亲在海甸。他失掉领事馆比较丰富的报酬以后,在海甸往往找我;借失业为名,意图敲诈。这类落拓的"同志"们,随时给我们不少的威胁。同时,家姨的脾气,极其风雨无常;瑞芝由讨厌她、恨她,而团结她,思想情感都经过严酷的斗争。病深了,因为有逃难的大家庭在,我的收入有限,不得不节省,无从营养好。最后,为了减轻我的担负,为了我们革命成功,决心回原籍等死。她原来经畜的两个孩子没有活,乃将培廉留给我。她于1928旧年前离京,过娘家门口而不入;1929春,死于白塔寨。冥(瞑)目前,不提想孩子,不抱怨任何人。到今天看,我深深有歉于她那样布尔什维克的精神。

张瑞芝与李安宅聚少离多,少有怨言,对李安宅在外求学也多有支持,而在生活有可能改善的时候却染病离世。李安宅不由感喟:"到今天看,我深深有歉于她那样布尔什维克的精神。"包办的婚姻导致早年的不适,在李安宅的自我调适中,已然不存。

六、经济依附

李安宅在民国时期学者群中不算富裕,主要原因在于其经济负担太重。横向比较,很多学者是招募人来照顾自己。有钱的商人或企业人,才叫老板。而今不少手握经费的学者,也被自己的学生喊成

"老板"。实际上民国时期也有学者被叫作"老板"的，而且叫得很响亮。比如民国时期北京城的几个学界"老板"，如"胡老板""傅老板""顾老板"，都是响当当的富人。胡适是北大教授，还是中华教育文化基金会董事，薪水不少，而且还手握基金，有项目分配权。胡适名满天下，在三教九流都有人口中说道："我的朋友胡适之"。人缘如此好，自与其品学兼优有关，也不排除与他手头经费阔绰有关。傅斯年情况也类似，先后主持中山大学语言历史研究所和中央研究院历史语言研究所，还曾担任研究院干事长，也是具有科研资源支配权的。顾颉刚虽然没有胡适和傅斯年所掌握的那么多资源，但他善于捕捉"商机"，学问变现能力强，常组织学术社团和出版机构，编辑各类刊物，挣钱也是不少。相比他们来讲，李安宅就是典型的"穷人"了。

卢梭讲，人生而自由，但处处受捆绑。李安宅在自述文字中也常强调经济独立与自由。他的少年时光是典型的不自由，前面我们已经有较多的探讨。就经济而言，李安宅少时同样是不自由的。

李安宅虽然出生在河北省迁西县白塔寨村，但他并不认为出身为农民。他的 1951 年自传开篇就写道："家庭出身，父为职业教育家（清时教私学，民国县教育局长），二叔开中药铺行医，三叔清时教私学，民国邮务员，均为自由职业（三弟兄的家庭收入主要为薪水，土地由几亩每年增加到他们去世约有地百亩）"。所以他本人成分，也自认是"自由职业"，理由是"中学在三叔邮局长任内读完，从大学起即工读自给，与家庭财产无关"。

他接着介绍得更为详细："父叔三兄弟都是满清的秀才，二叔是武的，那两位是文的。父亲和二叔都先在镇上学买卖（当学徒）……

三叔也是在父亲的培植之下，一面教私塾一面求学的。清末变法，父亲为本县新教育创始人之一；二叔在镇上创办新学堂以后，干了一段邮局长，终生开药铺行医；三叔则死在邮局长的任上，在穷乡僻壤中，一门三秀才，都支薪水，而且友爱非凡，孝顺非凡，自是十分理想的。"

1957年，李安宅有材料介绍：

> 生我的那年祖父死去，据说他曾承继祖业商店数家，因无生产技能，又吸鸦片，财产都被家族亲戚骗光了。祖母以针线活路帮人，抚养子女，终年难得温饱。我记事的时候，祖母以家长的资格治家，大伯、父亲、三叔都是自由职业者经常不在家，家中除住房外，有一个不到三亩地的旱菜园，还有一条长松树的水沟；长工一名，是喘病患者，管家中吃水，经猷菜园；穿松树，采然料，则另雇短工。

1961年的自传中，李安宅也追忆其少时家庭条件状况。其言曰：

> 关于大家庭的经济，我自高小毕业后即未怎样发生关系。记得小时家中粮食不够吃，只有一个半病叫作闫双贵的长工挑水，经猷菜园；正式种菜，则雇短工。当年我管他叫表兄，全家用水，无人不怕他。他挑水费劲，就是雇人挑的，也要受他监视用途。而他照管全家，则受所有人的敬重。闫表兄死后，我家收养了一个由保定灾区逃来的孩子。他名三诚，管我叫大叔。我家

慢慢安排他娶妻生子，而他对于我们的照顾，也有闫表兄的作风。农村破产，是普遍的现象。家中因有自由职业的收入，每年年关无法不留几亩族中人的山地。最后可能有百数亩，然久不返家，不知详细。父亲与二叔死时，家中老幼有否浮财，不得而知，显然是有房子有地。而地，在前所收养的那家长工所经猷的以外，也有租佃。抗日战争后，于1949年第一次，据安实报告土改的信，说村人甚为客气，令老幼迁到旁边的小屋，以后又曾退回一部分财产云云。

李安宅此处讲述，颇有琵琶遮面之感。如果联系到新社会对有产者的政策，可以对其讲述的微妙处心领神会。但至少看得出，李安宅的大家庭经济条件横向比较算是好的，田地房产均有富余；但从村人"客气"来看，大致乡邻关系不差，或许聚财有道，但并不欺凌旁人。李安宅自己也承认，其家境不差。就纵向来看，祖业较为发达，祖父就承继了多家商店，可惜败家了。可能有一段日子，中落之家，难得温饱，但因母慈子孝且能，又能很快翻身。"一门三秀才，都支薪水"，在"穷乡僻壤"中，是相对比较富足的。尽管如此，也要承认，李安宅家境的富足，仍然是一种较低水平的富足。一是其家庭成员多，虽然有三个"自由职业者"，但实际上支撑了一大家"无职业者"的生活；二是虽可基本保证温饱，但如需花费较多时，似乎仍是捉襟见肘的。

李安宅1968年自称出生"在一个自由职业的家庭"，其理由是："伯父学徒出身，经自学后教私塾。任县师校长；父亦学徒出身，后自学，当中医、邮局长，又当医生；三叔从大伯读私塾，教私塾，后当邮局长、巡员"。

可见,李安宅的生父与三叔都曾做邮局长。不清楚是否同一个邮局,也不清楚其生父与三叔在工作上是否有前后相继或顶岗关系。但我们知道李安宅能够走出去,与其三叔的确有密切关系。因此,其三叔早亡,而三叔的儿女后来几乎都投奔李安宅,也是顺理成章。后文我们还要讲到。

李安宅 17 岁才得以高小毕业,与张瑞芝结婚,"当时无力升学,适三叔任职邮局长至遵化县,乃得家庭同意就三叔吃饭,读遵化县初中,这样家中可不花现钱"。李安宅并没有太多就业途径,"1921 年初中毕业,家中令谋职业,适三叔已调至天津邮局当巡员,乃就三叔住,拟谋邮局职业"。北洋时期,基层邮局工作系统人员有四个层级,邮务官、邮务员、邮务生、拣信生,收入差距悬殊,故李安宅的三叔"不让当邮务生,目标在考邮务员。故到天津青年会夜校读英文,候考邮务。考了两次,最后考取邮务生"。既然收入不高,这份工作丢掉也不可惜。1921 年秋,李安宅到天津准备报考邮政,住在三叔的"寓中","家中不用出钱",虽然考的分数很高,"而洋人邮务长也没有把我录取"。为了挣钱,李安宅通过英文报纸广告认识了一个俄罗斯人,发挥各自语言优势,"合组一个国际语文学校",准备印广告招生,类似今天的外语培训班。不过因为冬天三叔将调动到热河,此事中辍。1923 年,三叔调任承德邮局局长,李安宅"亦暂时回乡"。

1923 年对李安宅来说,也是具有标志性意义的一年。这一年,他接到了已调到济南工作的之前在天津青年会夜校的英语老师、美国传教士侯感恩来信,建议他报考齐鲁大学,并许诺如考取可以安排在济南青年会夜校教英文,收入足够读书和日用。李安宅设想,"我如欲考齐鲁大学,考取即可在济南青年会教晚、夜两校的英文,以收入所得读齐鲁",主意已定,即刻到北京投考齐鲁大学。一考而中,福无双至。三叔竟于是年旅途中溺死。李安宅"即拿他的信者金几十元作旅费到了济南,从此经济独立,脱离家庭"。

经济独立对李安宅来说,意义重大。他说:"我觉得经济不独立是我不自由的最大原因,虽有善意的三叔也无济于事。"他在1951年自传中不断提到"钱"对其人生选择的制约。从1923年起,李安宅在齐鲁大学选修文科,学习课程有社会学、社会心理学和比较宗教学,这使他后来"对宗教研究有兴趣"。李安宅在社会心理学的同班中结识了于道泉,"佩服他读书的渊博,也从他学世界语"。这段时间李安宅基本实现了"工读自给","摆脱了老家的束缚和经济供给"。

1922年,受美国普林斯顿北京基金会(后改为"普林斯顿燕京基金会")指派,美国基督教传教士步济时(John Stewart Burgess,1883—1949)在燕京大学创办了社会学系,分为理论社会学、应用社会学两个科,以美国教材为主。步济时任系主任,主要讲授宗教学、社会服务工作、社会调查等课程。[①] 1924年,步济时来到齐鲁大学宣传"社会服务研究班","两年毕业,半天读书,半天至社会服务机关实习;已大学毕业者,可得硕士学位;大学未毕业者,得职业证书;并有助学金,给予需要者"。李安宅在齐鲁大学读书一年后,"由齐大保荐,便到燕京,而且得助学金"。在另一则材料中,李安宅又说,"得奖学金,一半时间读书,一半时间社会服务(1924—1926)"。

李安宅既然意识到"经济不独立是其不自由的最大原因",便致

---

① 参见赵晓阳:《步济时及〈北京的行会〉研究——美国早期汉学的转型》,载台湾《汉学研究通讯》2004年2月号,第19—23页。

力于在经济上自由。一旦经济上自由,他便开始承担家庭的经济责任。1926年他在燕京大学担任助教,便将妻子张瑞芝接到北京上学,同时也供给三叔之子李安宇上学。在燕大工作后,李安宅开始有了较为稳定的收入,不过也仅是依赖薪金,没有太多收入渠道。1929年,李安宅在齐鲁大学同学于道泉的介绍下结识其妹妹于式玉,次年结婚,且都在燕京大学工作。那时大学教授收入较高,但年轻教师收入则非常有限。①

张瑞芝1928年生下孩子李培廉后即病倒。当年冬初,李安宅的父母(应该是其大伯大婶)、三婶、四妹、二弟、五妹"全来逃难"。李安宅的经济陷入窘迫之中,"因为有逃难的大家庭在,我的收入有限,不得不节省,无从营养好"。张瑞芝为了减轻李安宅的经济负担,干脆提出"回原籍等死"。"她原来经献的两个孩子没有活",于是将培廉留给李安宅,"于1928旧年前离京,过娘家门口而不入;1929春,死于白塔寨"。张瑞芝的人生就如此落幕了。如果说李安宅的生母早逝而李安宅后知后觉,为其第一件痛事的话,那么他的第一任妻子因贫而有病不医,竟然只有等死,可说是其人生第二件痛事了。

时代多舛。苦难还将继续。李安宅的大家庭带给他更多的经济困难。李安宅兄弟姐妹众多,有大婶所生的三个姐姐,大伯所娶姨太太生有二弟安寰、四弟安实。三婶生有四妹李宁、三弟安宇、五妹三余。他们全都来投奔李安宅,无疑使李安宅压力陡增。1928年冬张瑞芝回原籍"等死"前,"父母大家庭先回老家,只三婶一支在京"。

---

① 　关于民国大学教师的收入状况,可以参见陈明远:《文化人的经济生活》,文汇出版社2005年版。

李安宅判断："二弟安寰原比三弟安宇更聪明，念书极进步"，可惜"孝心胜过一切，被父亲劝说回去了"。李安宅并没有因此感到如释重负，而是认为"二弟安寰与四弟安实的失学，完全是封建家庭的罪恶"，感到"痛恨极了"。三婶所生三个孩子，也就是李安宅所称的四妹李宁、三弟安宇、五妹三余，全部由李安宅想办法安排上学。三婶认为，"凡是老家来的"，都应由李安宅负责，不体谅李安宅的经济困难，"站在大家庭财产三分天下的立场过日子"。李安宅当时境况不佳，一是张瑞芝病重，二是李培廉年幼，仅几个月，还遇上不通情理的三婶，也就关系"决裂"了，"除安宇、培廉外，她与妹妹们同瑞芝回老家"。三婶一走，李安宅"无法经猷小孩子"，先将李培廉送到协和医院服务部，请贫家协助哺育，后又送给于道泉夫妇做义女。后来在于道泉的撮合之下，李安宅与于道泉大妹于式玉结为连理，成为近代学术史上的藏学伉俪和"天涯同命鸟"，培廉也才有了着落。

李安宅的早年生活，对其后来的人生选择和生活状态有着深刻的影响。若非出生于这样的大家庭，他后来在京生活不至于如此劳苦忙碌，他的求学和治学生涯应该可以更早更顺铺展。人无法选择出身，每个人都是身不由己。出身同一的人很多，但各自的走向又有着差异。这种差异，往往取决于个人的努力与坚持，也取决于各人的交游和际遇。李安宅没有在闭塞的环境和严厉的封建传统中泯于众人，能够突出重围，卓然成家，除了个人的聪慧和努力，与其在学术生涯中的诸多贵人相助密切相关。

第二章 奋斗的青春:李安宅的求学生涯及其"贵人"

　　每一个并非简单承继先辈祖业的成功者,在其成长经历中都有"贵人相助"。当然其前提是自身聪慧,且好学,具有意志力,当然后两者更为重要。所谓"骐骥一跃,不能十步;驽马十驾,功在不舍"。

　　在中国近代学术史上众多学术成就巨大的学者中,既有家学渊源绵延,自小就浸润在良好学习氛围中的"学二代",也有些学者出生于与学术与功名并无瓜葛的家庭,家长及亲属从事与读书无关的其他职业,但在自己求学过程中遇到良师益友而改换了自己眼光与路径,从而走上了学术道路。

　　李安宅就属于后者。他起步既晚,一旦有了机会,就奋起直追,往往能后来居上。做事难以专一,反使其学术视野开阔。又因时局多变,难以一以贯之,所学又多与时政纠结,常与时俱进退。

一、结缘社会学

李安宅的学习、工作及其学术成长，皆与教会学校密切关联，而其所从事的学术研究则是由社会学起步的。1921 年，他中学毕业，追随其三叔来到天津，在一家基督教青年会夜校学习英语，认识了美国传教士侯感恩。在其影响下，李安宅加入了济南长老会，并由其介绍到济南青年会夜校教英文，在齐鲁大学选修社会学、社会心理学和比较宗教学等课程。1924 年，他转入北京燕京大学社会学系读社会服务研究班。1926 年李安宅加入了中国共产党，便与长老会脱离了关系。1926 年，他留校担任社会学系助教，1929 年担任国学研究所编译员，1933 年又担任人口调查所编辑。1936 年，在经历两年的美国留学生涯后，李安宅回到国内，还是在燕大工作。直到 1938 年到甘肃拉卜楞调查，其工作关系依然在燕大。1941 年调入华西协合大学工作，担任社会学系主任兼华西边疆研究所副所长（实际主持工作，所长为华西大学校长张凌高）；在燕大复校于华西坝后，李安宅曾兼任燕大社会学系主任（后由林耀华接任）。在长达 30 年的时间里，李安宅一直在教会学校学习和工作。而且在其影响最巨的华西大学时期，他曾学习和工作的三所教会大学都汇聚在华西坝，这或许是成就其抗战时期华西坝人类学核心人物地位的一个学缘因素。

李安宅中学毕业的时候，已经 21 岁了。这年是其突破封建家庭束缚的艰难跨越的一年。这年其三叔因工作调整，到了天津，希望供养李安宅继续上大学。但祖母及老大、老二组成联合战线，反对李安宅升学，主张让李安宅尽快就业。他们认为三叔的职业最可靠。三叔以到天津投考邮政为由，将李安宅带出了那个他几乎须臾未曾离开的山村。此后，李安宅的人生翻开了崭新的一页。

李安宅后来回忆："1921年初中毕业，家中令谋职业，适三叔已调至天津邮局当巡员，乃就三叔住，拟谋邮局职业。三叔不让当邮务生，目标在考邮务员，故到天津青年会夜校读英文，候考邮务。考了两次，最后考取邮务生。"

从1921年秋天开始，一年半的时间里，李安宅白天自修，晚上到青年会学习英文。教员是个美国传教士，叫侯感恩（R.M.Hogan），1919年来华。

1923年夏天，一直欣赏李安宅的英文教员侯感恩恰好调到了济南青年会，来信告知他有在齐鲁大学读书，在青年会教英文学校、工读自给的办法。李安宅考取后决然离家，开始走向广阔天地。

齐鲁大学为20世纪初由美、英、加三国14个基督教会组织在山东合办的教会学校，初名山东基督教共合大学，1917年改为齐鲁大学，占地500余亩，设立了文、理、医、农、神等学院及国学等多个研究所，规模庞大，系科繁多。

李安宅先是就读齐鲁大学预科，后转入选科①，"在大学三四年

① 选科制1918年在北京大学试点，1922年起在中国高校逐步推广。1917年10月，北京大学召集会议，着手学制改革，仿美国大学学制，采用选科制度：（1）各科皆有系统之编制。（2）学生以习满若干单位为毕业（每周一时，全年为一单位），不必拘定年限。（3）预科40单位，以3/4为必习科，1/4为选科。选科皆由各预科主任因程度而指定之。（4）本科80单位，半为必习，半为选科（理工科酌量减少）。（5）本科学生入校时，皆须择定本科教授一人为导师。（6）选科于本门专治一系外，更当兼治与专科有重要关系者，其尚愿旁治他学者亦听之。（7）凡前一学年之平均分数在甲等者，本学年可择选科规定之最多单位。此为中国大学行选科制之始。据蔡元培讲："发现年级制之流弊，使锐进者无可见长。而留级者每因数种课程之不及格，须全部复习，兴味毫无，遂有在教室中瞌睡、偷阅他

级听讲。第一次听到与基督教有关的社会与社会心理学，还有包括该教在内的比较宗教学。这使我将眼光更多的转入社会问题方面。"这段时间他学习很疯狂，每天到青年会夜校教书，连走路吃饭，也在学习。

李安宅在社会心理学的同班同学中结识了于道泉①。李安宅佩服其读书的渊博，跟从他学世界语。1924年，于道泉同泰戈尔去了北京②，李安宅也得了燕京大学的奖学金。两人一直关系很好，于道泉后来加入中国共产党，李安宅是其介绍人。多年后，于道泉将其妹妹于式玉介绍给李安宅，促成了一段藏学佳缘。

李安宅后来陈述，在济南工读自给的一年（1923—1924），是他正式打破儒家传统观念，接受教会学校教育和资产阶级社会学的开始。在齐鲁大学除社会学外，他受影响最多的为"社会心理学"和"比较宗教学"的课，虽然不信具有人格的神，仍可把上帝作为理想的代表，其学期论文即用"博爱之谓仁"来论述上帝。李安宅表示，他虽然加入了济南长老会，但一年以后即因到了北京，与教会就没有正式关系了，但他关心宗教并用宗教团体进行"社会服务"与掩护革命工作，均可溯源于这一年的影响；接受当时所谓平民教育运动的想

书及时时旷课之弊。而其弊又传染于同学。适教员中有自美国回者，力言美国学校单位制之善。遂提议改年级制为单位制，亦经专门以上学校会议通过，由北京大学试办。"参见蔡元培：《蔡元培自述》，中国言实出版社2015年版，第112页。蒋梦麟也对此有介绍："（1）选科制：北大内部更改，逐渐进行，已两年于兹；先援美国哈佛大学例，采选科制。往日之规定，四年功课，为学校所规定，不论学生性之所近与否，均须一律学习。犹如西谚所谓'强马饮水'。选科制准学生于性之所近，于规定范围内自由选择，愿饮水的马则饮水，愿吃草的马则吃草，人各随其个性而发展其学力，岂不甚善。东京帝国大学，现亦实行矣。"参见蒋梦麟：《北京大学新组织》，《申报》1920年2月23日，收入氏著《过渡时代之教育与思想》，知识产权出版社2016年版，第276页。

① 于道泉（1901—1992），字伯源，藏学家、语言学家、教育家，山东临淄人。
② 参见王尧：《师道师说：王尧卷》，东方出版社2017年版，第111—112页。

法及以后不断参加这一工作,也于此时开端。

1922 年,美国普林斯顿大学驻华同学会步济时(J.S.Burgese)、艾得敷(D. W. Edwards)倡议发起社会学系。步济时与甘博(S. D. Gamble)合作的调查报告《北京——一个社会调查》1921 年在美国发表。该报告包罗万象,内容翔实,轰动一时,受到美国政府重视和各国社会学者交口赞誉。亦因此,步济时的社会调查法被社会学界誉为社会调查方法的先驱。燕大社会学系主任由步济时担任,最初仅专职教师一人,兼职教师五人,课程也仅十余门,内容多为宗教服务、社会工作和社会调查,而对社会理论方面的教学不甚措意。1924 年始聘请中国社会学者许仕廉,前北大教授、社会调查所所长陶孟和,中华教育文化基金董事会社会调查部主任李景汉,圣约翰大学社会学系教授朱友渔等来系任教,改变了此前社会学系只有外国教员的局面。[①]

李安宅入学时,恰逢燕京大学社会学系扩充中国教员。从 1924 年到 1926 年,这两年时间,李安宅在燕京大学读"社会服务研究班"。所谓社会服务工作,主要是成人教育与公共卫生。奖学金每月 50 元,与李安宅在济南青年会教书收入差不多。他半天读书,半天参加社会活动,工读自给,通过社会服务团与协和医院社会服务部从事扫盲、卫生、区域调查之类。1926 年,步济时去美后,中国学者许仕廉担任社会学系主任,倡导讲授中国的社会学,燕京大学社会学系开始由中国人主持系务。自此后直至 1949 年,该系教师基本以留

---

① 关于燕京大学社会学系的情况,可以参考傅愫冬:《燕京大学社会学系三十年》,《社会》1982 年第 4 期;阎明:《历史上的燕京大学社会学系》,《中国社会导刊》2007 年第 14 期;雷洁琼:《燕京大学社会服务工作三十年》,《中国社会工作》1998 年第 4 期。

美生为主。①

　　李安宅在燕京大学读书的情形，陈波在《李安宅与华西学派人类学》一书中，利用北大档案馆所藏燕大档案，做了一些考论工作，读者可以参考。从陈波所据档案②来看，李安宅求学之路比较曲折。根据侯感恩的说法，李安宅在齐鲁大学的第一学期，还只是"学前班"（sub-freshman class）③，第二学期作为"选生"（special student）进入"艺术与科学科"。李安宅到燕大所获得的奖学金，是社会工作奖学金，而负责人是当时燕大社会学系主任步济时。在燕大之初，他只被承认高中学历，还是以"选生"的资格入学。齐鲁大学的转学证书有说明：1923 年 9 月，于特殊条件下，自直隶第五中学接收该生，1924 年 6 月在其请求下退学（dismissed）。

　　侯感恩是李安宅伯乐，一路扶持李安宅。李安宅既是选生，本无资格转读燕大，但步济时能接收，大概其后也有侯感恩力荐的因素。燕大李安宅档案显示，两校就李安宅读书问题有过多次信函往来，认为李安宅"只上过四年的旧式中学"，不具备转正条件。1926 年春，李安宅从社会学系"社会服务研究班"结业，以职业证书资格留校担任助教，并继续在社会学系学习；秋季学期才转变为正式生，因在系中担任学生助理，得允补修学分，一年后获得本科三年级（junior）资格，许仕廉担任其保证人和指导老师（advisor）。

―――――――――――――

　　① 侯仁之主编，燕京研究院编：《燕京大学人物志》第一辑，北京大学出版社 2001 年版，第 157 页。
　　② 北京大学档案馆藏燕京大学档案，全宗号 5，案卷号 XJ01379，学号 450，姓名李安宅。本段及以下数段关于李安宅燕大求学情况，资料均来自该档案，参见陈波：《李安宅与华西学派人类学》，巴蜀书社 2010 年版，第 4—17 页。
　　③ 实际上从李安宅个人表述和更规范称谓，就是"预科"班。

不过，李安宅很快因为与戎之桐的交往，而参加了革命活动，并曾休假一年从事革命工作，其理由是"家事出人意料之外"，"供给舍弟就学"。校方准予 1927 年秋学期回校继续上课。但是革命工作很快陷入低潮，国共合作破裂，共产党的活动进入地下状态。相关情况，既有研究甚多，暂且不表。此后两年，李安宅一面继续读书，一面从事地下工作，直到 1929 年，才在燕大社会学系正式毕业。但许仕廉这次没有为其开绿灯，李安宅未能获得在系内任职的机会，此后几年处于四处兼职和埋头著译之中。

由上可见，李安宅早年生活的确为其学习生涯带来诸多困难，幸喜他学习意愿强烈，且能持之以恒，又逢高人指路，得以一路逆袭，从低起点绕弯路，终于迈入正轨。任何一个环节有点闪失，李安宅都将在学术这个圈里泯然于众人。

二、兼职复著译

李安宅从燕大毕业，已近 30 岁了，虽已成家，但未立业。革命干不下去了，但其革命激情还没冷却；工作也不能安定，但养家糊口的重任无法卸去。1930 年，李安宅和于式玉组建了新的家庭。4 月 17 日他们在报上登载了消息宣布结婚，未举行任何仪式。于式玉是"洋学生"，李安宅所在的大家庭对此心存芥蒂，生怕李安宅有了新的婚姻而与大家庭脱离关系，巴不得李安宅仍然在乡间订婚。李安宅为此"费了相当力气，才使他们让步"。1930 年夏季，李安宅与于式玉回到老家，"老年人见了高兴，才由式玉劝李宁三余先后出来，由我们供给上学"。

　　对此，于式玉自传里也有提及："安宅同我订婚之后他们家里甚为害怕，说：'同留洋的女学生结婚，不用说媳妇使不成，儿子也要被拐走了。'"为了消除大家庭的疑虑，于式玉干脆就做了一身乡村妇女衣服，暑假同李安宅回老家，到厨房烧火做饭，鸡鸣即起为老太太倒尿盆。这样赢得了李家的信任与喜爱。由此可见，在李安宅的家乡，大家庭对一个后辈的强大约束力以及对女性的束缚。于式玉的善与人同和逆来顺受，也可见一斑。我们也可以理解为，这是一种爱的力量！

　　从于式玉的叙述中，我们可以看到李安宅大家庭那么多侄子侄女前来投奔，其实与于式玉也有关系。1958 年的于式玉自传如此记述：

　　　　三天之后老人家对我有了好感，便对安宅婶母的女儿说："回头你们也跟大嫂念书去吧！"李宁那时已 18 岁了，因为家里不准她念书，正在同她母亲怄气，我很想带她出去，既听了老太太这一戏言，便认真叫她去收拾行李，过了两天带她回了北京。小学初中的功课学完后考上了南京护士学校，抗日战起她到了延安。（现在湖南妇婴保健院作院长）李宁的弟弟李安宇，因为是男孩子早就出来了，由安宅供他上学。（现在大连海军学校教书，兼内燃机系副主任）不久李宁的妹妹李三余（现在成都市立第一人民医院当医生，兼产妇科主任）及安宅堂妹的女儿吴华春（现在北京市立第六人民医院作护士长）都到了我们那里，由我们供着上学。暑假之后，我一面在燕京大学图书馆筹备成立日文图书部，一面在城内北京女子文理学院教日文及日本史，安宅因为曾参加地下工作，受到抵制，他就干脆读书写书，直到三一年的暑后，才去农学院及潞河中学教书。这段时间的家务，便由我一人挑着。

由此可见，李安宅和于式玉刚组织家庭，就又有了新的家庭负担。于式玉不仅没有嫌弃这个大家庭，反而主动承担了不少本可以婉拒的并非义务的责任。这么多人依靠着吃喝和求学，必然会产生很多消费。为了增加收入来源，李安宅曾经在多所学校兼课。透支精力，支撑家庭，是李安宅别无选择的无奈之举。凡事往好处想，我们可以说能者多劳，经历是财富，事实上李安宅的学问也因此而目光四射，而非固守一隅。但就常理而言，谁又愿意如此辛劳付出呢？

李安宅 1929—1931 年任燕大国学研究所编译员，借机研究文字学、国学，著有《意义学》《美学》，译有《两性社会学》，在学界算是崭露头角。1931—1932 年，李安宅担任北京平民大学①社会科学教授，同时被潞河中学②约去代课，1932—1933 年担任北平大学③农学院社会学讲师。

---

① 北京平民大学，1921 年 11 月在时任北京政府国务总理汪大燮等倡议下成立，主要有商科、文科和法科。1930 年改名平民学院，1934 年停办。相关沿革情况可以参见李铁虎：《民国北京大中学校沿革》，燕山出版社 2007 年版，第 81 页。

② 潞河中学离李安宅居处近 40 公里，李安宅主要交通工具是自行车，单边用时就近三个小时。不难想象其艰辛。

③ 国立北平大学，是 1928 年 7 月民国教育部设立的合并多所大专院校的一个大学组合体（初名国立中华大学），设有医学院、农学院、工学院、法商学院、女子文理学院。抗战爆发后，国立北平大学与国立北平师范大学、国立北洋大学、北平研究院等内迁西安，组成国立西北联合大学。抗战胜利后，国立北平大学未能复校，实际上，今西北大学即成为继承其主体的唯一大学。相关沿革情况可以参见李铁虎：《民国北京大中学校沿革》，燕山出版社 2007 年版，第 34—37 页。

1933 年春,第 29 军军长宋哲元率军在喜峰口与日军交战,李安宅亲戚 36 口逃到北京,家中到处睡满了人。有人路上得病,"人口拥挤,在路上传染的疹子,传到所有小孩身上",李安宅和于式玉 1932 年春季所生的双生子荫生、荫丛,也不例外。其中小的一个,"丛儿最壮,最后染上","虽然五六天后分别租房散开。但我已筋疲力尽,未能好好照顾孩子,小的因此夭折"。此诚可谓李安宅人生又一大痛事![1]

李安宅在 1961 年自传中,如此描述其燕大毕业后到出国留学前的经历:

> 1929—34(年)是脱党后歧路彷徨和职业难的时期。1929—31(年)任燕大国学研究所编译员,所长为陈垣,但主要时间,同黄子通进修了哲学。1931—32(年)任北京平民大学社会学教授,兼通县潞河中学社会学科教员。1932—33(年)任北京农学院社会学讲师,寒假曾决心搞义勇军,回乡未接上关系,又恢复教书生活;但因九一八事变,抗日情绪激昂,在潞河中学与农学院均曾鼓午(舞)同学加强爱国思想教育,并在《大公报》和《益世报》发表许多同类文章。这一段证明人除爱人于式玉外,黄子通教授知道得较详。1933—34(年),任燕大社会学系人口调查研究室编辑,主任为杨开道。整个这段工作报酬低,仍属工读自给。

在其稍后撰写的自传简述中,李安宅对此时期如此描述:

---

[1] 参见汪洪亮:《藏学界的天涯同命鸟——于式玉与李安宅的人生与学术》,《民族学刊》2011 年第 3 期。

1929—34(年)是形式上有职业，实际上读书、译著的阶段。首先在哈佛燕京社(燕京大学国学研究所)当编译，从黄子通读《康德哲学》，从吕嘉慈读《意义学》和《美学》……继在平民大学任教授兼潞河中学社会科学教员，又任北平大学农学院社会学讲师、燕京大学社会学系社会调查研究室翻译。1930年春与于式玉结婚。1931年九一八事变，于1932年回乡打算去打游击，搞义勇军，没有找着人，没有接上头，又回来了。回来后，接吕嘉慈信，大受其奖励一番，谓搞科学的有时爱国主义不可得兼，何去何从，要看机会，也要有耐性……这几年出版的译著有：《仪礼与礼记之社会学的研究》，著，商务；《交感巫术》，译，商务；《意义学》，编，商务；《美学》，编，世界书局；《巫术与语言》，编译，商务；《两性社会学》，译，商务；《巫术、科学、宗教与神话》，译，商务；《社会学论集》，著，燕大。

李安宅此前的人生经历确乎比一般学者要曲折：起步晚，进步也缓，进入大学接受教育与学术训练既晚，时间也漫长，从1923年进入齐鲁大学开始，到1929年终于从燕大毕业，并未拿到明确的学位。就是其后来有机会出国留学，也是有言在先，不拿博士学位。虽然其后来在学界扬名，也有人称其为李安宅博士[1]，但实际上他终身未拿到过学位证书，但这不并不妨碍其取得显著的学术成就。就是在这个其自称为"歧路彷徨"的时期，他也依然取得了令人侧目的成果：

---

[1]　如《文史杂志》曾刊载"学术消息"《华西大学边疆研究所近况》即讲到"华西大学边疆研究所由该校社会系主任李安宅博士主持，该所对康藏社会文化研究尤著成绩"。参见《1900—1949年中国学术研究期刊汇编·文史杂志9》，线装书局2009年版，第43页。

撰著多种著作，其中有翻译，有编著。很明显，其中少不了其夫人于式玉的无私付出。我们可以从中体会李安宅在困顿中的奋发，在疲惫中的坚持。

1934年，侯感恩自上海来京，得知吕嘉慈对李安宅的学术造诣评价甚高，亦感欣慰，遂支持他出国留学深造，以求在专业上突破。侯感恩回上海后，向洛克菲勒基金会（时称"罗氏基金"）的驻沪代表衮（Gunn）极力举荐。基金会要求，如果补助研究费，需要受助人回国后有职业保障，于是在吕嘉慈推荐下，李安宅请吴文藻保举，向燕大校务长司徒雷登推荐，得到学校保荐，得以留美两年。大概燕大有同事写信给基金会认为李安宅资历较为边缘，基金会代表衮先生受托于侯感恩，自然不敢怠慢，但又考虑有些人的意见，便亲自到燕京大学，谓李安宅算是"试验品"，不受资历限制，不读博士，但可得博士以后的待遇。①

概括起来，这几年李安宅的生活可以分成几段：

第一段是1929—1931年，李安宅任燕大国学研究所编译员，借机研究文字学、国学、意义学。当时著有《意义学》，译有《两性社会学》，后在商务印书馆出版。著有《美学》，后在世界书局出版。

第二段是1931—1932年，李安宅在外兼职，任北京平民大学社会科学教授，同时被潞河中学约去代课，竟至完成一年。其时九一八事变已发生，中国各界人士为之震动，将"九一八"视为"国难日"，熊希龄、马相伯、黄炎培等人甚至发起成立"中华民国国难救济会"。就中国边疆而言，"九一八"也是个转折点。近代以来，列国交相侵

---

① 参见陈波：《李安宅与华西学派人类学》，巴蜀书社2010年版，第12—13页。

逼,中华民族面临内忧外患、瓜分豆剖、边疆多事的局面。以 1931 年
九一八事变为节点,"中国全部边疆"都"到了多事之秋"。[①] 面对此
情,很多读书人已经坐不住了,学生也开始罢课。

　　第三段是 1932—1933 年,李安宅转任北平大学农学院社会学讲
师。他家住海淀,距离北平大学较远,有时学生罢课了不易预先知
道,常到校后看到其他教室空空如也,但他的学生怕他徒劳往返,先
在教室集中。这使他深受感动,以为启发青年,不能再凭口说,必要
以身作则,乃于 1932 年寒假抛弃学术生活,回家乡组织义勇军抗日。
但回去以后,受到家中阻挠。他只好去找其叔伯的三姐夫石维周商
量,但石却不知所在。九一八事变,东北各地组织了不少义勇军,但
没有建立统一的领导体系和组织系统,虽然对日本在东北的统治造
成了很大困扰,但在日伪大规模讨伐下逐步瓦解,于 1932 年下半年
陆续退出东北,而转入热河境内。这是李安宅回家组织义勇军的
背景。

　　迁西原是具有光荣传统的革命老区。早在 1928 年,就建立了中
共地方党组织。九一八事变后,迁西境内的抗日救亡运动风起云涌,
常有群众集会、上街游行,声讨日军侵华暴行。及至日军进逼长城,
国民革命军第二十九军紧急开赴喜峰口。二十九军原来是冯玉祥的
西北军,系 1930 年中原大战中冯玉祥战败后,一些零散部队退到山
西,经张学良整编而成。

　　石维周(1898—1958),原名石文翰,先后在迁安县及遵化读高
小、中学,后入北洋工学院,开始接受实业救国的思想,大学肄业后改

---

① 参见思慕:《中国边疆问题讲话》,生活书店 1937 年版,第 2 页。

名石维周，意为"维系四周"。他为人慷慨好义，在热河极有号召力。1933 年初，热河失陷，日军进攻长城沿线。石维周动员了 30 多人，带着喜峰口民团的枪支参加了兴隆县孙永勤领导的抗日义勇军，后投奔二十九军，参加对敌作战。热河被占后，石家从喜峰口搬到兴隆县，后得知石维周投军，其母遂一路追寻，直到石家庄。李安宅没有找到石维周。义勇军此时已陷入低谷，李安宅"背后没有组织"，势单力薄，"乃失意回北京，恢复教书生活"，"后来才知道，三姐夫当时即潜伏在热河，组织他自己的佃户，帮助宋哲元在喜峰口抗日的准备。宋败走时，收他为连长。他的母亲在跋涉中牺牲"。李安宅的大家庭，也在 1933 年春季因热河沦陷逃来海甸，同年夏才散去。

第四段是 1933—1934 年，李安宅任燕大人口调查所编辑。侯感恩来北京开会，李安宅向之谈及自己多年的学术经过和对国难的愤慨。侯感恩询问李安宅有无留美的意愿？李安宅回顾了在天津时侯感恩的劝告——"中国人盲目到外国留学"，认为自己深受影响，对留美并不在意，"而且步济时先生主任燕大社会学系时不是没有机会，但早已声明不考虑了"。相反，他更希望能有机会到英国去看看，"则对多年来人类学的体验，或有好处"。笔者估计，李安宅之所以更希望去英国，可能是在学术上受到英国人类学家影响较大，或与吕嘉慈关系甚好有关。他在此一时期翻译和编译出版的多本著作，多为英国人类学家的作品。剑桥大学教授吕嘉慈提议此事，李安宅即表赞同，但一直没有合适机会赴英。据李安宅 1951 年的自传说："我当时正值失掉凭借，陷于单纯爱国主义的悲愤。因为人类学的嗜好，似乎可以综合我的经验，而且彻底铲除宗教迷信无余，乃有志于少数民族的研究与服务，而思赴青海边区。这当然也有避重就轻的心理,以为帮助边民,或无政治上的迫害。抗战以后到西南,始用重新认识此点。"

1934年暑前,李安宅曾接到成都华西大学的聘书。考虑到教书之外,还有研究苗民的可能,便欣然接受了。同时他还认为,应该先将北方认识一下才好。于是暑期一开始,便起身游历绥远、包头。不意回头路上由燕大转来罗氏基金的电报,谓留美研究费已成,且不必为学位耗精力,可按中国乡村建设的需要进行研究。于是找好代赴华西的人,取道日本赴美。

三、赴美留学

在有关吴文藻与李安宅的叙述中,往往会讲到李安宅被吴文藻安排留学。但从李安宅的自传表述中,我们只能看到吴文藻具有"保举"作用,有点类似于单位负责人签字。吴文藻作用到底如何,可能还需要其他资料来补充判断。不过李安宅在燕大学习和工作在前,与吴文藻共事时间不算太长,在其专业成长过程中较为独立,且长期在西北、西南地区任职,既没有在京长期停留,也没有与吴文藻去云南和重庆,二人关系相对比较疏远,这是可以肯定的事实。

李安宅留学美国,到底是谁推荐的? 李安宅在1951年自传中讲到,1934年上半年,侯感恩由上海到北京,李安宅将1932年吕嘉慈寄来的鼓励李安宅安心治学的信给侯看,侯认为这是吕嘉慈对李安宅学术造诣的评价,并劝其找机会去美国留学。后李安宅得罗氏基金费用,由燕大保荐,留学美国(1934—1936)。

但在罗氏基金系何人为其争取这个问题上，李安宅个人的陈述中就有两个版本。一说是侯感恩，一说是吕嘉慈。李安宅于 1957 年说过："他（侯感恩）回上海，即向罗氏基金驻上海代表极力举荐我。该代表因该基金补助研究费需要回国后有一定职业的预先保障，乃向燕大校务长司徒雷登提出，即由燕大保荐用该基金费用出国。"

李安宅 1961 年所写的自传中也讲："就这样由侯感恩把我介绍给洛克菲络驻上海的基金会的代表根（Gun），由该基金会出研究费支持我出国。"但是后来李安宅就淡化了侯感恩的作用。李安宅 1966 年就说："1934—36 年，因吕嘉慈的介绍，燕大的保荐，得罗氏基金研究费赴美。"1968 年也说是由吕嘉慈推荐的："他（吕嘉慈）先介绍哈佛未妥，嗣又介绍罗氏基金，妥了，才由燕大司徒雷登签名，保证回国以后在燕大教书。"笔者判断，激发李安宅留学动机者应是吕嘉慈，但联系罗氏基金实现其留学愿望者应是侯感恩。之所以有所遮蔽和隐讳，乃是特殊时期，这应是出于自保的需要。关于这一点，本书后文还会讲到。

1934 年暑期，李安宅动身去美国。因只能从上海经日本再到美国，于式玉怕李安宅到日本后语言交流困难，决定亲自跟他一起到日本。那时于式玉已身怀六甲，挺着肚子陪着李安宅在奈良参观了于式玉的母校，又到大阪拜访熟人柳原吉兵，再到东京玩了几天，才让李安宅独自坐船到美国西海岸的加利福尼亚。这年 12 月 11 日，于式玉生了一对女孩——李瑞廉、李秀廉。在美国期间，李安宅先在加利福尼亚大学研究院读人类学，寒假在加利福尼亚州做社会调查，研究印第安人。

1935 年暑假李安宅调查了新墨西哥州的祖尼印第安人母系社

会,并用英文写了《印第安祖尼母系社会》,后来将该文交到《美国人类学》发表。该文以一个中国学者的视角对美国人类学者的观点提出质疑,在人类学界曾产生一定影响。李安宅在《回忆海外访学》中提到,该刊主编耶鲁大学教授斯必尔(Leslie Spier)对这篇文章赞誉备至,认为"How darn well is it done?"(做得真棒!)英国人类学家拉得克利夫·布朗(Alfred Radeliffe Brown)称赞:"You gave the American Anthropologist everyone a chair."李安宅1947年再度去美国时发现自己的这篇文章已在美国成为一个派别:"第二次出国,哥伦比亚的青年夫妇教授,自认为属于我的一派,我才知道那篇东西已在美成为一派。"①

1935年下半年开学后,李安宅转入耶鲁大学研究院读人类学。在这里,李安宅认识了瑞顿的同学、人类学系主任赛皮尔(Edward Sapir)。他在《回忆海外访学》中讲道:"他以语言学家著名,并用心理分析的观点研究一切。他自己也门户之见甚深,对我大为赏识。谈及西部的克房伯和罗威,他听见我对西岸不满意,他说:'老同学(美人类学家第一代是摩尔根,即《古代社会》的作者,第二代是伯雅士,我从之念书的都是他的学生)许久没见了,不想没有进步。'此话正中我不满的下怀。"李安宅在耶鲁大学读书期间还结识了当时还是副教授的欧兹古,也在赛皮尔班上旁听,因而相识,"常至其家闲谈"。两人相约互做"土著介绍人",为对方开展实地研究提供帮助,"以收主观与客观相结合的效果"。

1936年暑期,李安宅赴墨西哥印第安人地区参观乡村教育,发

① 本段及下段,参见李安宅:《回忆海外访学》,写于1969年3月19日,由陈波整理,载于《中国人类学评论》第16辑,世界图书出版公司2010年版。

表了《印第安母系社会访问记》和《墨西哥乡村教育》。李安宅本想利用罗氏基金的费用去英国考察，但罗氏基金的负责人没有批准，谓他已考察了美国的印第安人，赴英国的事情以后再说。据他自己说："由于英帝国侵略西藏的关系，我于1936年就曾希望利用罗氏基金到那里考察一下，看看它训练殖民官吏的内幕如何，好在国内对于西藏问题上反英帝侵略的斗争中达到知己知彼的目的；当时该基金负责人说，我于1934—36两年除在两大学研究外，已考察过租尼与墨西哥的印第安人，赴英事顶好以后再说。"暑后，李安宅由墨西哥取道旧金山回国，李安宅的留学生活至此结束。

四、几个贵人

通览李安宅的学术生涯，有几个关键人物对其走上学术道路及学术转向有着直接的影响。尽力突破封建家庭重围，使其走出小山村，接触外面的世界，李安宅的三叔功不可没。李安宅真正进入大学的校门，走上学术道路，并最终留学美国，美国传教士侯感恩堪称引路人。李安宅的藏学研究的成就，其夫人于式玉功不可没，而由"子弟"跃升为妹夫，实际全赖于式玉和哥哥于道泉牵线搭桥。李安宅在多个学科纵横驰骋，认识到自己的学术潜力，英国学者吕嘉慈可谓知音。此外，为其安顿生活，协助其学术研究，与李安宅不离不弃，于式玉乃其"天涯同命鸟"。在边疆研究领域中，顾颉刚则为其重要推手。下文笔者拟分别陈述之。

李安宅的贵人，首推其三叔。李安宅之所以大器晚成，实因早年被封建家庭禁锢太深。祖母的慈爱，实际上成为其求知问学、开眼看世界的滞碍。在李安宅的叔与父三人中，唯有三叔常年在外，从事邮递工作。因其工作性质流动性强，工作调动也频繁，视野开阔，思想开明，他主动带李安宅到遵化就读中学，到遵化报考邮政，并承诺保证其衣食及安全，才使久困于祖母庇护下的李安宅有机会跳出家庭束缚，为其开眼看山村外的世界，铺展事业与学业的篇章奠定了基础。前一章对此已有详述，想来读者不难体会。

其二是美国传教士侯感恩。基督教青年会原系英国商人乔治·威廉于 1844 年创立于伦敦，后在欧洲大陆和美国得到发展，其活动包括布道及各类社会活动。侯感恩 1919 年来华，一直到 1934 年，担任基督教青年会干事。他工作调动比较频繁，1919—1920 年在上海和开封，1921 年在开封，1921—1923 年在天津，1923—1934 年在济南。[①] 此人热衷调查，勤于著述，著有《青年会事业建设》（济南中华基督教青年会干事训练部，1930 年）。侯感恩曾担任济南青年会副总干事，负责智育部工作，主持济南青年会中学。他主张按照美国方式改造中国教育。[②] 20 世纪 20 年代济南青年会设有中小学和英语夜校，教师多由齐鲁大学职工和助教兼任。侯感恩其时教初中数学。英语课程不在中学单设，按学习程度让学生分别随英语夜校上课。[③]

李安宅恰在 1921 年到天津，侯感恩即成为他在天津青年会夜校

[①] 参见赵晓阳：《基督教青年会在中国：本土和现代的探索》，社会科学文献出版社 2008 年版，第 308 页。

[②] 参见袁叶如、王神荫、苗其训：《济南基督教青年会》，《山东文史集萃》（修订本上册），中国文史出版社 1998 年版，第 586 页。

[③] 参见严薇青编：《济南掌故》，济南出版社 2011 年版，第 106 页。

学习英语以备报考邮务的教员。侯感恩对李安宅非常赏识。① 1923
年他调到济南，即介绍李安宅到济南青年会教英文学校晚校、夜校，
白天在齐鲁大学选修文科。在齐鲁大学期间，李安宅学习"与基督
教有关的社会学与社会心理学"和比较宗教学，开始将眼光更多转
入社会问题方面。侯感恩可以说是李安宅学术的引路人，使其入读
教会大学，学习社会学和社会工作。"教会大学""社会学"，这几个
关键词，伴随了李安宅的学术人生。而且侯感恩还促成了李安宅留
美，他知道吕嘉慈对李安宅的学术评价后，并以李安宅已经具备学术
基础已非盲目为由极力鼓动其留学，并在吕嘉慈联系哈佛未果后向
罗氏基金推荐，使李安宅留美终于成行。

　　三是于道泉，1923 年结识的齐鲁大学同学。于道泉是个学术痴
人，对梵文、藏文等均感兴趣，一度研究鬼学。李安宅是于道泉的入
党介绍人，佩服其渊博学识，跟随他学习世界语。1924 年春，世界文
学巨匠泰戈尔应中国著名学者梁启超的邀请到中国访问，途中在济
南逗留。闻听消息而欣喜的于道泉前往车站，欲一睹巨匠风采，恰遇
负责接待泰戈尔的徐志摩。徐志摩邀请于道泉一同接待，并举荐他
为与泰戈尔同来的三位教授做导游兼翻译。后来于道泉同泰戈尔去
了北京，并随泰戈尔拜访了俄国学者钢和泰，开始了梵文和藏文的学
习生涯。② 李安宅争取到奖学金到燕京大学继续学习，两年后留校

----

　　① 李安宅在后来的回忆中也说："到弗吉尼亚拜访过在中国教过我英文的侯感恩，
那是他的家，他向他的爱人说，我是他在中国教的较有成绩的两人之一。"参见李安宅：《回
忆海外访学》，王铭铭主编：《中国人类学评论》第 16 辑，世界图书出版公司 2010 年版，第
161 页。
　　② 参见张小平：《雪域在召唤　世界屋脊见闻录》，民族出版社 1966 年版，第 53—
57 页。

担任助教,也来到了北京。

著名作家萧乾曾回忆说,于道泉和李安宅都是其四堂兄在齐鲁时的同学。"那时我愤于军阀黑暗统治,在崇实中学参加了 CY,安宅是我的介绍人和领导。"①他这样写到其早年与于道泉和李安宅的往来:

> 我是 1926 年与他结识的。当时我还是年仅 16 岁的初中学生,他却已从齐鲁大学毕业了。介绍我们认识的是已故另外一位藏学家李安宅教授。除了小学时就认识了冰心大姐,道泉大哥哥可以说是我在世上最老的朋友了。

> 我对藏学可一窍不通。那时,我在崇实中学参加了 C.Y.(共青团)。领导我的是李安宅。我经常骑车到海淀老虎洞他家去看他,那也就算是过"组织生活"吧。

> 有一天,安宅透露给他一个秘密:下个月他要到库伦(今乌兰巴托)去开会。这期间,要我同于大哥联系。这样我才知道他们同是秘密党员。不过我什么也没有问,暂时就不再去老虎洞了。隔些日子就去找于大哥一趟,向他汇报我在崇实中学组织的"少年互助团"的情况并听取他的指示。②

---

① 参加萧乾:《一个中国记者看二战》,三联书店 2015 年版,第 332 页。

② 关于萧乾与于道泉、李安宅的交往,参见萧乾:《此情堪忆　萧乾心灵地图》,新世界出版社 2014 年版,第 112—114 页。萧乾回忆,五卅运动后,"我结识了四堂兄在齐鲁的一位同学李安宅。我从他那里借来不少小册子,有讲不平等条约的,也有谈全人类解放的。每次去还的时候,安宅总问问我看完的感想,并鼓励我把小册子传给同学——传给'穷哥儿们'。这样,没经过仪式,没填什么表格,我就成了 CY 的一员。当时我是出于一种反抗情绪,满以为这么一来,世上的不公正以及一切恶人恶事,就可以一举消灭了。在谈话中,我常骂宗教。安宅却要我多利用宗教来开展活动。……假日,我有时到海甸老虎洞的安宅家里去开会。有一次,他说要去外地——后来才知道他去了库伦。他又把我交给了于道泉,并且告诉我,除了他们两人,谁也不知道我这个关系。"萧乾口述:《风雨平生:萧乾口述自传》,北京大学出版社 1999 年版,第 41 页。

1928 年底,李安宅的妻子张瑞芝回老家养病未治,将女儿培廉留给李安宅抚养。李安宅"无法经猷小孩子,先送协和医院服务部,找贫家哺育,嗣即送与于道泉同志夫妇作养女"。1929 年,于道泉写信给其在日本留学的妹妹于式玉,介绍新丧偶,但"有革命干劲,坚苦朴素,而又好学"的李安宅。于式玉当年暑假即到北京与李安宅相见而定终身,此后生死相随,堪为藏学界之"天涯同命鸟"。李安宅的藏学研究之成就,于式玉可以说是居功至伟。① 李安宅由"学弟"而跃升妹夫,实于道泉成全之。

四是吕嘉慈,英国剑桥大学教授,也译"瑞恰慈",西方现代批评文论的奠基者,曾四次来华讲学任教,其文艺著作也传入国内,影响广泛。② 中国学者朋友中,李安宅与他私交最厚。二人的交往可能始于 1929 年。是年 9 月,吕嘉慈受聘清华大学外国语文学系教授,主讲西洋小说、文学批评、现代西洋文学等课程③,另还在燕大担任客座教授,主讲《意义底逻辑》与《文艺批评》。④

那时,李安宅在燕京大学国学研究所工作,与陈垣、黄子通等为同事。李安宅对吕嘉慈的学问很感兴趣,对其论著也多有翻译和介绍。吕嘉慈与李安宅等青年学者常在一起吃饭,聊天,探讨科学和哲学问题。如其 1930 年日记中,6 月就多次相见,25 日,"与李安宅度

---

① 相关情况可参见汪洪亮:《藏学界的"天涯同命鸟"——于式玉与李安宅的人生与学术》,《民族学刊》2011 年第 3 期。

② 关于吕嘉慈与中国学界的交往,可以参见容新芳:《I.A.瑞恰慈与中国文化 中西方文化的对话及其影响》,商务印书馆 2012 年版;宫小兵:《瑞恰兹在中国(1929—1949)》,曹顺庆主编:《中外文化与文论》第 27 辑,四川大学出版社 2014 年版,第 267—285 页。

③ 参见《清华人文学科年谱》,清华大学出版社 1998 年版,第 89 页。

④ 参见李安宅《〈意义学〉序》。按:该序将吕嘉慈来华时间记录成了 1930 年。据学者宫小兵考证,应为 1929 年。

过了美好的上午时光,并对未来有着美好的愿望",11 月 17 日到李安宅家做客,并对胡适先生的科学和哲学观进行了探讨,同时还探讨了"概念"一词。① 报载,吕嘉慈"在燕京大学任讲座时,常同黄子通、博晨光与李安宅诸教授一起讨论他的学说"②。

李安宅后来追忆:

> 我既为英籍教授吕嘉慈看中,乃劝我留学美国。第一次与哈佛办交涉不成,乃与罗氏基金办交涉。当时在上海办事处的负责人是根氏(Gunn),曾亲自到燕京,谓我算试验品,不受资历限制,不读博士,但可得博士以后的待遇,两年为限,因念博士,一念四五年、七八年不等,有口实长期在美不返国,谓"不得博士回国,反而不如不留学,不被人家看不起"。司徒事出于被动,不得不签字(英文校长的名称有两个,司徒在校内用校务长名义,在国外用校氏名义(president),中国校长用 chancellor 的名义。最初吴雷川,继任陆志韦)。吴文藻亦以社会学系主任的资格,写了保举信。③

不过在李安宅的 1951 年和 1961 年自传中,对此说法不尽相同。1951 年自传言,侯感恩到京开会,问其是否有意留美,李安宅答:在天津时受其影响,"便已看不起留美",步济时主任燕大社会学系时

---

① 参见容新芳:《I.A.瑞恰慈与中国文化:中西方文化的对话及其影响》,商务印书馆2012 年版。

② 《大公报》1930 年 9 月 25 日《现代思潮·编者小引》。

③ 李安宅:《回忆海外访学》,王铭铭主编《中国人类学评论》第 16 辑,世界图书出版公司 2010 年版,第 161、154 页。

即有机会,"但早已声明不考虑","至若有缘赴英一看,则对数年来人类学的体验,或有好处,所以剑桥大学吕嘉慈提议此事,曾表赞同,但机会未成熟"。接着李安宅在自传中写道:"他说:救国之途多端,锻炼学术,亦为其一;当年所反对者,乃你盲目留美罢了。话毕分手,由上海写信,谓已将我们的谈话内容介绍给罗氏基金负责人。"

但在1961年版中,李安宅述其留学的渊源:同黄子通教授进修哲学的时候,曾与英国客座教授吕嘉慈合作;在其1932年底决心组织义勇军时,吕嘉慈曾来一长信,劝以爱国之道多端,学术贡献亦为其一;侯感恩来访李安宅,见信以为是对李安宅学术造诣的评价,乃劝其"找机会留美搞专业"。

笔者以为,1961年自传说法或更可信,因为侯感恩本不赞成"盲目留美",对别后几年的李安宅学术造诣也不太知晓,而吕嘉慈因与李安宅多次合作,对其爱国赤诚、学术基础及前途均有了解,劝其学术救国更合事理。

如果仅就李安宅的求学而言,所谓"贵人"大体就是以上几位了。但就更长时段的求学和治学来说,显然还有几位"贵人"是不容忽略的。

要说感情最深、时间最长、影响最大的"贵人",自然首推于式玉,即其相濡以沫近40年的第二任夫人。李安宅从事拉布楞寺调查,实乃于式玉"草莱初辟,以启山林"。李安宅本在兰州科学教育馆工作,于式玉到拉卜楞一带调查,发现那里人们太多习俗宗教特殊,乃请李安宅前去实地考察。于式玉极具语言天赋,很快掌握藏语,为李安宅担任翻译,协助李安宅工作,所以李安宅为人称道的藏族宗教研究,实际上也可说是二人合作的结果。另外,李安宅治学乃其长，治家则其短，而于式玉勤俭持家，善于协调，妥善安置大家庭成员，积极支持李安宅出国留学，为李安宅治学提供了后勤支持和感情慰藉。这方面的详细情况，笔者在后文会专章论述，此处不赘述了。

李安宅原燕大同学罗忠恕客观上对李安宅在学界扩大影响力也有积极作用。笔者曾对罗忠恕其人其事及其人生史研究的学术意义做过专门探讨。罗忠恕一生的事功与志业，基本上都在四川高校系统。他的学术专业是哲学，但并不以学术成就为后人乐道，其为人所称颂者多在其作为东西方文化交流"使者"的角色。他是民国四川学界著名的"社会活动家"，组织东西文化学社，与爱因斯坦、李约瑟等国际杰出学者皆有往还，与他们在学术及时局等话题上多有互动。目前关于罗忠恕人生与学术的研究近乎阙如。笔者认为，应从事实重建开始，秉承知人论世的思路，梳理其人生脉络及学术观念，把握其行事与时代变动的关系。经初步研究，笔者认为，罗忠恕在民国时期四川教育史和中外文化交流史上具有重要位置，其意义至少体现在三个方面：他是教会大学中国化进程的见证人和参与者，是东西方文化交流的倡导者和组织者，是 20 世纪中国政治与社会变革的亲历者和思考者。①

李安宅在 1951 年自传中对罗忠恕绝口不提，对华西大学也颇有怨言。1934 年接到华西大学聘书，实际上就是罗忠恕邀请和安排的。李安宅认为除教书外，有研究苗民的可能，便接受了，但暑期接到"罗氏基金的电报，谓留美研究费已成，且不必为学位耗精力，可

---

①　参见汪洪亮：《蜀中学者罗忠恕人生史研究的学术意义》，《四川师范大学学报》2017 年第 4 期。

按中国乡村建设的需要进行研究"，于是找人代赴华西大学，赴美留学。1941 年，李安宅又应约到华大，"发现并无办研究所的诚意，更不用说办在边疆——不过借商谈名义骗我去教书而已。因为研究所根本没有钱，而宣布我主持社会学系的招生广告，则招徕新生 40名"，他"知道国内局面暂时管不着实地边疆工作，乃一面以教授资格教书，与旧同学蒋旨昂创办社会学系，一面逢人说项募捐，创办华西边疆研究所"。可见他最初对去华西大学还是比较排斥的，虽然在华西大学期间，李安宅极大发挥了他的专业特长，也比在西北时期更多与学界主流接触，有更多机会到当时的首都重庆开会议事，从而与政学两界更多人士来往，但是回首与华西大学的最初结缘，依然有颇多怨言。

在 1961 年自传中，李安宅介绍华大院长罗忠恕是原在燕大一起读哲学的同学，在 1934 年未决定留美时曾答应来华西教书，后因赴美给他另荐一位同学黄迪；1938 年、1940 年两度经过成都去西北都曾与他相会。1941 年暑假前罗忠恕写信说华大董事长张家璇热心边疆工作，托他写个计划。李安宅将深入藏族地区工作的意义和推行墨西哥教育经验的意见写给他。罗忠恕希望李安宅来商谈，并汇了路费。李安宅到了成都才知路费是借的，社会学系新成立已招新生待上课，研究所之事还需张家璇想办法。"我既无钱还路费，没有一个正式机构回拉卜楞，不得已留在华大工作。"尽管李安宅到华西大学，工作条件一般，但因当时成都名校云集，学者众多，学术圈得以迅速扩大，与政学两界交往机会增多。加入了中国边疆学会、中国边政学会等主流学术团体，在《边政公论》等主流刊物发表论著机会也大为增加。作为华西坝教会五大学这个学术共同体的东道主单位的人类学和边疆研究领军人物,李安宅有更多资源和话语权来统筹华西坝学术领域的一些事情,应是在意料之中,对于树立和扩大其学术影响自然是有极大助益的。①

对李安宅边疆研究事业最具推动作用者应是顾颉刚。1929年5月,顾颉刚应聘燕大,9月任国学研究所导师,与黄子通等成为同事,李安宅是年至1931年任该所编译员,并随黄子通进修康德哲学。二人成为同事,虽然学术领域不一,但不同而和。顾颉刚乐于组织学术社团和编辑学术刊物。李安宅夫妇也参与了其中一些活动,包括共同出资创办燕大引得校印所,参与通俗读物编刊社、技术观摩社、边疆研究会及绥远蒙旗考察团等。李安宅后来到西北,亦由顾颉刚等促成。七七事变后,李安宅夫妇认为北京不宜久居,拟辞职,顾颉刚与陶孟和建议燕大校方派李安宅到西北,领旧燕京大学薪津到兰州与甘肃科学教育馆合作,负责社会科学组。当地离藏区(拉卜楞)近,正是李安宅所主张的"应用人类学"的乐土。李安宅后来又到华西大学,成立华西边疆研究所,成为国内研究边疆问题的权威之一,其中受益于顾颉刚不少。据顾颉刚日记,1940年12月31日,李安宅夫妇被其列入"边疆工作可用人才",次年3月31日,李安宅又被他列入中国通史所需专门人才(西北史)。因顾颉刚牵线,李安宅与不少政界要员和学界精英认识,为李安宅扩大学术和社会影响提供了更多机会。②

李安宅两度赴美,一次是访学,一次则是讲学。第一次与美国学

---

① 有关情况可以参考汪洪亮:《抗战建国与边疆学术:华西坝教会五大学的边疆研究》,中华书局2020年版。

② 参见汪洪亮:《顾颉刚与李安宅的人生交集与思想学术异同》,《中国藏学》2015年第2期。

者欧兹古（C.Osgood）相识，第二次则由后者邀请赴美。李安宅与欧兹古认识较早，是在留学美国时期的课堂上的同学。

1963 年，欧兹古出版有关云南高峣的著作《高峣：旧中国的农村生活》(*Village Life in Old China*, *A Community Study of Gao Yao Yunnan*)。在"附录"中，他说：

> 1935 年，我到中国作简短的试探性访问，我随后幸运地结识燕大的李安宅。1935—1936 年度他在美国访问一年，第二学期在耶鲁。因为我们对文化研究都有满腔热情，所以他很快同意合作开展一项研究。这项研究合理且雄心勃勃。我们一致同意合作研究两个社区，一个是他在河北的本土村子，一个（美国）东南部佛蒙特的定居点；在我这一方来说，后者要尽可能接近通常认定的美国文化知识，以便于比较。这项计划从中国开始我们的工作，李氏按照他所了解的情况来描述该村的文化，而我则记录资料，这对只有本土人才可能了解的精微之处则不敏感，但必然更客观。然后我们要在佛蒙特倒转这个程序，最终的目的是提供资料，以便于在有效的认识论范围内进行双重比较。我们决定于 1938 年夏天在河北开始工作。①

他与欧兹古到底在哪里认识？欧兹古并没明说，只说 1935 年访问中国"随后"认识，是随后在中国认识还是在美国认识，不详。陈

---

① ［美］科尼尔斯·奥斯古德：《高峣：旧中国的农村生活》，香港国际炎黄文化出版社 2007 年版，第 336—339 页。奥斯古德即欧兹古的另一译名。欧兹古该书后由中山大学人类学系教授何国强译成中文。

波认为,李安宅 1934—1936 年在美国访学,1936 年在耶鲁。此处欧兹古误记。[1] 目前笔者所掌握史料并未提到李安宅留学中途是否曾经回国。李安宅也说 1935 年认识欧兹古,但明确是在赛皮尔的课堂上。如此说来,两人应该是在美国认识的。这个说法比较靠谱一点。二人关系此后还有续篇。1947 年,李安宅接受已是耶鲁大学人类学系主任的欧兹古的聘请,到耶鲁大学教书,并在其联络和协助下得以到英国讲学。[2] 到了晚年,两人仍因论著出版和费用问题而有通信。

在该书第一章"云南之旅"中,欧兹古写道:

> 我已经做了几年的准备来研究中国社区,希望从中解析出引起悲欢离合的人类行为的若干底蕴,促使美国同胞怀着同情心,去理解那些与自己全然不同的人群——他们从古至今生活在一个正义、宽厚的国家。我有一位中国同事在他的家乡河北村庄做研究,各项计划早已悄悄地进行。他要做的工作,就是将其挚爱的那些中国人的思想感情明晰地表述出来,借助天赋的直觉来凝结,使之构造成形。至于我,一位名师授业,并在北美遥远的半游牧民族中间做了十年调查,拥有一些田野技术和经

---

[1] 参见陈波:《儒学人类学——读李安宅〈仪礼与礼记之社会学的研究〉》,王铭铭主编:《中国人类学评论》第 11 辑,世界图书出版公司 2009 年版,第 234—235 页。

[2] 李安宅在《回忆海外访学》中陈述:"在耶鲁的接触有人类学系主任欧兹古,教授穆尔道克和林顿同他们的家人。还有比较年轻的全系教师,但名字都记不起来了。还有语言系的主任梵文教授亦忘其名。穆尔道克在耶鲁演讲,反对马歇尔计划,曾指名我用中国例子正面证明他的论点。林顿是主编我的《藏族宗教之实地研究》的人。两人加上欧兹古都曾于 1948 年推荐我给罗氏基金申请研究费的信,使我有可能于 1948~1949 年赴英考察人类学一年。比较年轻的教师,有一部分主持《实用人类学》杂志,当时我是订了的。梵文教授曾教我梵文,并主持'东方学会',我也参加过。……"参见王铭铭主编:《中国人类学评论》第 16 辑,世界图书出版公司 2010 年版,第 162 页。

验的西方人,愿意对此提供客观的见证。后来战争爆发了,军队
所经之处,生灵涂炭,断壁残垣,尸弃原野,鸦片泛滥。侥幸存留
下来的人忍饥挨饿,饱受惊吓。这种情形下,继续在河北进行田
野调查显然不会获得预期的结果。我在上海得知,那位中国同
事只要逃出敌占区就会尽力前来与我汇合。与他相关的其他消
息再也没有了。我就是在这样的情形下出发的——到云南集
合,地点没有确定。①

　　欧兹古所言河北同事,显然就是李安宅。或许李安宅曾与其交
流在河北做社区研究的计划。1938 年的暑假,李安宅和于式玉将孩
子送回河北老家,然后按计划去西北地区,参加甘肃省科学教育馆工
作,顺道(其实也算是绕道)和欧兹古在昆明会面,并合作开展了民
族学田野工作。李安宅在回忆录中写道:

　　……在塞皮尔班上旁听的、上班的人很多,都是读过博士
的。欧兹古当时是副教授,亦旁听,这是与欧兹古建交之始;当
时他是副教授,常至其家闲谈。并约我于再来时他给我当"土
著介绍人",他何时来中国,我给他当"土著介绍人",以收主观
与客观相结合的效果。盖人类学调查常用"土著"做翻译,不参
加意见;我们打算外国人到美国则有美国教师作"被问人",外
国人到中国则有中国教师当"被问人",被问人也参加有关调查
的意见。这种办法虽无兑现的机会,但将中国与美国平等看待,

_____

　　①　[美]科尼尔斯·奥斯古德:《高嵛:旧中国的农村生活》,香港国际炎黄文化出版
社 2007 年版,第 2—3 页。

相提并论。①

欧兹古来到中国,李安宅应约为其做土著介绍人,陪同调查研究,"我于1938年暑假赴西北途中,在昆明与欧兹古进行了'国际合作',研究了彝族"。② 陈波认为李安宅记录中判断高峣为彝族村落,"当属误记,或者当时高峣确有彝文化面向"。而何国强团队的田野考察和研究通过推广到高峣以及附近八村,确认高峣为汉族村落,而附近的车家壁村则有彝族文化面向。③

李安宅后来应欧兹古的邀请,到耶鲁大学担任客座教授,又因欧兹古等人推荐而去英国。李安宅对此曾有记录:"第一年应耶鲁大学之约,作客座教授,讲文化学,并利用时间,将已在国内发表过的文字,重新整理,用英文写出《藏族宗教之实地研究》……第二年自己请求罗氏基金资助,经耶鲁大学欧兹古、林顿、穆尔道克的推荐,赴英考察一年,以伦敦大学是基点,考察人类学的教学,曾至剑桥、牛津、爱丁堡等处。并利用机会整理《藏族宗教之实地研究》书稿,托人帮助,将有关梵文名词术语填出,以与藏文并列。稿成寄耶鲁大学出版部,答应出版。"

另外,李安宅还记录道:

---

① 李安宅:《回忆海外访学》,王铭铭主编:《中国人类学评论》第16辑,世界图书出版公司2010年版,第155页。
② 李安宅:《回忆海外访学》,王铭铭主编:《中国人类学评论》第16辑,世界图书出版公司2010年版,第156页。
③ 参见何国强主编,中山大学人类学系高峣调查组集体撰写:《滇池草海西岸八村调查报告》,知识产权出版社2011年版。

在 1947—1948 年访美后一段,仍欲去英。在英一年,系向美罗氏基金请的款,自己申请,有耶鲁教授推荐,即由欧兹古、穆尔道克、林顿三人推荐,我则重申第一次出国时,曾希望有机会到英国看看英国人类学的实施情况,当时我读的英国有关书,不亚于美国,而且较美国的印象深刻。罗氏基金管我事的人,叫我先回国,以后有机会再设法出来。我也将在国内与吴文藻的关系,所以 1941 年见巴勒福时辞谢了罗氏基金的款的经过说了一下,结果研究费批妥了,每月 30 个英镑,外加由美至英和由英回国的路费。①

可见欧兹古在李安宅的学术生涯中同样发挥了推波助澜的作用,使李安宅的学术视野更加开阔,扩大了其学术影响。本书所谓"贵人",不是指那种享受祖辈荫蔽,而是依靠自己的奋斗和善良而获得的关键时候的赞助和导引。也就是说,"贵人"往往出现在努力拐角处,并不是守株待兔。李安宅的求学和治学生涯,所遇"贵人"太多,以上所列举,只是对其学术道路影响较大者,如就学术思想而论,还有张东荪、吴文藻等可以列入。关于李安宅学术交游的研究,恐是笔者下一本书的任务了,也期待学界同人继起而论之。

---

① 李安宅:《回忆海外访学》,王铭铭主编:《中国人类学评论》第 16 辑,世界图书出版公司 2010 年版,第 162 页。

第三章　天涯同命鸟：李安宅与
于式玉的四十年

在中国民族学史上，李安宅和于式玉是一对重要的生活伴侣和学术伉俪，尤以藏学名世。李安宅的学术成就分布在多个领域，与当时学界的交游十分广阔。于式玉以大量精力应对生活和辅助丈夫，她具有良好的学术根基，极富语言天赋，擅长文献目录，又肯实地调研，为其藏学研究奠定了坚实基础，也为李安宅藏区实地研究提供了重要支持。二人学术生命互相缠绕，堪称藏学界之"天涯同命鸟"。他们的一生，让我们认识到时代对人生的彰显和遮蔽及其学术的造就和影响。

于式玉在民国藏学界也有其重要地位，过去学界少有措意。其"知名度"甚至远不及其妹于若木、于陆琳等。载于书刊者多是简单介绍或往事追忆，尚未见有全面追述于式玉人生及学术的文章。[①]

---

① 目前有关于式玉的专题论文有李绍明：《〈于式玉藏区考察文集〉评介》，《中国藏学》1991年第4期；周群华：《著名藏学家于式玉教授》，《文史杂志》1991年第4期；高云昌：《简论于式玉与藏区边疆教育——以1937—1942年为考察中心》，《康定民族师范高等专科学校学报》2008年第6期；宗喀·漾正冈布、蔡文君：《拉卜楞的央金拉姆：于式玉对拉

全书聚焦李安宅,这部分我们不妨从于式玉的角度来展开二人相濡以沫 40 年的生活史。

一、于家长女

于式玉是长女,与其兄于道泉都以藏学名世。于道泉生于 1901 年。三年后,1904 年 11 月 29 日,于式玉出生。他们的父亲于明信(1882—1948),字丹绂,临淄人,曾任省立青州初级师范学校校长,后留学日本早稻田大学,1916 年回国,任山东省立第一师范校长。1937 年冬,日军侵占济南,多次诱劝其出任山东省教育厅长,均遭其拒绝。1940 年,他匿居北平西郊以诵经学佛为掩护,避敌迫害。抗战胜利后返居济南,以研究学问自娱,1948 年病逝。[①]

于式玉还有一个弟弟和三个妹妹,包括于道源、于式金、于式谷(若木)、于式坤(陆琳)[②]。大致归结起来,于家兄妹有几个特点:

一是语言能力强,如于道泉,据称掌握了 13 种语言,有藏、蒙、满、英、法、德、日、俄、西班牙、土耳其、世界语等。于式玉至少熟练掌

卜楞及其周边游牧地区的考察研究(1938—1942)》,《中国藏学》2020 年第 3 期;汪洪亮:《于式玉的藏学研究与中华民族整体性追求》,《中国藏学》2020 年第 3 期;钟荣帆:《于道泉、于式玉研究之回顾与前瞻》,《青海民族大学学报》2021 年第 3 期;郑莉、张慧敏:《发现女性:论于式玉藏学人类学研究的方法与贡献》,《青海民族大学学报》2021 年第 3 期。

① 参见马德坤、张晓兰编:《民国山东四大教育家研究》,复旦大学出版社 2011 年版;山东省地方史志编纂委员会编:《山东省志 人物志》上册,山东人民出版社 2004 年版。

② 有关于式玉家世情况可参见陈云纪念馆编著:《于若木画传》,上海社科院出版社 2014 年版。2019 年 5 月,陈云纪念馆原党总支书记马继奋先生寄来该书一册供我参考。特志于此,以示谢忱。

握英、日、藏等语言。于道源先后学习了维吾尔语、土耳其语、世界语，并用世界语翻译了《无线电讲话》。

二是共产党员多。我们要知道，李安宅与于道泉是齐鲁大学同学，也是革命战友，早在1926年即入党。或许正是在他们的影响下，于道源、于若木、于陆琳和李安宅堂妹李宁都在1937年、1938年去了延安，走上了认同中国共产党的路线。于道源曾在八路军115师担任电讯培训班教员、军区电台台长，1948年在一次夜行军中掉队牺牲，年仅36岁。于若木是中共元老陈云的夫人，于陆琳是独腿将军钟赤兵的夫人。

三是专业素养高。于道泉是著名的藏学家、语言学家、教育家，于道源是中共早期的无线电专家之一。于式玉是知名的藏学女教授。于若木是营养学家，曾任中国营养学会荣誉理事、微量元素与健康学会名誉会长、中国食品工业协会顾问等。于陆琳曾任北京师范大学教育系主任和党总支书记，军事学院科技教研室教学组长、图书馆副馆长、名誉馆长等职，1982年起，先后担任中华社会大学（现更名为北京经贸职业学院）教务长、副校长、校长。

李印生这样描述他的母亲："她是长女，父亲对她自幼就要求非常严格，除读书外，要求她一言一行处处为三个妹妹做好榜样，而且三个妹妹的生活从小都由她帮助料理。这就养成了她要强，严于律己，能吃苦耐劳，善于关心、体贴别人的性格。她小时在劳累一天之后，晚上还要完成背诵古文、左传的任务，常常读到深夜。"

于道泉这样评价他的妹妹："她非常要强，若是发现在某个方面落在某同学后面，她就下决心一定要赶上去，她是会在不长的时间内赶上去的。"

　　两人评论分别侧重生活和学习方面,表明于式玉从小即养成了乐于助人、勤于学习、不甘人后的性格。所谓性格即命运,这样的性格伴随了于式玉一生。

　　于式玉祖父一辈是文盲,便大力培养父亲成读书人。于式玉5岁时,祖父就请私塾老师到家,把村中同族子弟招来读书。12岁时,于式玉在山东省立第一女师附小读书,为此于家搬到济南居住。于式玉的母亲久居乡下,在城中总要迷路,平日不敢出门,而她父亲工作忙碌,常住学校不回家。洗刷东西须拿到河里去洗,因此一家人的衣服就由于式玉包干了。1915年母亲得重病,弟弟患痢疾,于式玉在自传中写道,"一个人既要伺候她喝药,夜里又要带弟弟睡觉,早晨做好早饭,打发弟弟上学后,我才能往学校跑。没有一分钟的时间归我自己享受。1919年考上省立第一女师,因通学太远搬到学校去住,才脱离开家务,但弟妹的鞋袜还是要做的。"①

　　于式玉充分尽到了长女的责任。1924年,山东省政府派父亲于明信到日本赈灾,后留日做留学生监督。于式玉恰好女师毕业,暑假留学日本,学音乐。于明信半年后回国,于式玉则于次年暑假回国,在家闲住一年后,于1926年10月,到日本奈良女子高等师范就读,1927年补上官费,将二妹于式金叫到日本,共用官费。但于式金身体不好,学习成绩跟不上去,后于式玉只得送其回国。1930年底,于式玉已与李安宅在北京安家,于道源到家中来,1932年暑假于若木、于陆琳亦到其家。而年底,于式金也来到北京。另外李安宅的堂弟、

―――――――――

　　①　于式玉曾在1958年春和1967年2月20日写就两份自传。1967年版与1958年版相较,增加了1958年到1967年的内容。但总体来讲,1958年版更为详细,有70页,大概有5万字;而1967年版则仅有10页,有7000多字。本书所涉及材料未标注出处者,皆来自这两份自传。

堂妹等亦有不少先后来投奔,都由于式玉接待。① 我们可以想象,在一个收入并不高的家庭,要容纳这么多人吃饭、上学,本身就是一件不容易的事情,而于式玉又该承担多少本来不必那么多的繁重家务。

二、生活伴侣

于式玉是李安宅的第二任夫人,是李安宅学术事业的坚定支持者,从1930年结婚到1969年去世,风雨相随,至死不渝。李安宅这个人富有革命激情,也有"建设科学的野心",但因从小就生活在一个重视男丁但男丁稀缺的大家庭,备受宠爱,尽管"经济不独立",但也无须自力更生。这就造成了他应对生活能力较为低下:对生活疏于计划,既无聚财之术,也不着意柴米油盐。如果不是于式玉的牺牲和奉献精神,鞍前马后为其操劳,李安宅恐亦无法全力投入学术研究和社会工作。于式玉本来在日本毕业后有很好的就业和深造的机会,但为了李安宅,她都放弃了。她本来可以做自己感兴趣的研究,但她把大量精力用在应付生活艰难和辅助丈夫上。不说别的,光是李安宅的大家庭中投奔他们的那么多弟弟妹妹侄儿侄女,仅仅是管他们的吃住和学习,都是今天我们难以想象的工作量和经济压力。

于式玉嫁给李安宅,于道泉是介绍人。于式玉和李安宅首次见面是在1929年暑假。那时于道泉已在中央研究院及北京图书馆工作,受父亲嘱托,写信叫于式玉去北京,要给她介绍对象。这个对象

---

① 相关情况可参见本书第一章"大家庭的隐痛"之"经济依附"一节。

就是李安宅，新丧偶，有一个几个月的女儿培廉，由于道泉夫人替他抚养着。于道泉对李安宅的评语是"有革命干劲，坚苦朴素，而又好学"。说起来，于式玉年龄也不小了，此时虚岁25了。她应约去了，第一次见面的场景是这样的："安宅穿了一身蓝褂，补了三个补丁，一双皮鞋上有六个补丁，言谈很开朗……就因为见面之前有大哥的介绍及第一次见面的印象，经三言两语的谈话，我们就订了婚。同玩了一个暑假，我便经济南，由青岛回日本去了。"这次见面将于式玉的人生与学术和李安宅缠绕在了一起。

于式玉非常优秀，1930年3月毕业，本有多个深造机会。学校要保送于式玉去帝国大学深造两年；其英文教员也写信到哥伦比亚大学师范学院，请求补助于式玉去做研究生。于式玉写信告诉李安宅，大概是兼有高兴和不舍两种心情。李安宅和于道泉心有灵犀，就是想请于式玉回来照顾家庭的，否则李安宅的幼女抚养就是个大难题了。如果对于道泉这个学者有点了解的读者，一定会清楚他也是特立独行而对生活细节较少关注的人。带娃娃这类琐碎的事情，对他来说是一种折磨。于道泉非常清楚，自己的妹妹是多么能干，完全可以解决这些问题。李安宅自然也希望于式玉能早点回来，于是在回信中写道，"在外国年数多了，对中国自己的情况没有机会了解"，坚决主张她回国工作。于是她谢绝了这些深造机会。英文教员又写信推荐她到上海女青年会工作，并介绍她入了圣公会。"李安宅又来信说，青年会不能解决中国问题。这样机关最好不去。"又作罢。就这样，毕业后，于式玉直接回了北京。4月17日他们在报上登载了消息宣布结婚，未举行任何仪式。

于式玉留过洋，兼具旧学新知，算是新时代的知识女性，但她又乐意相夫教子，做个贤妻良母。

李家长辈心里没底，认为留洋的女学生做媳妇恐怕不长久。于式玉就做了一身乡村妇女衣服，暑假同李安宅回老家，到厨房烧火做饭，鸡鸣即起为老太太（应该是李安宅的大婶）倒尿盆。这样赢得了李家的信任与喜爱。

于式玉几乎担负了所有的家务，毫无怨言地照顾一大家人的生活。家中人口非常多，包括李安宅前妻遗女培廉、堂弟安宇、堂妹李宁，于式玉的弟弟于道源和三个妹妹先后来到家中。就连于道泉也曾将孩子交给于式玉照看，"不久我哥哥同嫂子常因管教孩子发生纠纷，于是把孩子送到我们家，由我们替他们教管，所以家中还是十分热闹的"。1932年于式玉生了一对双胞胎男孩，李安宅当时并没有固定工作，收入不高，生活窘迫，"骑着车子跑到四十里路之外的通州一个中学去兼课"。1933年春，宋哲元向喜峰口撤退，李安宅亲戚36口逃到北京，家中到处睡满了人。有人路上得病，传染了于式玉的儿子，"虽然五六天后分别租房散开。但我已筋疲力尽，未能好好照顾孩子，小的因此夭折"。此诚可谓人生一大痛事。但于式玉并未因此而拒绝亲戚投奔。

1933年李安实就住在北京海甸李安宅家中，感受到于式玉"真比亲妈妈还疼我，这使我体会'长嫂比母'这句话的含义"。他回忆道："在供三哥、四姐、五姐、华春读书的同时，她还同大哥商量，要把我留下读书，由于母亲不愿离开我，由父亲出面阻拦而作罢"，不由感叹："她除了要完成自己授课任务外，还要支持一大家子人的生活和读书，交会费和宿费、学费等，真是一件不容易的事情。"

于式玉后来回忆："安宅的前妻遗女及一个弟弟，两个妹妹，一个外甥，和我自己的一个弟弟，一个妹妹及一位曾在大革命时代失掉组织关系的人上学，都由我负担。还有我大哥的孩子一男一女，及我二妹同他的养病的爱人，也都在我处，归我照料。另外在院子里种了一块菜园，下课后亲自挑水种菜。我以为新女性不应该比男性负担少，更应该比旧女性负担多。"1934年李宁的妹妹从乡下到北京上初中，"我又把他们的外甥女也接出来读书。这时我所知道的年轻人都集拢到我们一家了，一直到卢沟桥事变才来了一次大分散"。

1934年，李安宅到美国留学。李安宅到天津办理护照，于式玉为其办理燕京大学的借支手续，筹备差旅路费，然后带着两岁多的李印生到天津找李安宅，又怕他到日本后语言交流困难，陪同他到日本。在日本奈良、大阪、东京逗留几日后，李安宅在横滨上船西去。那时于式玉已有三个月身孕，抱着孩子，带着行李，上下车船，其辛劳可想而知。那年12月11日，于式玉又生了双胞胎女儿，即李瑞廉、李秀廉。

此后两年大概是于式玉比较安定的时期。于式玉在自传中说："李安宅走后，我觉得生活轻松了很多"。二人工资加上于式玉给人补习日文，两年下来，于式玉为李安宅还债1600元，还结余三四千元。李安宅1936年回国后的生活似乎反证了这一点："那年学校由外国来讲学的人特别多，民族学及语言学家阿根夫妇及民族学家怀特夫妇等先后到了燕京。学校都要安宅接待，时间也赔到里面不少。安宅知道我在银行里存了钱，用这钱替学校招待客人，自己也放手买书。不到半年他把我的钱完全花光了。"于式玉自陈，"几年以来，一面工作，一面承担繁重的家务，从未休息过"，这年暑假带着儿子与朋友到烟台海滨休闲，"这是我有生以来第一次享受，也是解放以前唯一的一次享受"。于式玉的辛劳，可想而知。

1937年9月燕大复校，司徒雷登多次请李安宅出任法学院院长。1938年，被日本控制的北京女子文理学院，希望于式玉去做校长。于式玉拒绝，有人建议："心中有数就行，爱国不一定要抗拒，还是出去应付一下。"但于式玉坚决推辞，提出许多困难，但他们每项都说可以解决。没有办法，于式玉"乃决然将孩子送回安宅老家，同安宅一起潜离北京"。于式玉行前将子女送回李安宅老家河北乡下抚养，请了一个亲戚教他们念书。随后和李安宅一道离开了北京，绕道上海，经香港、云南、贵州、四川、陕西等地，到达兰州。不久，于式玉只身前往拉卜楞，创办了女子小学。不过，于式玉的办学义举，引起了当地官僚嫉恨和阻挠，甚至被拉到县衙讯问。1941年李安宅受华西大学之约入川。李安宅在成都安顿后，希望于式玉同去。1942年9月，于式玉来到成都，与李安宅会合。

在成都的几年，两人的生活依然不宽裕。李安宅虽在燕大兼任社会学系主任，但坚持兼职不兼薪。这种做法凸显了李安宅的风骨，在那时并不多见。燕大只好每月将200元直接拨华西大学作为华西边疆研究所的经费开支。以私济公，家境自然就相对窘迫。于式玉依然如前操劳，"家里的事，洗衣做饭仍我一人去做"。李安宅的大家庭此时依然在拖累他们这个小家庭。于式玉在北京积存的近2000元悉数留给李安宅的堂弟、堂妹在京读书。到处要花钱，挣钱也不易。于式玉就感叹："我们在成都又不欲兼薪，又不欲利用粮贴卖钱，便比一般教书的窘些。"于式玉多年在西北的艰苦生活及婚后常年的劳碌，使本来强壮的她开始体弱多病，患有失眠症和贫血。

1946 年她应聘到美国哈佛燕京学社汉和图书馆，一方面是想挣点钱，也想借机疗养。行前燕京大学语文系教授李方桂托于式玉给赵元任带去 500 美金，并说："你可以先用，再慢慢还他"。于式玉需要用钱，想着到了美国慢慢挣来还就是，"不假思索，就用了这笔钱"。令其始料未及的是，在美工作，税后收入并不高，原说 150 元每月，税后就只有 120 元了，但是物价却居高不下。养生不成，身体反而恶化。于式玉无奈，同耶鲁大学人类学系主任欧兹古谈及此事，后来转到耶鲁大学图书馆工作。李安宅在国内工作忙碌，照顾孩子也粗放。于式玉 1943 年生育的孩子就因照顾不周，竟于 1947 年掉到华西大学的宅院内水沟里淹死了。此时的李安宅应该是愧疚而情绪低沉的，暂时离开伤心地，换个环境或许非常必要。欧兹古从于式玉那里知情后，聘请李安宅担任人类学研究院的客座教授。李安宅夫妇得以再次团聚。1948 年，李安宅又到期待已久的英国去考察和讲学。1949 年 6 月，于式玉离美赴英，10 月与李安宅一道回成都。

1950 年，于式玉与李安宅一道参军入藏，被任命为西南民族事务委员会委员、昌都解放委员会委员，参加创办昌都冬学、小学的工作，年底到拉萨，参加干部藏文藏语训练班工作。五个月后改为西藏军区干部学校，于式玉担任教务长。1954 年，于式玉患神经衰弱严重，同时患严重贫血症，眼痛，被安排回内地休养。1955 年西藏组织一批干部去内蒙，学习对少数民族的工作经验，于式玉在北京申请被批准参加。5 月间欲返藏，接到电报暂缓入藏，在成都待命，暂住重庆西藏工委招待所，同时参加重庆市举办的政治经济学的学习。

　　1956 年春，于式玉参加成都市政协，9 月被分配到西南民族学院。李安宅则担任西南民族学院副教务长。于式玉先后被任为藏文藏语训练班副主任、语文系副系主任，后调民族研究所，其间曾到民委参加藏族简史编写，1959 年民院开设外语课，于式玉被调回了民院。1962 年，李安宅在四川师范学院任副教务长兼外语系主任，次年于式玉亦调到川师。基本上从 20 世纪 40 年代开始，于式玉身体一直处于疲弱状态，但她依然和李安宅同追求，共进退，纵有短暂分离，总要长相厮守。

三、学术伉俪

　　于式玉具有良好的学术根基。她幼时在家中私塾接受到旧学的熏陶，后在新学堂中读书，又两度到日本留学，熟悉日本历史文化，嫁给李安宅后，也开始关注社会人类学和边疆民族学。于式玉极富语言天赋，擅长文献目录，又肯实地调研，所谓天道酬勤，本可以做出更大的学术实绩。但她在 20 世纪 30 年代前期因于繁忙家事，后期在西北办学及辅助李安宅调研拉卜楞寺；20 世纪 40 年代颠沛辗转，刚在成都安定不久又到美国工作；20 世纪 50 年代前期进藏，后期安排在西南民院；20 世纪 60 年代从西南民院来到四川师院。由于长期疲敝，体弱多病，终在 1969 年去世。终其一生，才情未尽。尽管如此，其学术依然可圈可点。而且无论是从学术领域的接近，还是互相缠绕的学术生命，二人都可谓是难得的学术伉俪。

于式玉1930年回国后即在北京国立女子文理学院教日本史及日文，兼在私立燕京大学图书馆任日文部主任，1931年就只在燕京大学工作了，一面继续在图书馆工作，一面教授日文。前节已讲到于式玉的家庭负担之重，为今人所难想象。她自己讲述道："那些年代，我有浓厚的贤妻良母思想，根据当时社会一般人反对，我也不满读了书的女子认为高人一等，一切家务事都不屑过问。女子在旧的工作基础上，因为读了书，更要多做一点，而不是少做一点。由于这种思想，多做事，但在学问上则没得到继续发展。"

尽管如此，这一时期于式玉并非在学术上一无所得：她除了在报纸上发表介绍日本情况的文章外，利用图书馆工作的便利，翻阅了当时所有的日本学术界出版的期刊，编成了《日本期刊三十八种中东方学论文篇目附引得》，于1933年由哈佛燕京学社出版。到1938年离开燕大止，于式玉又收集了五千多篇目，由其学生刘选民整理分类，于1940年仍由哈佛燕京学社出版，名《一百七十五种日本期刊中东方学论文篇目附引得》。

现在我们知道于式玉的学术成就主要体现在两方面：目录学与藏学，尤其是在后者成绩显著，常与李安宅比肩齐譽地出现在各类关于藏学史回顾的论著中。一般人或可能误解，于式玉在藏学上的成绩大概多是"夫唱妇随"的结果。其实不然。固然投入边疆研究，于式玉受到李安宅的影响；但在二人藏学研究起步阶段的拉卜楞寺调查，却是由于式玉开道的。而且李安宅所取得的为世人瞩目的成绩，不少是于式玉参与和协助的结果。

李安宅由人类学走入边疆研究，确有面对外人"不怕坚苦"、取得丰硕成绩而亟欲"迎头赶上"的心态。这种心态产生在那个边患丛生的时代,亦为当时一些学者所共有,在一定程度促成了边政学的兴起。① 这种心态也直接影响到于式玉的学术选择:"我的爱人李安宅是学人类学(民族学)的,他常对我讲:中国幅员极广,经济文化发展的区域只限于黄河、长江、珠江流域地带,而大片地区如新疆、内蒙、西藏等地却各方面都落后,现在政府视若无睹,学校的知识分子都愿意集中在大城市里,不愿意去坚苦的地方,可是处心积虑想侵略中国的帝国主义者,却不怕坚苦。日本人大批大批的往内蒙,英国人不断进入西藏去进行挑拨离间。我们自己的国土,我们为什么不进去工作呢? 他有这种想法,也希望我能同他共同奋斗。"

后来的事实证明,于式玉义无反顾地与李安宅到了艰苦边地"共同奋斗",为中国边疆研究付出了其半生的心血。她表示:"闲常谈及边地荒凉,人民生活低落,而知识分子不肯去帮助他们。我有机会一定要到那类地方去工作。但常被人笑话,那是'想去当土皇帝'! 九一八以后,内地始唱出去了'知识分子下乡'的口号,北京不断有人组织到内蒙等地去的参观团。"1937 年春,燕京大学同清华大学合组了一个 30 多人的内蒙参观团,由李安宅带领,同去者还有雷洁琼、梁思懿等。于式玉也参加了此次考察活动。同年暑假,段绳武、顾颉刚组织了一个较大规模的西北参观团,于式玉与王乃堂都报名参加了,到了归绥后,七七事变发生了,参观计划受阻,于式玉从山西、河南绕道到山东,找到当时正在济宁参加五大学合作乡村建设的李安宅,回到燕京大学继续教书。

于式玉后来与李安宅一道来到了西北藏民区,其学术重心自

---

① 参见拙文《中国边疆研究的近代转型——20 世纪 30—40 年代边政学的兴起》,《四川师范大学学报》2010 年第 5 期。

然就转移到藏学上来了。李安宅是来实施燕京安排的与兰州科学教育馆的合作计划，于式玉则属于"计划外"人员，从燕京大学辞职，但并未获得批准，干脆请假出来，也就没有工资了，"这几年内我是靠他工资吃饭的"。到兰州后不久，于式玉被告知青海边境上（现甘南藏族自治州）的拉卜楞是个经济、文化、政教交错的地方，她想："这不就是研究民族学的机会吗？"经李安宅同意，于式玉只身前往。这就是于式玉学藏语和办小学的缘由。

李安宅在兰州工作也不顺利，后来到拉卜楞从事民族学调查。那时于式玉除去办小学之外，即帮助李安宅收集研究材料。在当地领袖黄正清协助下，寺院上按不同单位（学院）各介绍一位学者向李安宅提供有关宗教的东西，由于式玉译成汉文，同时他与人口头谈话，也由于式玉做翻译。当时二人认为，在藏学研究中，从寺院的研究入手是最容易的，计划搞好宗教制度之后，再写一本民族分布，一本文化接触，一本经济资料，计划是长远而周密的。于式玉表示："当时我的理想是通过服务进行研究，通过服务研究来培养，使服务、研究、训练合为一体。"我们知道，这正是李安宅公开发表的主张①，可见这是二人的共同见解。不过细心的读者也要注意，二人对三个关键词的排序还是不一样的。于式玉比李安宅还更加注意服务的重要性和先导性。

除了协助李安宅做拉卜楞研究外，于式玉还有其个人的研究兴趣。她更注重群众与寺庙的经济关系与他们的经济组织形式，她指出："到边疆来从事工作的人，最感到没有办法与无从下手的，恐怕

---

① 参见李安宅：《研究服务训练要连合起来》，《边疆服务》1943 年第 4 期。

就是经济问题了"，而"寺院在藏民区是政治经济文化等一切的中心。看不见寺院，便看不见这一切；看清楚了寺院，藏民的全体动态，也就能知其梗概了。"

难能可贵的是，于式玉主张实现与少数民族的互惠共荣。抗战以来，知识分子到乡下去、到边疆去，造就了学界"孔雀西南飞、西北飞"的现象，"从前不相往来的地方，现在都踏开了一条宽平的大路，彼此关系日益亲密，利害相与共起来了。在这种情形之下，我们要怎样来互相提携呢？他们是一个经济落后的民族，生产方式与技能都保持着原始的形态，怎样与20世纪的世界来共荣呢？"她呼吁国人"站在国家的立场，站在人道的立场"，帮助他们"觉悟起来，领着他们向新建设的路上走"，"他们有自己的文化，人民也很聪明，假设把集中的文化散布到民间，扩展充实起来，把没有经过训练的脑筋加一番训练，十年之后的藏区会另换一个世界，是绝无问题的"。①

于式玉发现，蒙藏佛徒对内地的普陀山、五台山、峨眉山"景仰弥深"，"这三座菩萨的宝山，自然是内地人们的名胜所在，但实际在蒙藏边民的信仰中更为神圣"。这其实也印证了汉藏文化交流实在是源远流长的。由此她联想到边疆工作问题："我们要使边民认识国家，了解国家，促使他们了解的步骤，便是提高他们的文化水准，灌输他们的现代常识。"②于式玉指出，就纯粹学术立场言，如果能将藏文文献与汉文对照，辨析"哪些是从印度直接翻译的，哪些是藏族高

① 于式玉：《拉卜楞寺祈祷大会的布施》，《李安宅、于式玉藏学文论选》，中国藏学出版社2002年版，第316页。
② 于式玉：《普陀、五台、峨眉——蒙藏佛徒对三山的信仰》，《李安宅、于式玉藏学文论选》，中国藏学出版社2002年版，第338页。

僧大德著述的，如能搞出目录，在学术上互相了解，不无裨益"。但囿于经济困难，这一计划无法实现。

李安宅早在 1934 年就接到过华西大学的聘书。在拉卜楞时，华西大学来信说华西就地接近边民，应该负起对少数民族工作的责任，请李安宅为他们做计划。李安宅为他们草拟了计划。华西大学执事者即认为计划不错，最好就由李安宅去执行。李安宅强调边民工作应在民族地区，不应在城市里坐在大楼上。与他办交涉的是华西大学文学院长罗忠恕，也是其燕京大学老同学，建议他到成都与华大同人见面，并寄了路费。李安宅便于 1941 年到成都，发现华西大学已公开发表他为社会系主任。次年，燕京大学在成都复校，梅贻宝约李安宅协助办理社会学系。李安宅无法离开成都，而于式玉在拉卜楞也举步艰难，遂于 1942 年受聘于华西大学边疆研究所专任研究员，等级是副教授，以后升为教授级。

李安宅不愿放弃研究少数民族，便千方百计充实华西边疆研究所工作。1943 年 1 月，在理县政府赞助下，于式玉与社会学系副教授蒋旨昂等一同前往黑水地区调研，在麻窝住了将近一个月，会见了黑水头人苏永和，又被苏永和送到芦花，住在他姐夫家里，后随他们到马塘，取道杂谷脑回到成都。于式玉曾写了一份报告给理县米珍县长，在《边政公论》发表了《麻窝衙门》，在《旅行杂志》发表了《记黑水旅行》，在《边疆通讯》发表了《黑水头人——苏永和》等文章。①

1946 年 2 月 14 日，哈佛大学哈佛燕京学社汉和图书馆裘开明馆长发电报给李安宅，询问于式玉是否愿意接受哈佛燕京学社汉和图

---

① 这些文章可参见《李安宅、于式玉藏学文论选》，中国藏学出版社 2002 年版。

书馆日文编目员职位。2 月 17 日，于式玉致函裘开明表示"接受"，但希望将薪水提高到 150 美元以上。3 月 6 日哈佛燕京学社社长叶理绥（Serge Elisseeff）致函于式玉："根据我社馆长裘开明的推荐，我很高兴给你发出正式聘任邀请，聘请你担任哈佛燕京学社汉和图书馆研究助理一职，负责日文书籍编目，年薪 1800 美元，无旅费。聘期自 1946 年 7 月 1 日起，为期两年。"①于式玉此行，并不顺利，前已述及，此不赘述。需要提及的是两点：一是她在此期间编辑了约 60 万字的《西藏学目录索引》一书；二是她与耶鲁大学欧兹古教授交谈中介绍了李安宅的研究情况，引起欧兹古关注，促成了耶鲁大学邀请李安宅前往讲学一年，并为其申请到 4000 元研究费，使李安宅能安心写出《拉卜楞寺调查报告》（即后来整理出版的《藏族宗教史之实地研究》）一书。

回顾于式玉与李安宅的学术事业，或可以这样说：李安宅的平民立场和学术救国思想是引导于式玉转入藏学研究的重要根由。而于式玉的语言天赋为其从事学术研究提供了极大便利，为其开展藏学研究奠定了坚实基础，同时也为李安宅的藏区实地研究给予了重要支持。我们今天所看到的李安宅的作品，也是从 1930 年开始的，而其藏学研究则是与于式玉大致同时开始的。在《社会学论集·自序》的"校后记"中，李安宅写道："这本集子所代表的几年个人生活史，如非生活伴侣于式玉女士在物质与精神各方面的帮助，绝对产生不了这一段的生活痕迹。在过去的作品中，不愿枝枝节节地向她致

---

① 参见程焕文编：《裘开明年谱》，广西师范大学出版社 2008 年版，第 326 页。裘开明（1898—1977），图书馆学家，美籍华人。1922 年任厦门大学图书馆馆长，1924 年赴美国进修图书馆学和经济学，1933 年获哈佛大学博士学位，1931—1965 年任哈佛燕京图书馆首任馆长。

谢，希望将这一段生活痕迹敬献给她，以作将来更大努力的起点。"①
而且在拉卜楞调查研究和到美国讲学，都由于式玉开路搭桥，一手促
成。在甘肃的几年间，李安宅不少文章是在于式玉帮助下完成的。②
很显然，如果没有于式玉，李安宅的学术生活必然受到影响，其学术
成就也要受到很大局限。可见二人学术生命如此密不可分，可谓比
翼齐飞，说他们是藏学界之"天涯同命鸟"，实在是毫不夸张的。

---

① 李安宅：《社会学论集·自序》，燕京大学出版部 1938 年版，"校后记"。
② 关于这方面的情况，可参见周群华：《著名藏学家于式玉教授》，《文史杂志》1991
年第 4 期；王先梅：《女教授于式玉》，载于西藏自治区党委研究室编：《首批进军西藏的女
兵们》，西藏人民出版社 2001 年版。藏学家于道泉也提道："李安宅所写的关于藏族宗教
的文章有很大一部分是我妹妹把藏族学者口述的材料翻成汉语由李安宅编写成文章发表
的……还多多少少有一些是两人合作的成果。"见于道泉《希望有关方面制止对李安宅教
授遗稿的改动的申请》，未刊稿。

第四章　抵近观察：李安宅对美国人类学的报道与思考

　　笔者一直关注李安宅的人生与学术，尽力搜求李安宅已刊及未刊论著。《十年来美国的人类学》即为笔者近年所发现之李安宅手稿。该文是其在美讲学期间应国内人类学家卫惠林、何联奎所约而作，论述了1938—1947年美国人类学的理论进展及其学科特性，梳理了美国人类学界相关人物的动态和主要的书刊。

　　这一观察海外人类学进展的重要文献，具有重要的学术史料价值。据笔者目力所及，该文未见载于任何李安宅已刊论著，在其本人及后人所整理的李安宅论著目录中未列入，也未被学界引用。

　　这一20世纪40年代末国人观察海外人类学进展的重要文献，是涉及多位中国人类学家的一则重要学术史料，对于今人了解20世纪30—40年代美国人类学的发展状态及其趋势，也有非常重要的借窥价值。笔者首次披露手稿全文，并对其写作背景及该文所透露的有关问题略作讨论。

一、背景解读

李安宅手稿文首即言，"1947 年夏间出国"，"到此已一学期"，落款日期为 1948 年 1 月 14 日，到美国约半年时间。《边政公论》曾报道中国边政学会的会员大会，其中对李安宅行前情况有所披露。

1947 年 6 月 30 日上午 10 时，中国边政学会在"天山学会"大礼堂举行第一次会员大会，"出席会员周昆田、凌纯声、广禄等百余人"。会议由蒙藏委员会委员长，中国边政学会理事长吴忠信主持。会上先由吴忠信报告开会意义及今后工作重点，然后分组汇报"六年来会务概况"。凌纯声在会上宣读其论文《中国边政制度》，芮逸夫宣读其论文《行宪与边民》，卫惠林宣读其论文《世界文化与民族关系之前途》。此后即进行修改会章，通过年度工作方案，选举等环节。吴忠信、凌纯声、周昆田、孔庆宗、白云梯、张承炽、柯象峰、徐益棠、广禄、许公武、张西曼、卫惠林、芮逸夫、吴文藻、吴泽霖等 20 人当选理事，李惟果、黄国璋、顾颉刚、李安宅等 9 人当选监事。

数天之后，7 月 7 日下午 6 时，学会举行第二届第一次理监事联席会议。会议推选吴忠信为理事长，推选周昆田、广禄、吴泽霖、张承炽、凌纯声、孔庆宗等 8 人为常务理事，李惟果、顾颉刚、李芋龛 3 人为常务监事。柯象峰、卫惠林和李安宅均未入选"常务"。

7 月 17 日下午 7 时，学会举行第一次常务理事会，欢送理事柯象峰、李安宅出国，"并欢叙首都各边疆文化团体代表"，学会理事长吴忠信致辞，"略谓柯李二氏在抗战期中对于西南康藏社会文化之研究,颇多贡献,此次出国考察,希广为宣介,以增进英美友邦人士对我边疆之认识"。柯象峰时为金陵大学教授兼社会学系主任,为赴英考察。李安宅为赴美考察,实是接受耶鲁大学人类学系主任欧兹古之邀前去访学研究。在会上,柯象峰、李安宅及"首都边疆文化团体代表"许公武先后发言,"咸示边疆研究及其联系在当前之重要"。会议通过了聘请编辑委员会人选,周昆田、吴泽霖、凌纯声、徐益棠、张承炽为常务,另有孔庆宗、李安宅、芮逸夫、吴文藻、马长寿、卫惠林等人也入选。①

由上可知,李安宅出国应该是在 1947 年 7 月 17 日以后。李安宅答应卫惠林约稿,或许就在此间。卫惠林(1904—1992),山西阳城人,曾在日本早稻田大学和法国巴黎大学学习文学和民族学。卫惠林曾大力宣传无政府主义,1949 年去台湾大学任教。其学术生涯相当丰富,先后在中央大学社会学系、中山文化教育馆、金陵大学社会学系、复旦大学社会学系、国立边疆教育馆等处工作。卫惠林热衷学术活动,与黄文山、徐益棠等人都是中国民族学会的发起人,先后担任学会执行理事、理事会主席,还担任中国民族学第一个专门刊物《民族学研究集刊》的执行副主编。1941 年 9 月,"在好友徐益棠的帮助下",卫惠林到金陵大学社会学系担任专职教授。② 卫、徐同期曾在法国巴黎大学攻读民族学专业,不过徐为博士、卫为硕士,但均系国人在海外,人生有交集。卫惠林到校工作不久,新成立的金陵大学社会学系边疆研究室即由其主持。1942 年 1 月,边疆研究室创办

---

① 参见《中国边政学会开会员大会》,《边政公论》1947 年第 6 卷第 3 期,第 1 页。
② 参见卫纪慰:《台湾著名社会学家卫惠林先生》,《山西文史资料》第 4 辑,1996 年,第 963 页。

《边疆研究通讯》，卫惠林为负责人。那时金陵大学与齐鲁大学、金女大等校借居华西大学，卫惠林与李安宅等人时有往来。1943 年后卫惠林离职，该刊停办。

何联奎（1903—1977），字子星，浙江松阳人，曾在法国巴黎、英国伦敦从事社会学、人类学研究，先后在北平大学、中央大学任教，1949 年去台湾。他曾任中央大学社会学系教授，参与筹组中国民族学会。1934 年 12 月 16 日，中国民族学会在中央大学中山院举行成立大会。初期学会的通讯处由何联奎负责。① 学会"以研究中国民族及其文化"为宗旨，会务有搜集民族文化实物，调查、研究中国民族及其文化，编行刊物与丛书等项。②

中国民族学会自建立之日起，即计划出版自己的刊物。1935 年学会重要事项之一就是筹备民族学报。1936 年第二届年会上学会再议出版民族学报事宜，选举徐益棠出任学报编辑，林惠祥、杨成志、陶云逵、芮逸夫、胡鉴民、卫惠林、马长寿 11 人为编委，学会对学报内容、字数以及版面设计与印刷费用均作了细致擘画，可惜学会经费主要来源为会费，入不敷出，学报出版计划一直未能实现。

抗战时期中国高等教育与学术版图发生显著变化，中国民族学会成员星散。抗战时期，不少会员来到华西坝，学会日常工作由徐益棠负责。因会员难以集中，学会许多工作无法开展。抗战结束后，之前内迁的高校均"复员"办学。1947 年 1 月，黄文山与孙本文、凌纯声等商议恢复中国民族学会，决定"春间在京召开年会"，推举黄文

---

① 参见《中国民族学会准予备案——批中国民族学会》，《内政公报》第 8 卷第 3 期，1935 年，第 36 页。

② 参见《中国民族学会简章草案》，《新社会科学》第 1 卷第 2 期，1934 年，第 276 页。

山、凌纯声、孙本文、卫惠林、何联奎、徐益棠等负责编纂"民族学名词辞典"，并拟"出刊民族学年报"，"由世界书局印行"。[①] 1948 年 4 月 12 日，中国民族学会第三届年会在国立边疆文化教育馆召开，黄文山、何联奎、凌纯声、孙本文、徐益棠等出席。会议再次确认计划出版中国民族学会年报，尤其重点系统介绍世界学术研究近况，该项工作由何联奎负责。另外，学会准备与国立编译馆合作编辑民族学名词及民族学辞典，编印会员翻译或编著的民族学丛书。[②] 李安宅手稿引言所谓"何子星先生来信见催，谓《民族学年报》即将付刊"，即为此事。学会 1947 年即筹划年报之事，年会虽在 1948 年 4 月召开，但是李安宅文稿撰成于当年 1 月，表明在 1947 年末何联奎即在催促收稿了。

综合上述，此文为李安宅在美讲学期间应卫惠林和何联奎所约而写的一篇关于美国人类学研究现状及趋势的述评。卫惠林也是民族学会的发起人和重要成员，向李安宅约稿应该也是代表民族学会。李安宅所言"国内刊物的困难"，主要是指民族学类刊物。[③] 前文所述中国民族学会向有办刊之计划，竟迄未实现。李安宅在华西大学主持社会学系和边疆研究所，也一直未能办理刊物。或因时局遽变，何联奎负责筹办民族学年报未及实施，李安宅应卫惠林、何联奎之约而写的这篇文稿迄未发表。

---

① 参见《社会学界消息：中国民族学会近况》，《社会学讯》1947 年第 4 期，第 4—5 页。

② 参见《中国民族学会年会提案》，《边疆通讯》第 5 卷第 4 期，1948 年，第 15 页。

③ 实际上 20 世纪 30—40 年代边疆学术刊物较多，官方支持力度较大。因抗战建国特殊形势下，国民政府比较注重了解边情，但对谈论民族问题较为敏感。相对来说，边疆研究比民族研究更易获得官方认同。参见王利平、张原、汤芸、李绍明：《20 世纪上半叶的中国边疆和边政研究——李绍明先生访谈录》，《西南民族大学学报》2009 年第 12 期。

二、内容简析

　　李安宅 1947 年赴美，在耶鲁大学研究院担任客座教授，开设"藏民文化"课程。民国时期中国高校的民族学教学一般附设在社会学系内，民族学课程很难占主流位置。以李安宅所在华西大学为例，1941 年在"社会学"下开设藏人历史地理和边疆政策两门课程，在社会行政组必修科目中有中国社会制度史、妇女工作、边疆民族问题、边疆教育和边疆社会工作、边疆行政等课程。① 以 1943—1944 学年度为例。李安宅担任课程有社会制度、社会学原理、经济社会学、宗教社会学、农村社会学；姜蕴刚有中国社会学史、政治社会学、西洋社会思想史；冯汉骥有人类学、西南民族学、现代社会学原理与方法；任乃强有康藏史地等。② 李安宅在美讲学期间，华西大学社会学系由蒋旨昂主持，"年来所开课程除社会统计、乡村统计学、心理卫生、儿童教育与教法与他系合开外，计有社会学原理、体质人类学、文化人类学、中国社会史、中国社会思想史、西洋社会思想史、社会学理论与方法、社会调查、社会学英文选读、乡村建设运动、政治社会学、经济社会学、道德社会学、知识社会学、家庭制度、宗教社会学、文化学、西南民族学、藏文初步、康藏史地、边疆社会工作、原始宗教心理、苗民社会组织、刑犯学、人口学、劳工问题、农民问题、社会工作、社会行

---

① 高伦举：《社会学系》，《华大校刊》1949 年 4 月 30 日文学院特刊，第 13 页。
② 四川大学档案馆藏华西大学档案，编号：C.JX.CJD-312。转引自藏乃措：《民国时期华西边疆研究所考述》，陕西师范大学硕士论文，2013 年，第 19—21 页。

政、个案工作、社团工作、社区组织、医药社会工作、精神病社会工作、社会救济、儿童福利、儿童心理、儿童保育、儿童卫生、儿童指导、儿童心理测验、儿童与学校、社会工作实习、毕业论文研究。"①可见对社会学理论方法等基础课程相当重视，对乡村、儿童、边疆等相关专题也有较多关注，但对民族学类课程开设明显不足。课程中涉藏课程有康藏史地、藏文初步等，基本也着眼于边疆史地，并不侧重社会与文化。所以，在美讲学，能够充分讲述自己在藏区社会与文化的研究成果，李安宅的心情是可想而知的。

我们也可以在手稿中体会到李安宅治学之严谨。手稿开头即讲到"秉承书要看完，人要见完才能写作"的原则。这大概是李安宅常年重视文献和实地研究养成的学术习惯。不过因为在美时间尚短，催稿时限又急，上思不得，只能退而求其次。李安宅只能采取速成之法，乃参阅1938年以来之大英百科全书和美国百科全书的年鉴。能入选年鉴者，应是较为经典之作，而人类学及社会学部分之编写者，又为学界之领袖人物，其内容之权威性和学术性当可保证。虽然取此捷径，未必能获悉美国人类学之全部面相；但若说可以借窥美国人类学的基本面相或大体情况，应不至于有太大差池。

李安宅并非首次访美。1934年，他即因吕嘉慈与侯感恩等鼓励和举荐，有了留学计划。得到罗氏基金（洛克菲勒基金）之资助，燕京大学校务长司徒雷登签字，"吴文藻亦以社会学系主任，写了保举信"，李安宅1934—1936年先后在美国加利福尼亚大学和耶鲁大学学习，并利用暑期做祖尼印第安母系社会调查，后又曾在墨西哥考察

---

① 高伦举：《社会学系》，《华大校刊》1949年4月30日文学院特刊，第14页。

乡村教育。十余年后,李安宅故地重游,抚今追昔,又有中国人类学和边疆研究的经验作为参考,故该文手稿就有了长时段纵向比较和中美审视横向参较的视野。

笔者不敢强作解人,在此仅将其文中最为核心的几个观点列出,提请读者注意。

一是在李安宅看来,"社会学在美国虽较他国特为发达,然在学术界的地位,与人类学相较,仍有逊色。一般的批评是:社会学到今天,还在辩论是否成为科学"。叶法无认为,美国虽然立国时间不长,"在思想方面而论,也没有什么广博的传统的思想;但自近代以来,美国的社会学思想,以及关于社会方面种种的研究,却比任何各国为发达;这个原因是容易明白的,因为美国的国家不断地发生种种社会问题,要解决社会问题于是使一般思想家不能不去研究社会现象,由研究社会现象的结果,遂产生许多的社会学思想和解决社会问题的种种方案"。① 但是为何在李安宅看来,那时社会学与人类学相形见绌? 笔者揣测,这或许是因为美国在二战后国力超强,对外经济扩张和争夺世界市场更有能力,与异文化国家和地区打交道更多,需更多与土著文化相处之能力,故而人类学研究更具有现实意义,或曰人类学家更有学术话语权? 李安宅未明言,笔者不敢自信,或可请教高明。

二是李安宅注意到,美国人类学经历了一个"全在实地研究"到"对于理论的浓厚兴趣"的过程,对其原因与表现都做了深入分析。一方面,反映了大量的实地研究累积的结果及不同学科、文化区和行

---

① 叶法无:《近代各国社会学思想史》,河南人民出版社 2017 年版,第 107 页。

业的接触都会增进问题的出现和理论的产生；另一方面则反映了大量的理论思考和实地研究，最终会促进实地工作，这就进一步增加了人类学在美国学科体系和社会应用中的必要性和重要性。李安宅甚至将人类学作为"研究人与人的关系的科学发展的中心"，认为借此可以推动个人、国家内部及国际间的和谐。李安宅本人在中国的人类学实践似乎也秉承了理论研究、实地研究与应用研究齐头并进的道路。他翻译或编著了多种人类学理论著作，也发表了以拉卜楞寺调查为中心的藏族宗教系列论文，同时也在参与边疆教育和边疆服务的过程中对应用人类学做了系统的思考。他认为在那时中国的应用人类学就是"边疆社会工作学"，为此他专门写了《边疆社会工作》一书以阐述其关于以人类学理论和方法处置边疆工作的思路和主张。①

为使读者能完整阅读李安宅对那时美国人类学的观察，笔者特将其手稿全文整理出来。需要说明的是，为尊重原文，全篇文字包括人名之翻译一仍其旧。那时对部分机构和人名的译法于今有所差异，特此说明。

三、李安宅手稿

1947 年夏间出国前，曾答应卫惠林兄，到美后写一篇报道美国最近人类学的文字。到此已一学期，因为开一门"藏民文

---

① 参见李安宅：《边疆社会工作》，中华书局 1944 年版。

化"是在国内若干年未曾有的机会,要利用图书的便利,参考西人的著述;而且人类学范围又大,若干年闻名未见面的成绩,总要忙于搜检;所以一直未能下笔,要见的人还没有见完,要看的书还没有看完,真是何从入手?

适接何子星先生来信见催,谓《民族学年报》即将付刊,乃竟两日的力量,遍阅大英百科全书1938以来历年的年鉴,暨同一阶段的美国百科全书的年鉴,加以个人的观感,草此以应,挂一漏万,自知不免,然返观国内刊物的困难,有一点报道,也许聊胜于无吧?

说也凑巧,个人是于1938年离开北平文化区深入边疆的,个人关心补充的,自是1938以后的事,而大英百科全书年鉴适于那年才起始,到今年整十年,故以名篇。在个人,则是1934—36两年初次在美国,这次旧地重游,也有不少比较。本篇内容,先说理论的趋势,次说人物的动态及主要的书刊。因为国内同工,多在社会学系教书,也附带一点社会学的材料。

在入正文以前,应先说一说上诉两项参考书。大英百科全书年鉴起始于1938,那年报道人类学的是马林檽斯基(B.Malinowski),1939至1940是玛格丽峊德(M.Mead),1941是瓦诺(W.Lloyd Warner),1942至1943是恰普(E.D.Chapple),1944至1946是赫慈口畏慈(M.J.Herskovits),1947是柯林斯(H.B.Collins)。关于社会学的报道,是1942才起始,这若干年都由贝克尔(H.Becker)负责。美国百科全书年鉴,于1923已起始,关于人类学的报道,一直是魏斯勒(C.Wissler);关于社会学,1942以前未见专章,由1943起都是爱尔乌德(C.Ellwood),社会学的报道，一个在 1942 才起始，一个在 1943 才起始，这也代表一种现实；社会学在美国虽较他国特为发达，然在学术界的地位，与人类学相较，仍有逊色。一般的批评是：社会学到今天，还在辩论是否成为科学。在两种年鉴中，人类学与社会学的报告对比，也是前者视为固然的成分多，在国内，我们需要的是物质科学与社会科学的配合建立，用不着采取人家的门户偏见。然此不同，也算报道材料罢了。

（一）理论的趋势

上次在美国的时候，感觉到美国人类学的特点，全在实地研究。所有的理论，均隐含在实地报告的材料中，理论的前提，似乎不值得讨论，所以英国的马林糯斯基开口便谈理论者，在美国学者看来似乎是少见多怪。住在美国的拉得克利夫卜朗（A.R. Radeliffe-Brown）也因此觉得闷气。第一流的学者，的确是有理论而不必谈。二三流以下的学者，也的确对于理论毫无认识。所以闹起门户之争来，两面均振振有词。

说也奇怪，不久马林糯斯基来到美国讲学，大受欢迎；卜朗也去牛津任教，得其所哉。个人这次旧地重游，第一个印象，即美国人类学者都大谈起理论来了，更使我受宠若惊的，我在 1937 年发表的一小篇东西（"Zuni: Some Observations and Queries", *American Anthropologist*, Vol.39, No.1）也成了论点之一，与许多未曾见面的朋友，作了联合与对立的局面（John W. Bennett "The Integration of Puello Cultures: A Question of Values", *Southwestern Journal of Anthropology*, Vol.2, 1946）。这种新兴的对于理论的浓厚兴趣，不但少壮派如此，即老一辈的也是一样。The

Viking Fund 上半年在纽约举行的演讲会，两次都讨论理论。一次是雷顿（Paul Radin）讲"美国人类学的趋势"，一次是克罗伯（A.L.Croeber）讲"文化成因"，都将全领域加以方法论的分析。

这种新变化，应该是自然演变的结果。第一是物极必反，美国人类学是包亚士（F.Boas）于 40 年来一手促成的。包亚士专专鼓舞人收集材料，不管历史，不管用途，不管工作员背后的假定，只要有具体的材料，文化自然有自己的路子，用不着甚么演化的分析，综合的比较，然而近水楼台的"印第安"人，总有调查完的时候，完了又怎样？便不能不逼出问题来。同时，调查人的背景不同，假定不同，结果自然也不同。对于同一民族文化的许多互相矛盾的报告，也不能不逼出问题来，问题便是理论。

第二是战时的影响。战时的影响，可以分几方面来说。一方面，战时对于人才的需要增加，对于造就人才的与被造就的都减少，这种打破象牙之塔的变动，给新理论以活动的机会，使旧权威减少其统治力量。

二方面，被战争活动而征用的人才，增加了与行外人接触的机会，与各种不同文化接触的机会。这两种接触，都逼着人类学者（社会学与其他学者也是一样）不能不采取易地而观的态度。这种态度，正是对于旧假定重新估价，对于新需要另打主意的办法，理论的活动，便不期然而然了。战争结束，重返原地或另就新职了，表演旧套呢？还是重打鼓另开张呢？怎样复员呢？对于世界和平与其危机呢？在在无不需要重新估价，重新建立。

三方面，战时工作是要兑现的。在此以前，一切实用的趣益，都不配列在学术之林。到战时，旧有的实用趣益抬头了，新兴的实用要求也不能不过问了。这又是打破旧理论的间架,建立新理论新技术的局面。

所以根据理论的分析,美国人类学的趋势,除理论以外,也有两种具体的表现。

第一是与其他专科联了亲(inter-disciplinary approach),文化与心理分析的桥梁,早由赛皮尔(E.Sapir)在耶鲁的"文化与人格"、"文化心理"等科目建立起来,到了这一阶段便有林坦(R.Linton)等许多著作了。其他方面,社会学与哲学,社会学与心理学,医学与社会科学,社会工作与以上各种,以及其他,不管是单独成派,还是都表现在人类学范围以内,其促成各行联亲,减少过去的各自为政,则是显著的事实。

第二是与世界各文化区结了不解缘。对于原始世界文化区整个的叙述,本为美国人类学必修课程之一。然而美国人类学者实地工作范围,除南北美印第安人外,接触得尚很少。第二次世界战争,将美国人类学者安排到世界各角落,尚感人才不够。美国对于世界的问题,恐怕是第一次打破了孤立主义。不管不孤立了以后是走向永久和平的建立,还是重蹈前辈帝国主义的覆辙,反正对于世界各文化区已经结了不解缘,而且再不限于原始文化。这种要求,本来是任何地方的学术界都应该有的,然在美国的确是这次才有,最少是这次才有相关专科与政府的注意。

表现第一第二两种趋势的,最具体莫过于所谓"区域研究"(area studies)。为了应付战时的需要,许多学术中心,都联合了相当专科,对于某一区域或几个区域,作配合研究与教学。美国对于外国语文的学习,国内在战时已经听见过那种空前未有的规模与速度了。战后虽也低落了一些声势，然公私团体仍在努力提倡，因为那是区域研究必要的工具。1947年十一月廿八到三十三天，社会科学研究协会（Social Science Research Council）、世界区域研究委员会（Committee on World Area Research）召集第一次全国世界区域研究会议（National Conference of The Study of World Areas）于哥伦比亚大学。到了各校各研究机关代表与政府工作人员一百余名，主要日程即在讨论如何实现各科的合作，执行世界区域的分工研究，与是项人才的训练。其分组会议，有拉丁美洲、欧洲、苏联、近东、远东、东南亚与印度六小组。会议的发言，帝国主义的气味也有，但大体上还是为了世界和平的了解和建立。

第三种表现，是美国人类学部分地承认了"实用人类学"（applied anthropology）。这在英法，是早已宣传了很久的，因为英法是殖民史的先进。美国人类学十几年以前，颇以实用为耻。这一段，实用人类学取得了相当地位，倒不是因为帝国主义，其发展的途径，由于两种主力。

第一种力量来自一个人，即前任印第安事务局局长柯莱尔（John Collier）。美国的印第安人，对于美国的关系，由着隶属于外交部、陆军部，而到内政的范围。这且不管，很早以前即有两种机关，一为司密斯研究院（Smithsonian Institution），一为印第安事务局（Bureau of Indian Affairs）。打个比方，后者类似我国的蒙藏委员会，前者类似国立边疆文化教育馆。原来的用意，在使学术研究与行政实施，互相配合。然后结果，司密斯研究院，走上了纯学术的研究，印第安事务局走上了官场行政的途径。

各自为政，只有印第安人吃亏。柯莱尔远在作官以前，即奔走呼号，为印第安人福利谋出路。罗斯福总统上台，第一个中央任命的官即以柯氏为印第安事务局的局长。柯氏鉴于学术与行政两不相涉的毛病，起始引用比较年轻的人类学者到事务局，担任实地工作。经这若干年的提倡，实用人类学渐渐被人注意；于1941 年发动的"印第安教育研究"与"印第安行政研究"初一阶段为政府与支加哥大学合作，以后又与"实用人类学会"合作，颇出了几本重要报告。如海娄外尔（M. Hallowell）主编的《美印第安人人格研究》，亨利（W. E. Henry）著的《文化与人格研究技术》（*The Thematic Appreciation Technique in Icu Study of Culture Personality Relations*），约瑟（A. Joseph）等《沙漠人》，麦格雷哥（G. Macgregor）的《无武器的战士》，柯夫人（L. Thompson）的《侯皮危机》、《侯皮民风》、《现世中的部落》等，可概其余。两年来，柯氏辞了政府的职务（他算在罗斯福总统去世后辞职较晚一个），便又创办了"人本事业研究所"（Institute of Ethnic Affairs），"以动的研究来解答国内外民族文化等接触问题"。他的"动的研究"在英语为 Action Research，与英国所谓 Operational Research，异词同义，我们在国内提倡"研究服务训练"合而为一，以及实用人类学（边疆社会工作）与实用社会学（一般社会工作），都是不约而同的。英人 H. A. C. Dolls 著《动的研究在英美》（Operational Research and Action Research），1947 年由人文事业研究所出版，是一个简单明了的小册子。

表现"实用人类学"的第二种力量，即 1941 年成立的"实用人类学学会"（The Society for Applied Anthropology）及《实用人类学》季刊。该季刊"以解决商业、政治、心理、社会工作以及任何方面所有人与人的关系的实际问题为宗旨"。它的前提是："研究人与人的关系的科学，必得将理论施诸应用，才有发展。"该刊在发刊词中继续说："预测而不能征验，乃是玄想。我们要将分析的结果用来解决实际问题，我们便作了一次征验，相当于将假定放在实验室。《实用人类学》季刊的主要任务，即在提倡对于人与人的关系作实验的研究。"

他们认为，20 年来由于人类学、人文地理、商业与政府的行政、心理治疗、社会学、社会工作等学者各方面的努力，已经给一种新科学找到边际，来研究人与人的关系。他们所以管这种科学仍叫人类学的理由，是因为：第一，人类学者历来从事实地工作，与被研究的人与事有直接接触；第二，人类学者历来都是单身独马出去，不能单作一套工作，他要百技备于一身，从各方面来研究整个的人；第三，大部分人类学者都曾有机会，在不同的文化布景当中，体会识见的正确性；由着不同文化得到的远近布景，再回过头来看自己的文化，便有一种客观性。

因为是研究整个的人，所以各方面的人类关系都在考虑范围以内，人类关系，一方面是适应物质环境，另一方面是适应人群，个人适应方法有所不同，即产生所谓人格上的歧异。人群适应方法有所不同，即产生所谓制度，如家庭、经济、政治、宗教、社团之类。制度的歧异，人格的歧异，都被人类学者叫作文化。

因为人类学在这种意义之下研究整个的人，所以人类学可作研究人与人的关系的科学发展的中心。原始人类在物质适应上所感到的问题，如食物、住室、健康、交通、运输之类，今天已大体获得解决了。惟独人与人的失调现象，我们到今天尚少认识，而且已有的一点认识也已少见运用，以求问题的解决。我们必得使人与人的关系的科学能与物质科学并驾齐驱，才能希望铲除个人失调的病根，促成国家以内各种人群的协和，实现更有效更民主的政治组织，以推及国际的美满关系。只有这样的科学，才能解决我们现代文明的基本问题——即如何增加人与人的圆满适应，而同时增加物质技术的问题。所以《实用人类学》季刊，"不但是科学家的园地，更是直接执行计划的人们，行政家、心理治疗家、社会工作家，以及一切在人事关系上有责任的人们，大家的园地"。

（二）人物的动态及主要的书刊

关于人物的动态，支加哥大学的赖得斐尔德（R.Redfield）辞了社会科学院长的职务，就了人类学系主任的职务。闻于1948—49到中国一年，实现他于1943要去而未成行的计划。斯皮尔（L.Spier）由耶鲁转入新墨西哥大学。哈路外尔（A.I.Hallowell）由贲西尔文尼亚转入西北大学，又由西北大学转回原校。林顿（R.Linton）由魏斯康逊转入哥伦比亚，又由哥伦比亚转入耶鲁。司徒德（J.Stewart）由社会人类学研究所转入哥伦比亚。克罗伯于加里弗尼亚退休。开勒（A.G.Keller）于耶鲁退休。去世的在1940年有英国的爱里司（H.Ellis），美国的赛皮尔（E.Sapir），有英国的哈顿（A.G.Haddon），赛里哥满（C.G.Siligman），美国的勾顿外兹尔（A.Goldenweiser），在1941有英国的弗雷兹尔（J.G.Frazer），美国的范参（E.C.Paroon）；在1942—43有美国的伯亚士，赫里乞迦（A.Hrdlioka）与马林糯斯基，英国的马莱特(R.R.Marett),在 1947 有美国的魏斯勒。

关于书刊,在 1939 有拉得克利夫卜朗的《禁忌》,昂卜莱(J. F.Embree)的《日本须惠村》,林得(R.S.Lynd)的《为甚么的知识》,伯亚士的《种族语言与文化》;在 1940 有赫慈口畏慈的《原始民族经济生活》,林顿编的《七印第安部落的文化接触》,瓦诺等《有色人种与人性》;1941 有瓦诺与伦特(P.S.Lunt)的《一个现代社区的社会生活》,大卫司(A.Davis)与迦诺(B.B.and M.R. Gardoer)的《大南方》(Deep South),启星(F.Keesing)的《现代世界的南洋》,赖得斐尔德的《油卡檀的乡民文化》(Folk Culture of Yucatan),斯皮尔(L.Spier)等赛皮尔纪念册《语言文化与人格》,穆爱勒(F.Mueller)译的冯维色《社会学》,汉门司(G.C.Hemens)的《十三世纪英国农村》,1942 有恰普与寇恩(C.S.Coon)合著的《人类学原理》,莱特(Q.Wright)的《战争的研究》,大德(S.C. Dodd)的《社会的尺度》(Dimension of Society),麦启文(R.M.Ma-clver)的《社会因果》,宓德的《而且要准备你的火药》(And Keep Your Powder Dry),占迪(E.C.Jandy)的《酷利一生与学说》(C.H. Cooley);1943 有欧兹古(C.Osgood)主编的《外京基金专刊》(Viking Fund Monograph),卜龙斐尔德(L.Bloomfield)的《学习外国语言的实用手册》,卜落荷(B.Bloch)、特莱柯(G.L.Trager)合著的《语言学分析大纲》,司密斯研究院的《战时手册》(War Background Series)与《海陆求生》(Survival on Land and Sea)等,麦启文的《建立永久和平》(Towards an Ahidief Peace),在 1944 有《美国语言学国际学报》的复刊(由伯亚士于 1917 创刊),由佛格兰(C.F.Voegelin)主编;有《人类学西南学报》创刊由斯皮尔主编;

《美国社会学评论》有"苏联社会趋势"专号，《美国社会学学报》有"将来和平问题"专号；美国人类学会年会有一段议决案"希望战后和平会议，能尊重所谓原始民族对于生活习惯与财产处理的自主权，希望将来国际关系中伦理原则重于国家主权的理论，以期避免自利的企图而维持正义的和平"。

在专著方面，有兑卜洼（C.Dubois）的《阿落人》（梅兰内西亚的 Alor），马林橹斯基的遗著《科学的文化论及其他》，非洲人阿立祖（A.A.N.Orizu）的《不必仇恨》（Without Bitterness），马福（L.Mumford）的《人的条件》（1919 以来最重要的普通社会学），卜欧满（P.L.Boardman）的《吉迪斯：将来世界的创造者》（英国的 Patrick Geddes），孟汉（K.Mannheim）的《诊断我们的时代》，瓦什（J.Wach）的《宗教社会学》，古畏赤（G.Gurvitch）主编的《二十世纪社会学》，费尔切（H.P.Fairchild）主编的《社会学辞典》。在 1945 美国人类学者组织了"国际合作委员会"重新搜集战后各国同行事业的消息，以赫慈口畏慈为主席。本年出版方面有克罗伯的《文化生长型》，林顿主编的《世界危机中的人类学》（*Science of Man*），迦迪诺（A.Kardiner）主编的《社会心理学的边缘》（*Psychological Frontiers*）

马林橹斯基遗著《文化变迁的动力》（P.M.Koherry 编），瑞顿（P.Radin）的《生死之路》。在 1946 有拉斯克（G.W.Lasker）编的《体质人类学年鉴》（1945），外京基金专刊改由林顿主编；司徒德主编的《南美印第安人手册》，司王顿（J.R.Swanton）终生精力的《美国西南区的印第安人》。此外，值得一述的，即于是年美国人类学会修订会章，分普通会员（members）与资格高的研究会员(fellows),外京基金创颁奖章与奖金,本年决定授予考古界启得(A.V.Kidder),文化人类学界克罗伯,体质人类学界魏顿来喜(F.Weidenreich),按实际颁发,于1947年秋季始举行,魏氏即在北平研究"北京人"者。

1948 年 1 月 14 日于耶鲁

第五章　学术四变：李安宅的学术
转型及时代动因

　　李安宅在人类学、社会学、民族学等多个学科和领域有着卓越建树，著述甚丰，大多在 20 世纪三四十年代的中华书局、商务印书馆出版，很多具有开创性意义和广泛社会影响。他一生立志"建设科学理论"和致力寻求"活的人生"：早期专注于理论探讨和学科建设，而后则着眼于中国边疆地区尤其是藏族地区的实地研究，对中国边疆建设及边政改良多有论述，以其理论知识服务于"活的人生"。①

　　李安宅的学术兼涉多种学科和领域，其学术路数及趣味在不同时期又有着不同的侧重，其学术转型与时代变化有着密切联系。探究其学术转型及其时代动因，对于我们求索他所处时期学术与政治的关系，有着借鉴意义。

　　为了分析的方便，我们不妨将李安宅的主要论著列表如下：

---

　　① 　参见汪洪亮：《建设科学理论与寻求"活的人生"——李安宅的人生轨迹与学术历程》，《民族学刊》2010 年第 3 期。

序号	论著名称	责任	出版社及出版时间
1	《〈仪礼〉与〈礼记〉之社会学的研究》	著	商务印书馆 1931 年
2	《交感巫术的心理学》	译著	商务印书馆 1931 年
3	《美学》	编著	世界书局 1934 年
4	《意义学》	编著	商务印书馆 1934 年
5	《巫术与语言》	编译	商务印书馆 1936 年
6	《巫术、科学、宗教与神话》	译著	商务印书馆 1936 年
7	《两性社会学》	译著	商务印书馆 1937 年
8	《社会学论集》	著	燕京大学出版部 1938 年
9	《边疆社会工作》	著	中华书局 1944 年
10	《知识社会学》	译著	中华书局 1944 年
11	《藏族宗教史之实地研究》	著	中国藏学出版社 1989 年

其他尚有大量文论,广泛涉及藏族宗教和边疆民族各类问题,多发表在 20 世纪三四十年代。

单从以上论著来看,李安宅的学术转型轨迹已依稀可见。李安宅的学术,很少是那种书斋型学者所作的面壁之学,而是面向波澜壮阔的时代洪流,与社会变迁和思想学术变动有着直接关联。笔者认为,李安宅的学术转型,大致可以归纳为四个方面:从其关注时代来看,是由古及今;从其学术视野来看,是自西徂东;从其研究区域来看,是从北到南;从其学术旨趣来看,是由虚入实。下面先就此四个方面略作分析。

一、由古及今

李安宅从小读的是四书五经,接受的是儒学教育。虽然新文化运动席卷全国,但在李安宅所生活的小山村,其影响则近乎了无痕迹。21 岁那一年,李安宅才追随其三叔来到天津,在一所基督教青年会夜校学习英语,由此认识了美国传教士侯感恩。这时他开始接触到西学,同时也开始以西学体察传统和现实中国。1923 年,经侯感恩引荐,他才到济南青年会夜校教英文,在齐鲁大学选修社会学、社会心理学和比较宗教学等课程,他一生的学术领域自此已基本确定为社会学。李安宅在其他学科领域所取得的成绩,也多有社会学的理论奠基。

1926—1929 年,他在燕京大学担任助教,兼读社会服务职业证书暨理学士学位。相对于那时一些少年得志的学者,李安宅算是晚成。他发表著作时,已近 30 岁;而胡适、吴文藻等人同龄时,或是名满天下,或在本学科领域内成为领军人物。李安宅最早的著作,是一本社会学专著,系根据其本科论文修订而成的《〈仪礼〉和〈礼记〉之社会学的研究》。虽然其理论工具是作为西学组成部分的社会学理论,但其考察对象却是中国的古代经典。他在"绪言"中交代:"本文下手的方法,完全是客观地将《仪礼》和《礼记》这两部书用社会学的眼光来检讨一下,看看有多少社会学的成分。换句话说,就是将这两部书看成已有的社会产物,分析它所用以影响其他的社会现象(人的行动)者,是哪几个方面。"①他主张:"我们生在现代,绝对不该用现代的眼光,以为古人在古时所说的没有道理,因为当时的用处与社会价值,并没有什么不好,竟或是很好。"也就是说应该对古时之制度与文物,抱有理解之同情,而不能以今律古。

---

① 本段参见李安宅:《〈仪礼〉和〈礼记〉之社会学的研究》,商务印书馆 1931 年版,"绪言"。

李培林指出，李安宅运用社会学知识，对《仪礼》和《礼记》所记载时人的物质生活、饮食起居、礼仪规章、宗教祭祀、生育丧葬、家庭婚姻、法律伦理以及亲属关系、阶级阶层、社会控制等史料，进行科学分类和解读，为了解中国古代社会开拓了新的视角。从该书引用书目来看，那时李安宅已经阅读了布朗（M.Brown）的《我的异说》、马林诺斯基（B.Malinowski）的《两性社会学》、奥格本（F.Ogburn）的《社会变迁》、伯恩（S.Burn）的《民俗学手册》、克鲁伯（L.Krober）的《社会学导论的个案大纲》等西方社会学和人类学的著作，这些早年的阅读使其具有了"社会学眼光"。①

陈波认为中国人类学植根于中国文明传统，但也是中西两种学问结合的产物，由此他将该著定位为儒学人类学，即以人类学眼光来研究儒学，从中探讨人类学和中国儒学的关系。该著是中国人类学以西欧、苏俄和美洲的人类学理论和哲学理论互相参照与互补，修正与融合以解释中国文明，是人类学中国本土化的最早实践。它是中国文明传统脉络在近世的一环，是李安宅用中西文化/文明之理论互相解释与改造、中西文化/文明之理论与时代处境互动的结果。②

有学者认为，这是一本在宗教人类学或者在古史研究上重要的先驱之作，充分表露了他在吴文藻等向马林诺夫斯基、拉德克里夫—布朗学习社区功能主义研究视角之前对于"内证的""社会学"研究方法的探索，他对于建立中国式社会理论的野心以及他对于国粹主

---

① 参见李培林：《李安宅与礼仪研究》，李培林、渠敬东、杨雅彬主编：《中国社会学经典导读》（下），社会科学文献出版社 2009 年版，第 874—876 页。
② 参见陈波：《儒学人类学——读李安宅〈《仪礼》和《礼记》之社会学的研究〉》，《中国人类学评论》第 11 辑，世界图书出版公司 2009 年版，第 208—238 页。

义的批判态度。①

这本书为李安宅赢得了社会学家的名号,尽管该书其实有着文本的比较研究色彩,与此后他一贯主张的实地研究尚有距离。不过此书出版以后,他不再有专门研究中国古代文化典籍的论著了,此后一段时间,他的主要精力花费在翻译和引进相关西学理论著作,同时也在关注着变动社会中的国势与民情(如其出版的《社会学论集》即是其关注社会的文章结集)。李安宅的传统文化素养很深,在其以后的各类论著中,大多有从历史角度入手的习惯。他在《美学》《意义学》中,虽然以西学入题,但其联系的"实际"全在中国的传统文化和现实社会。尽管其传统文化素养较深,在有关论著中仍常征引古代典籍中的言论和案例(即如其代表作《边疆社会工作》中,仍常追溯历代边政历史以得史鉴,以此展开今日之当如何作为等相关问题的论述),但其关注的学问,大多已属于"当下"了。

二、自西徂东

社会学、人类学、民族学是发源于欧美社会的社会科学,这些学科在清末民初进入中国之后,面临着如何解释和因应中国社会现实,并服务于中国社会现实的问题。那代人不少都有留学经历,受过正规学术训练;同时,他们需要关注的问题基本也是当下的中国,这使

---

① 吴银玲:《读李安宅〈《仪礼》和《礼记》之社会学的研究〉》,《西北民族研究》2009年第4期。

他们有动力运用所学的西方学科理论和方法来做研究。

李安宅享有盛名的学科是在人类学、社会学,这种学科的素养与其在美国学习有关。1934 年,李安宅受到罗氏基金资助,赴美国加利福尼亚大学伯克莱学院人类学系学习,师从美国历史学派创始人博阿斯的两位大弟子克娄伯和罗维。1935 年 6 月,他到新墨西哥州的一个名叫祖尼的印第安人部落进行人类学调查,后写成《印第安人祖尼的母系制度》。这是为李安宅带来人类学家声誉的一个重要作品。他对美洲印第安祖尼人的研究至今仍被当作重要实例,说明美国白人人类学家对印第安文化认识的偏差[1],被认为是“以一个中国人的观点对祖尼文化提出了完全不同的指发”[2]。1936 年,他去耶鲁大学做研究工作,师从人类学家兼语言学家萨皮尔。1936 年末,他自美返国,继续在燕京大学执教,先后在社会学系及研究院任讲师、副教授,研究院导师。

李安宅虽然学习了很多西方的东西,但并非食洋不化,而是致力于这些学科的中国化。这主要体现他在 20 世纪 30 年代的学术努力。他在以教育部视导员身份去甘肃考察前,一直在从事西方人类学知识的学习、译介和编著。他所编著或翻译的《美学》《意义学》《巫术科学宗教与神话》《两性社会学》《巫术与语言》等,也是他积极接受并扬弃西方学术思想的结果。

吕嘉慈在《意义学》的“弁言”中指出,西方的逻辑或思想的理论许多都是来自西洋的文法或字眼的理论,而且西洋的科学许多又是

① R.M.Keesing,"Cultural Anthropology:A Contemporary Perspective",《文化 社会 个人》,甘华鸣等译,辽宁人民出版社 1988 年版,第 603—604 页。
② R.M 基辛:《当代文化人类学》,台北中译本,第 743—744 页,转引自王晓义:《李安宅教授的社会学思想》,《社会学与社会调查》1989 年第 5 期。

来自西洋的逻辑。中国人将来对于西洋思想其他方面的进展,不管采取或利用到什么程度,与中国思想进展交相接合,或成为中国思想的一部,西洋科学都为中国所必需。他还认为,科学是一种思想的途径,而非"什么把戏",能将事物与讨论事物所用的工具即字眼加以思考,所以中国人需要科学。① 李安宅在 1938 年出版的《社会学论集》中表述了自己"建立科学理论的野心",或许发源于吕嘉慈的期许。

有学者分析,李安宅的《美学》没有走入 20 世纪 30 年代鼓吹的"政治化"的歧途,坚守住艺术的本位,侧重于就艺术的审美特征和情感反映进行探讨;他接受过西方柏格森、密勒、瑞德、克罗齐、吕嘉慈的影响,更多是用其观点来认识中国的实际,来分析传统的美学现象,而具有实用性和现实性。其美学思想不是西方美学的照搬移植,而是中国化了、大众化了的。李安宅对美学的贡献还在于,不是单纯地讲文艺美学,而是把美学研究扩大到社会生活领域,作为社会美学的重要组成部分,并从心理学、语言学的角度来考察。② 虽然这本书及《意义学》都受到吕嘉慈的重要影响,如其所言:"这本东西(《意义学》)直接间接,都是吕嘉慈教授的惠与。所谓'尝试',一面是将一部现成材料加以组织,即所谓编译的工夫;一面将一部心得针对我国思想界呈现给读者,即所谓述作的工夫。尤其是这里所讨论的问题,在国内还少有人注意;一切用语都得新起炉灶,所得反应当然不可预知:不知传达工夫是否作到家,是否能将西洋一点科学基础的萌芽,

① 参见徐葆耕:《瑞恰慈:科学与诗》,清华大学出版社 2003 年版,第 69—71 页。
② 参见杨淑贤:《一部直通读者呼吸感受的著作——评李安宅的美学》,《西南民族学院学报》1997 年第 5 期。孙刚的硕士学位论文《李安宅的美学思想研究》(东北师范大学,2008 年)对此做了初步探讨。

播植到中国的领域。"①但在王希杰看来，《意义学》并非简单的"编译"和"心得"之作，而是一部创新之作，较好地把握了吕嘉慈的学说，而且同中国传统文化结合在一起。他对西方语义学的选择也是极富眼光，主要介绍吕嘉慈的语义学、萨皮尔的语言学和皮亚杰的理论，其所"拿来"的东西，恰是今天的热点。他努力把外来的理论和中国实际结合起来，由于他熟悉中国传统文化，故这一结合也比较成功。②

李安宅的很多作品都具有这样的特征，不是简单地介绍外来的学问，而是注重不同文化的比较，结合中国社会的实际进行分析。《巫术与语言》是由三篇独立的论文合成的小册子，《巫术的分析》和《语言的魔力》是其旧年的论文，而《语言的综合观》则是美国语言学家 Edward Sepir 的"Language"一文之翻译。时人认为，李安宅关于巫术的分析，颇有民族学价值；他解答了巫术"语言障"的起源问题，在击破语言的灵物崇拜这一点有很多建树。③《巫术科学宗教与神话》《两性社会学》都是英国民族学家、功能学派马林诺夫斯基的作品。李安宅的翻译为功能学派在中国的传播并成为主流学派作出了贡献。

不过，这些作品都出版于 1938 年以前。此后他的学术重心放在中国的社会，特别是中国的边疆社会，基本未再从事西方理论的翻译和译介工作，也几乎未再有研究国外民族文化的著作。他以自己的

---

① 李安宅：《意义学》，商务印书馆 1934 年版，"自序"，第 1 页。

② 参见王希杰：《重读李安宅〈意义学〉谈学风问题》，《平顶山师专学报》2002 年第 4 期。

③ 徐沫：《评〈巫术与语言〉》，《语文》1937 年第 2 期，第 42 页。

学术实践,印证了那一时代中国学者人类学中国化的努力。

三、从北到南

1938 年和 1941 年是李安宅学术生涯中具有转折意义的两个时间节点。李安宅从国外回来后,先是在北京,1938 年到了西北,1941 年到了西南,整体呈现了南下的趋势,而且自其南下后便基本没有北上过。这里面既有时代的影响,也与李安宅个人的志趣有关。1938 年算是李安宅从事中国边疆研究的开始,此前出版的若干论著,多为人类学、社会学理论的著译,基本与中国边疆研究无涉。此后他的论著却再也没有离开过"边疆"这个主题,在其再度出国前,他的研究足迹几乎未再离开边疆地区。而他也成为那时负有盛名的边疆问题专家,成为各种边疆学术社团的主要成员和边疆刊物的特约作者。

由于日本势力在华北的渗透,时常发表抗日言论的李安宅要么软化立场,要么避开日军刀锋;于式玉也被要求担任北京女子文理学院的院长。该学院已受日军控制,拒绝即意味着危险;上任无异汉奸。在顾颉刚和陶孟和的建议和推荐下,李安宅偕妻于 1938 年暑期离开北平,辗转到达甘肃。他在梅贻宝主持的兰州科学教育馆任教育科学组组长,深入甘南藏区,对藏传佛教的拉卜楞寺,作了长达三年之久的实地考察①,创下了中国人类学家在一地进行调查时间最

---

① 参见张庆有:《记中国藏学先辈——李安宅于式玉教授在拉卜楞的岁月》,《西藏研究》1989 年第 1 期。

长的纪录①。其间，他们学习藏语文，兴办藏民小学。基于这次历时三年的实地调查，在先期发表的一些中文论文基础上，他在美国、英国任教和从事研究工作期间，用英文写成《藏族宗教史之实地研究》，其目的是"借以抵制外国的造谣"②。但因时局变迁，该书并没在美国出版。后经王辅仁整理，该书中文本由中国藏学出版社 1989年出版。这本调查报告，对研究藏传佛教，有着重要的价值。③ 有论著指出，虽为半个世纪以前的旧作，但它是我国对藏传佛教进行实地考察的一个开端，标志着那个时代的学术水平。④

李绍明指出，李安宅"不能算是完全的功能学派。他的路数比较宽阔，不像林耀华先生或者是费（孝通）先生那样，就是完全用功能学派的理念来做学问"。这一转变就是在拉卜楞寺调研过程中完成的，"他的思路是一种兼收并蓄的理念，很多可用的他都用到这个里面来"。以其代表作《藏族宗教史之实地研究》为例，如从功能学派的观点来看，只需研究当时现存的情况即可，但李安宅先写藏族宗教的发展史，再写宗教各个派系的发展史，"这样做已经有很多（美国）历史文化学派的东西在了"，"因为他在美国念书的时候，也不只是功能学派影响他"，把李安宅"完全作为功能学派，是不太恰当的"。⑤ 此言甚有所见。李安宅不受门第之限，亦不受学科之限，善于从多种学科、向各种学术流派和学术领域吸取学术滋养。尤其是

① 参见王建民：《中国民族学史》（上卷），云南教育出版社 1997 年版，第 225 页。
② 李安宅：《藏族宗教史之实地研究》，中国藏学出版社 1989 年版，"出版前言"。
③ 参见李绍明：《评李安宅遗著〈藏族宗教史之实地研究〉》，《中国藏学》1990 年第1 期。
④ 参见瑾桴·磬声：《甘肃藏传佛教研究述评》，《西北民族研究》1997 年第 1 期。
⑤ 李绍明口述，伍婷婷记录：《变革社会中的人生与学术》，世界图书出版公司 2009年版，第 61—63 页。

历史学科素养,在李安宅很多论著中清晰可见。关于这点,笔者将另文论述。这也表明了多学科的交互性和各种知识的相通性,在那时已经被学人所提倡和实践。他在自西徂东的学术实践及其取得的丰硕成果,可以说明这点。

1934年,罗忠恕担任文学院院长,提出两大方针:一是充实文学院,国家需要人才,不能单重实科,而学生选择院系,亦应以个人求学之兴趣而定,一学校之健全,应当各学院皆健全然后乃得健全;二是要多聘本国籍教授,当今国际文化学术合作盛行,基督教大学对沟通中西文化应有特殊任务。西籍教授固可介绍并领导学生研究西方文化,但今日学校不仅当尽量吸收西方文化之优点,尤应发扬中国文化之特殊精神。1937年,罗忠恕到英国考察研究欧洲各国大学教育。1940年,罗忠恕回国。"时因抗战关系,华北华东基督教大学,如金陵大学、金陵女子文理学院、齐鲁大学、燕京大学相继移来本校暂住,各校文学院均较健全。罗院长返国伊始,当即与张校长商定,必需锐意充实文学院,延聘国内著名学者,担任各系教授,并改组学系等事。""社会系成立之初,即聘请李安宅、冯汉骥、蒋旨昂、梁仲华诸先生来校与旧有教授姜蕴刚等,构成中国当时一极健强之社会学系。""华西边疆研究所,成立于1942年,由李安宅先生主持,1944年秋,曾组织考查团赴西康南北路考察,作有报告书。"①

李安宅在1934年初接华西聘书和1941年应聘华西,应都是由罗忠恕接洽。在拉卜楞时,罗忠恕请他为华西大学如何加强少数民族研究工作做规划,并希冀他来执行。李安宅1941年到成都,被任为社会

---

① 《华西协合大学文学院概况》,《华西协合大学校刊》,1949年4月22日出版。

学系主任。他的老"东家"燕京大学在成都复校，校长梅贻宝约他协助办理社会学系。李安宅身兼华西大学和燕京大学两校的社会学教授（燕大后由林耀华接掌社会学系），筹建并主持华西边疆研究所，自此与西南边疆地区结下了不解之缘，成为抗战时期最负盛名的边疆研究学者之一。华西大学边疆研究条件得天独厚，具有历史传统，"华西边疆研究所之成立，系因本校地近边陲，又有边疆学会与博物馆，对于边疆文物之研究与庋藏，远在20年前即已开始，故为赓续担负此历史地理双重使命，且为配合抗建需要"①。华西边疆研究所是华西大学直辖的科研机构，由校长张凌高兼所长。系所之间联系密切，"社会学系为提高区域研究水准，七年来与华西边疆研究所密切合作……所系之间，对于训练人才，及实地服务之指导，皆有深远配合"。② 系所均由李安宅主持，故系所之间的教学科研力量能够有效整合在一起，承担更多研究工作。

李安宅在华西大学工作期间，广泛参与社会事务，将研究和实践有机结合起来，对中国边疆政策及当时边政改良提出了不少真知灼见，撰写了不少有关康藏社会、宗教及文化等情况的论著，就如何加强和改进边疆文化经济及社会工作写了不少篇幅短小、言近旨远的论文。后来他将这些文章整合成《边疆社会工作》一书，由中华书局1944年出版。他除了在华西大学的教学和研究外，还参与了多种社会活动，如为中华基督教会全国总会边疆服务部做"最高顾问"，指

---

① 《华西边疆研究所简讯》，刊于《华大校刊》复刊第1卷第6期第7页，1944年6月15日。

② 《华西协合大学文学院概况》，《华西协合大学校刊》，1949年4月22日出版。

导员工业务培训、率学者前往康藏地区调查。① 李安宅还曾担任教育部视导员,专程到川、甘、康、青等省考察边疆教育及边区政令推行情况②;曾为四川省三青团作边疆问题讲座等。在其带动和组织下,华西大学社会学系及边疆研究所的众多学者,如冯汉骥、蒋旨昂、任乃强、谢国安、刘立千、于式玉、玉文华等,都投入了对康藏地区的实地田野考察,推动了西南人类学研究。③ 新中国成立后,李安宅先是参军进藏,然后转业回到内地,先后在西南民族学院和四川师范学院任教,把自己的余生也留在了西南。

四、由虚入实

任何学科都有理论性和应用性之分。人类学更是如此,早在现代意义的人类学学科体系形成过程中,出于殖民统治和处理殖民者、土著之间矛盾的需要,人类学的应用实践已有相当的发展。如英国人类学家布朗所言,"许久以来,人类学即呼号应用此种科学于实际殖民地治理之需要。关于英国,人类学之实际应用已采用有相当步骤,政府对各殖民地皆派有人类学专家佐理殖民地行政,并训练殖民地服务人员"④。

---

① 参见汪洪亮:《应用人类学视野中的民国边疆服务运动——以李安宅的相关论述为中心》,《思想战线》2010 年第 5 期。

② 参见胡鸿保:《中国人类学史》,中国人民大学出版社 2006 年版,第 107 页。

③ 参见李绍明:《中国人类学的华西学派》,《广西民族研究》2007 年第 3 期。

④ [英]拉德克利夫·布朗:《人类学研究现状》,李右义节译,《社会学界》第 9 卷,1936 年,第 75—77 页。

人类学进入中国,即与中国现实社会需要结合在一起。留学生在国外学习时也较为注意现实问题研究,回国后也致力于学科理论在中国社会生活中的应用,比如研究中国社区,普及民族知识,开展全国风俗调查,兴起边政及边疆文化研究等。在抗战时期的边疆民族地区(尤其是西南边疆),中国人类学研究范围大为拓展。李安宅明确提出,"边疆地区的特点乃是实地研究的乐园,尤其是应用人类学(边疆社会工作)的正式对象"①。他认为要做好边疆工作,"不但根据实地经验,亦且依照'应用人类学'的通则。应用人类学即是边疆社会工作学"②。

李安宅的学术,前期重心在建设"科学理论",尤其在国外人类学著作的译介上着力甚多,成果丰富。就是到了拉卜楞寺做实地调查研究,其侧重点仍在建立其"学术成就"。到了华西大学后,李安宅所从事的边疆调查,偏重实用的层面,其撰写的相关论著,多有为边疆建设和边政改良支招献策的成分,我们可从《边疆社会工作》一书"自序"中窥其心曲。他说,早在拉卜楞藏民区时,"看见许多事业需要作,许多问题需要研究,许多人事需要调整,便感觉到一种'边疆工作手册'是需要编写的",后来到华西大学,"希望扩大边疆工作的宣传,以便多有同志从事这种工作,更觉得非写这样一本手册不可。而且这种需要,已非个人的感觉,而变成少数同工的一致要求了"。③ 也就是说,这本书写出来,是"同志""同工"从事工作的需要。

---

① 李安宅:《边疆社会工作》,中华书局1944年版,第8页。
② 李安宅:《边疆社会工作》,中华书局1994年版,第37页。
③ 李安宅:《边疆社会工作》,中华书局1944年版,"自序",第1页。

此书出版后，即受到学界高度评价。据时人体认，这本书是李安宅"十余年人类学素养和三年藏民区实地研究的结晶，它是量少而质高的一种作品"，对"边疆社会工作或应用人类学"有着许多"特殊贡献之点"。① 有时人评论该书，其"最大特色，在于不是为边疆而论边疆，乃是从整个国家去看边疆，将边疆工作与整个国家的要求联系起来"②。

李安宅由虚入实的学术转向，还体现在前期虽然也从事实地研究，但相对较少，主要精力还是在理论研究和译介方面；但后来基本是在从事实地调查研究，在理论研究上未再发表新作。这种学术转向，既是变动时代对学者因应形势的需求，也是个人学术发展的需要：如果一味追求理论研究，不求功用，在国家局势危急，边疆情势不乐观，边政不良的现象亟须改变的情况下，无疑显得格格不入；如果仅仅满足于书载文传，问题意识不能从中国实际中来，思想主张不能引用到现实建设中去，也很难建立真正的学术地位。事实上，那时在人类学等学科领域卓然成家的大多是学科应用的倡导和实践者，绝少见有摇椅上的读书人。

1950 年 12 月，应贺龙之邀，李安宅夫妇随军进藏，参加了第二野战军第十八军政策研究室的组建③，实际上担任了藏学顾问和文教工作。他同研究室人员一道，对西藏的政治、经济、宗教、文化、风俗人情、历史沿革等做了详细研究，并对进军西藏提出了不少建议，

---

① 窦季良：《读过〈边疆社会工作〉以后》，《边政公论》1945 年第 2—3 期，第 61 页。
② 王先强：《边疆工作与国家政策——读李安宅著〈边疆社会工作〉纪要并代介绍》，《文化先锋》1946 年第 5 期，第 17 页。
③ 关于这方面的情况，可参见刘冠群：《贺龙与几位藏学专家》，《民族团结》1997 年第 1 期；《〈康藏情况报告〉与几位藏学专家》，《文史杂志》1997 年第 5 期。

拟订了《关于西藏问题的基本政策》20 多条。这是党中央和西南局确定《进军西藏十大政策》的重要依据，对以后和平谈判、签订"十七条协议"有重要参考价值。① 在进藏途中，他们筹办了昌都乃至西藏第一所现代意义上的学校昌都小学。② 此后，他们还筹办了拉萨小学。在藏期间，他历任昌都解放委员会文化组组长、拉萨解放军藏文藏语训练班教育长等职。

---

① 参见王先梅：《两位知名学者——老骥伏枥，献身雪域高原》，1999 年 11 月 16 日。该文后以《五十书行出边关，何惧征鞍路三千——忆李安宅、于式玉教授》为题发表在《中国藏学》2001 年第 4 期。发表时略有删节。

② 这方面的情况可参见卢颖：《百年大计教育为本——记昌都教育 50 年》，《中国西藏》2000 年第 5 期。

第六章　和而不同：李安宅与顾颉刚的
　　　　　学术交游和思想异同

　　顾颉刚是民国时期众多学科领域的开创者和奠基人，在古史研究、历史地理、中国民俗学、经学和古籍整理等领域都是典范性的标杆人物。他的人生经历提供了如何将文化人的社会责任感和学者的严谨治学精神高度统一的样本。[①] 李安宅在人类学、社会学、美学、意义学等多个学科和领域有着卓越建树，其人生与学术是那一时代学人的精神生活史和身体史的重要范本。[②] 学界对顾颉刚的人生与学术研究较多，对其与同时代人的关系也多关注鲁迅、胡适与傅斯年等人；对李安宅的研究可谓草莱初辟，或因二人所在学科有别，学界尚无对二人进行综合研究者。[③]

---

　　① 　参见曾江《学者热议顾颉刚研究新趋势》中王学典的观点，《中国社会科学报》2011 年 1 月 6 日第 7 版。

　　② 　参见汪洪亮：《建设科学理论与寻求"活的人生"——李安宅的人生轨迹与学术历程》，《民族学刊》2010 年第 1 期；《李安宅的学术转型及时代动因》，《宜宾学院学报》2011 年第 12 期。

　　③ 　关于顾颉刚，比较重要的研究著作有王学典、孙延杰、李梅：《顾颉刚和他的弟子们》，中华书局 2000 年版；刘俐娜：《顾颉刚学术思想评传》，北京图书馆出版社 1999 年版；施耐德：《顾颉刚与中国新史学：民族主义与取代中国传统方案的探索》，台湾华世出版社 1984 年版；等等。关于李安宅的研究，可以参见本书的导言。

民国时期的李安宅与顾颉刚,虽然从事的专业研究方向有别,但都是在政学两界具有重要影响的边疆问题学者。① 他们在工作和学术方面有着诸多人生交集,在思想和学术观念上也有诸多契合与相异之处。两人交谊因国学研究而结缘,因边疆研究而深化。两人均长期在燕京大学任职,均因抗日言行不宜久居北京,且先后到西北考察。在西南工作期间,两人都参与了中华基督教会全国总会边疆服务部、中国边疆学会、中国边政学会的工作。二人在思想和学术上和而不同,都钟情学术但关心现实,精研高深学问也注重社科普及,学有专攻但兴趣广泛,重视文献也注重实地研究。在边疆研究方面,顾颉刚重点关注边疆史地和民族整合问题,而李安宅侧重边疆社会发展问题。下文,笔者根据《顾颉刚日记》②等相关史料,对此问题略作梳理。

一、交集与交谊

李安宅与顾颉刚虽然专业不一,但相识甚早,相处较洽。二人的人生交集贯穿 20 世纪三四十年代,主要是在北平和西南两地。

---

① 参见汪洪亮:《顾颉刚与民国时期的边政研究》,《齐鲁学刊》2013 年第 1 期;赵夏:《顾颉刚先生对边疆问题的实践和研究》,《北京社会科学》2002 年第 6 期;陈波:《坝上的人类学:李安宅的区域与边疆文化思想》,《西南民族大学学报》2008 年第 2 期;汪洪亮:《李安宅边疆思想要略》,《西藏大学学报》2006 年第 4 期。

② 本书所用《顾颉刚日记》为中华书局 2011 年版,为节省篇幅,仅注日期,不注页码。下文有关顾颉刚行踪及事迹,大多来自日记,不再一一注明。

（一）北平期间

1926 年是顾颉刚学术生涯极其重要的一年。在担任北大研究所国学门助教多年的顾颉刚，这年上半年出版了《吴歌甲集》和《古史辨》第一册，受到各界瞩目；尤其是后者，使其成为史学界的核心人物，年纪轻轻即暴得大名。同年秋，顾颉刚到厦门大学担任国学院研究教授，次年 4 月到广州中山大学担任历史系主任、教授，并代理语言历史研究所主任。1926 年夏，李安宅从燕京大学"社会服务研究班"毕业，留校担任助教，同时继续在社会学系就读。就学术生涯而言，李安宅此时才推窗见月，初窥门径。

1929 年，二人开始成为同事。是年 5 月，顾颉刚应聘燕京大学，9 月任燕京大学国学研究所导师、研究员及学术会议委员（与容庚、黄子通、许地山、郭绍虞、张星烺等同职，陈垣为所长和学术会议主席），兼历史系教授，也在北大兼课。李安宅是年极为艰难。因结发妻子张瑞芝这年初病逝，他无法照顾幼女，先送到协和医院服务部，后送好友于道泉作义女，而于道泉将其在日本留学的妹妹于式玉介绍给李安宅相识并订婚。他在燕大社会学系毕业，取得理学学士及相当于硕士的社会服务职业证书，任燕大国学研究所编译员。

顾颉刚在燕大如鱼得水，事业发展顺利，与吴文藻、郭绍虞等众多学者来往甚密。不过在其 1929 年日记中，未见与李安宅来往的记载，但同为国学所同事，虽无私交，应已认识。顾颉刚宾客盈门，鸿儒云集，那时二人社交层面的交流不多，或因李安宅四处奔波，无暇请益。

1930 年 4 月，李安宅、于式玉登报宣布结婚。两人婚后在海甸安家，经济压力较大，此后两年，李安宅多处兼职，任北京平民大学社会科学教授，后兼通州潞河中学社会学科教员，又担任北京农学院社会学讲师。于式玉回国后先在燕京图书馆担任日文部主任，同时兼北平国立女子文理学院讲师，教授日文与日本史。

1930 年顾颉刚日记中始有与李安宅往来的记录，如 10 月 4 日、12 月 15 日，均记"李安宅来"，次年 6 月 26 日，"与子通到海淀看房屋，由李安宅君为导"。[1] 这两年李安宅埋头著译，其译著《交感巫术的心理学》、专著《〈仪礼〉与〈礼记〉之社会学研究》1931 年在商务印书馆出版，此后顾颉刚与李安宅夫妇交往渐密，或因后者发奋学问，初露锋芒。

1932 年二人来往从单向度的"李安宅来"，转变为"互访"，如 9 月 4 日，"李安宅夫妇来"。9 月 6 日，"与履安、自珍步至李安宅家"[2]。10 月 13 日，"王泊生夫妇介李安宅夫妇见访，略谈剧事"。其送阅《古史辨》第 3 册的名单中，也有李安宅。1933 年 1 月 1 日，"李安宅夫妇来贺年"。1 月 27 日，"与履安到郭廷佐处、田洪都处、李安宅处"。2 月 23 日，"与绍虞同到李安宅家。到绍虞处，晤振铎

---

① 子通，即黄子通（1887—1979），浙江嘉兴人。清末秀才，毕业于上海交通大学，后赴英国伦敦大学和加拿大多伦多大学留学，获哲学硕士学位；回国后先后在长沙明德大学、燕京大学、湖南大学、湖南兰田国立师范学院、武汉大学、北京大学任教授，从事中国哲学史、西洋哲学史研究。1930—1931 学年，国学研究所遴选研究助理，李安宅即协助吕嘉慈开展汉语逻辑语法研究，尤以孟子"心性论"为对象，并协助黄子通开展有关墨子研究。参见王蕾：《图书馆出版与教育：哈佛燕京学社在华中国研究史 1928—1951》，广西师范大学出版社 2018 年版，第 115 页。
② 履安，即殷履安，为顾颉刚第二任妻子。首任妻子为吴徵兰，与顾颉刚育有二女，即顾自明、顾自珍，后病逝。另，本节涉及学界人物众多，为节省篇幅，不再逐一出注，请读者自行了解。

及安宅夫妇"。这是顾颉刚日记中首次将李安宅姓氏省去,直呼其名,更显亲切。当晚在洪业家吃饭,李安宅夫妇、郭绍虞等同席。3月2日,顾颉刚到校上课,"安宅来"。3日,"写德坤、安宅信"。4月14日,"李安宅来"。6月9日,与郑侃嬫"饭后同到安宅处"。7月1日,"李安宅夫妇来"。9月16日、10月7日、10月11日均有与李安宅夫妇同席吃饭的记载。11月20日、12月4日,均记"安宅来"。1934年5月3日,"安宅来。为安宅写修中诚信"。5日,游览龙骨山,贺昌群、侯仁之、顾廷龙、李安宅等近20人同游。

顾颉刚乐于组织学术社团和编辑学术刊物。李安宅夫妇也参与了其中一些活动。1933年9月,顾颉刚与洪业、容庚、马鉴、田洪都、聂崇歧、韩叔信、李书春、李安宅、于式玉、蔡一谔、容媛、张克刚等出资同办燕大引得校印所。10月,顾颉刚将三户书社改名通俗读物编刊社。12月10日,顾颉刚组织开会讨论技术观摩社及引得校印所事,上述人员与会,"仁斋①、式玉"也在其中。会后,顾颉刚"留仁斋夫妇饭"。于式玉是该所干将之一,她编著的《日本期刊三十八种中东方学论文篇目引得》一书同年由哈佛燕京学社出版。此书系其在燕大图书馆工作之余翻阅日本学术期刊,收集日本人研究东方学的论文而成。12月22日,顾颉刚"改安宅所作两文(通俗读物)",24日"安宅夫妇来"。可见在其通俗读物工作中,李安宅同样是积极参与者。30日,顾颉刚与胡适等人聚会,郭绍虞、容庚、马鉴、于式玉等做东。1934年1月8日,"安宅来"。1月11日,"《技术观摩社征求社员启》,安宅草好已一月,予竟未能改作。今日以八爱将与陆君夫

---

① 仁斋即李安宅,乃其字。

妇同赴京,强迫重作,对客挥毫,居然写成"。可见李安宅参与了该社筹划及相关文件起草工作。12日,顾颉刚即作《上中央党部及内政部书》(请求将通俗读物编刊社、技术观摩社立案)。24日、25日,容庚和马鉴分别作东,同席皆为顾颉刚、洪业、田洪都、李安宅夫妇等。据顾颉刚日记,技术观摩社1934年1月在北京成立,参加者张铨、李安宅、容庚、马鉴、洪业、于式玉、聂崇岐。2月,派容庚到南京成立分会。3月11日,技术观摩社在顾颉刚家开会,容庚、张荫麟、容媛、于式玉、李安宅、田洪都、张铨、聂崇岐、李书春、马鉴等与会讨论设立分社事。4月29日晚顾颉刚与洪业、李安宅夫妇等人开会,估计也与技术观摩社有关。6月9日、7月24日,技术观摩社成员分别到容庚、马鉴家中开会,参会人员基本同上,李安宅夫妇皆在其中。可见在技术观摩社成立过程中,李安宅与容庚、马鉴一样,都是重要参与者。

此后顾颉刚日记中有较长时间没有与李安宅来往的记录,这正是李安宅在美国留学的时段,即1934年暑期到1936年暑期。不过此期间顾颉刚与于式玉等人时有来往。如1935年1月19日,顾颉刚到校印所,到吴文藻处,与之"同到李安宅夫人处"。1月25日,顾颉刚与洪思齐、于式玉、洪业等同席吃饭。6月21日,顾颉刚与顾廷龙"同访李安宅太太,不遇"。9月7日,容庚请客,同席有洪业、于式玉、张克刚、郭绍虞等人。10月27日,与顾廷龙夫妇到"李安宅夫人处",并同游大钟寺,"四时,回至李宅,稍息归"。1936年3月6日,晚到田洪都处开引得校印所董事会,同席有蔡一谔、洪业、容庚、容媛、于式玉、聂崇岐、李书春、郭绍虞、田洪都夫妇。

1936年9月18日,顾颉刚等人在燕大举行边疆研究会筹备委员会,又开引得校印所年会,在田洪都家吃饭,容庚、张克刚、洪业、于式玉、郭绍虞等同席。10 月 2 日晚,哈佛燕京社代表博晨光、容庚宴客,钱穆、陈垣、郭绍虞、李安宅、张荫麟、陆志韦、洪业等同席。此时李安宅已留美学成归来。此后二人来往较前更加频繁。3 日中午,史地周刊社聚会,洪业、李安宅夫妇、容庚、张荫麟等人同席。11 月 5 日,顾颉刚与洪业、徐淑希、李安宅、陈其田等同席。10 日晚,与段绳武、梅贻宝、梁士纯、萧汉三、黎琴南、王日蔚、吴世昌、连日升、李安宅等同席。30 日,顾颉刚参加教职员会议,到李安宅家吃饭,豁哀忒夫妇、侯仁之等同席。12 月 5 日晚,顾颉刚与徐炳昶宴请王日蔚、黎琴南、赵伯康、李安宅等及通俗读物社职员八人。22 日,"安宅来"。27 日,"与安宅及履安同到中南海公园游览,送安宅到光陆"。

1937 年上半年,二人交往最为集中而密切。1937 年 1 月申报《星期论坛》发刊启事云:"本报兹自今年一月十日起每星期日特请顾颉刚、徐炳昶、冯友兰、陶希圣、叶公超、白寿彝、吴其玉、张荫麟、连士升、吴世昌、吴俊升、李安宅诸先生轮流担任撰述《星期论坛》,在时评地位刊载"。顾颉刚 1 月 10 日撰文《中华民族的团结》;李安宅曾在该报发表《民族创作性的培育》一文。2 月 22 日,正月十二,顾颉刚到燕大,即"写贻宝、安宅信,写圣陶信"。梅贻宝和李安宅并列,而叶单列。笔者揣测或许致梅、李二人之信,主题有相关性。24日下午,顾颉刚与李安宅一同进城,到福生食堂吃饭,讨论西北移垦事,段绳武、徐炳昶等同席。3 月 12 日,顾颉刚与梅贻宝夫妇、李安宅夫妇、侯仁之、蒙思明等共 90 人同游明陵。14 日中午,许毅宴客,顾颉刚与李安宅夫妇、容庚、梁士纯等同席。

1937 年 4 月,应绥远当局邀请,顾颉刚在燕大组织绥远蒙旗考察团，由历史、社会、新闻三个系学生参加，李安宅带队，清华大学亦有多人加入。4月4日启程，16日返校。4月18日，李安宅夫妇与雷洁琼在承华园宴客，顾颉刚、黄云伯、陆志韦、陈其田、赵承信等同席。次日，顾颉刚到燕大，"安宅来"。4月25日下午，顾颉刚出席西北移垦促进会成立会，李安宅、刘治洲、李锡九、郑大章、段绳武、张亮尘、张维华、韩儒林等30余人与会，选举顾颉刚等9人为理事。5月3日，顾颉刚到校，遇段绳武、米迪刚及李安宅。20日，到校印所，"安宅来"，晚同席有朱蕴山、陈伯达、李锡九、李安宅①等。6月14日，顾颉刚与叶公超等到赵叔雍家吃饭，叶公超、张荫麟、容庚、李安宅、陶希圣等同席，"与安宅、其玉、希白同返燕京"。6月16日，顾颉刚与叶公超在成府寓中宴客，冯友兰、张荫麟、容庚、李安宅、连士升等同席。6月22日，顾颉刚、梅贻宝在新陆春宴客，并唱大鼓，同席有韩儒林、段绳武、吴其玉、李安宅、陶希圣、徐诵明等。6月，西北移垦促进会、河北移民协会和燕京大学联合组织暑期西北考察团，顾颉刚与段绳武分任正副团长，28日召开分组会议，全团107人，分成五组，7月1日出发。但顾颉刚6月30日因病发烧卧床，未得同行。

顾颉刚有时与李安宅夫妇一起会见外国学者。如1937年4月20日，顾颉刚在成府寓所宴客，同席有于式玉、陶希圣、田洪都、洪业、顾廷龙及多位日本学者：桥川时雄、本多龙成、小竹武夫、平冈武

---

① 按：顾颉刚日记台北联经版中此处原为"李安之"，应为李安宅，中华书局2011年版《顾颉刚日记》亦然。其日记仅1936—1937年中出现"李安之"。这段时间恰是二人相处最多的时间，所记有关"安之"交往人员，全与李安宅相合，应为整理人员识读有误。同样的问题也出现在其日记中有关中华基督教会边疆服务部的不少人名，拙文《顾颉刚与中华基督教会在西南边疆的社会服务运动——以顾颉刚日记为中心的考察》对此已有考证，参见《西南民族大学学报》2013年第11期。

夫。这几位日本学者均研究中国学术与传统文化,而于式玉曾在日本留学,或早有认识或担任翻译。5 月 26 日,"西山来,与之同到大阮府胡同,迎拉丁摩到成府,吃饭"。同席有乐育才(拉丁摩之笔名)、吴其玉、梅贻宝、雷洁琼、陈其田、顾廷龙、李安宅、侯仁之、张西山。拉丁摩即拉铁摩尔,也是顾颉刚等人主持的中国边疆问题研究会的贵客。西山,即张维华,乃其字。张维华 1928 年毕业于齐鲁大学,1931 年入燕大研究院,加入禹贡学会,后追随顾颉刚多年并在 1939 年促成顾颉刚到成都主持齐鲁大学国学研究所工作。

面对九一八事变和华北事变后日趋严重的国内局势,顾颉刚等大批著名教授十分关注,而且集体向国民党和国民政府隔空喊话。1936 年 10 月,燕大中国教职员会发起对时局的宣言,由张荫麟起草,经顾颉刚、钱穆等修改后,于 12 日送往《大公报》,13 日刊载后,引起社会各界强烈反响。因国民党中央畏忌其后之背景与组织,两次给蒋梦麟电报,恐引学潮,要求切实制止,因此有签名者恐惧而欲退出。20 日,燕大教员签名宣言者开会,顾颉刚、梅贻宝、陈其田、雷洁琼、顾廷龙、郭绍虞、李安宅夫妇、耿家昇等近 30 人参加。27 日下午同茶点,顾颉刚与李安宅、洪业、雷洁琼等为主,宋哲元、邓哲熙、刘治洲为客。宋哲元时任冀察政务委员会委员长,此番与学者见面,应是听取教授们的意见。顾颉刚等被南京方面以为"左倾",应是解释立场。

七七事变后,北平局势更加紧张。7 月 14 日,顾颉刚到研究院,参加徐炳昶召集的时事商谈会,同拟致中央电稿,徐炳昶、叶公超、吴文藻、李安宅、王日蔚等同会。18 日,顾颉刚得知"日人开欲捕者之名单,颉刚列首数名,似有不能不走之势"。21 日,顾颉刚准备离开

北平，到张家口，次日到绥远，到省政府拜见傅作义主席，归途遇于式
玉。23 日，与王日蔚、赵振铎到省政府访王淡久，到教育厅访阎致远
厅长，到蒙古自治指导长官公署访石华严参赞及曾依、于式玉。25
日中午，顾颉刚在古丰轩宴客，同席有于式玉、洪范驰、段绳武、赵振
铎等。27 日，顾颉刚准备南下，于式玉与段绳武夫妇等人送行。李
安宅在七七事变前，到山东济宁参加华北五大学举行的乡建活动①，
后因韩复榘下令禁训练民兵，不得不放弃工作回燕大。于式玉参加
了西北考察团，到归绥后，因绥远省蒙旗长官指导公署邀请筹备蒙古
族妇女教育计划，遂留下，七七事变后，一个人在兵荒马乱的情况中，
由山西河南绕道到山东，找到李安宅，返回北平。

（二）西南期间

顾颉刚和李安宅都在西北待过一段时间。但顾颉刚 1937 年 9
月到兰州，次年 9 月即已离开。1938 年 9 月底，李安宅夫妇才抵达甘
肃，故二人在西北并无交集。不过李安宅到西北，却由顾颉刚等人
促成。

七七事变前，顾颉刚已有西行的计划，乃管理中英庚款委员会总
干事杭立武邀其考察西北教育，而段绳武为促进西北移垦推顾颉刚
为理事召集考察。但其踏上行程，却因"卢沟桥战事突起，敌人以通

① "华北五大学"应指清华大学、南开大学、燕京大学、协和医学院、金陵大学。1936
年五大学与中华平民教育促进会联合组织了"华北农村建设协进会"，又在山东济宁建立
试验区，并成立"乡政学院"。参见史继忠：《文化西迁到贵州》，贵州人民出版社 2017 年
版，第 153—154 页。另可见杨开道：《我所知道的乡村建设运动》，《文史资料存稿选编》，
中国文史出版社 2002 年版，第 1086 页。

俗读物之素憾,欲置予以死地,遂别老父屡妻而长行","初意作短期游历耳",未想达一年之久。① 1938 年 7 月 24 日决定应聘云大。9 月 9 日离开兰州,10 日从西安飞抵成都,9 月 24 日到重庆,先后到中英庚款董事会和教育部复命后,于 10 月 22 日飞抵昆明,云南大学校长熊庆来亲自接应。

1937 年暑期结束后,李安宅夫妇返回燕大。日本在北平负责文化侵略工作的人员要求于式玉接办北平女子文理学院,燕大校务长司徒雷登多次请李安宅出任法学院院长,均被婉拒。北平不宜久居,两人准备离开。燕大校方接受了陶孟和与顾颉刚的建议,派李安宅去西北,领旧燕京大学薪津到兰州与甘肃科学教育馆合作,负责社会科学组。但同去的于式玉只算请假不带工资。二人创下了中国人类学家在一地进行调查时间最长的纪录。②

多年后,二人在成都重逢时,都已不在燕大工作。顾颉刚 1939 年秋到了齐鲁大学,此后几年间有段时间在重庆担任中央大学教授或主办《文史杂志》。而李安宅 1941 年到华西大学担任社会学系主任和边疆研究所负责人。这份工作一直持续到 1950 年参军入藏,中间有两年时间在美、英作研究访问。

顾颉刚和李安宅都与中华基督教会全国总会边疆服务运动有着密切关联。边疆服务部首任主任为张伯怀,系齐鲁大学文学院院长。顾颉刚到成都翌日,即 1939 年 9 月 23 日,便与张伯怀相识。自 11 月 1 日起,顾颉刚日记中已频繁出现"边疆服务部"一词,而边部及边疆服务委员会成立时间乃 12 月。顾颉刚是边疆服务委员会下属

---

① 顾颉刚:《西北考察日记》,甘肃人民出版社 2002 年版,第 168 页。
② 王建民:《中国民族学史》(上卷),云南教育出版社 1997 年版,第 225 页。

的研究调查设计委员会委员，可见其参与了边疆服务的一些筹备工作。此后他与张伯怀及边部相关人员往还甚密，与华西坝几所教会大学校长常有晤面，与各界人士及不少边疆学者偶有过从。这些学者大多参与了边部组织的边疆调查研究工作。如1939年12月2日，顾颉刚与姜蕴刚、柯象峰、徐益棠等会面，三人及稍后来到华西大学的李安宅，均为当时著名民族学家和边疆学者，后来均担任了边部组织的大学生暑期边疆服务团训练导师。1940年6月，顾颉刚撰写了《边疆服务团团歌》，由李抱忱作曲，在川康边区广泛传唱。① 不过，顾颉刚在成都停留时间不长，对边疆服务介入并不太深。

李安宅与张伯怀认识，系经由顾颉刚牵线。1940年3月，孔祥熙以燕大董事长名义在重庆召开校友会，欢迎校务长司徒雷登。李安宅应邀参加，此间与重庆政学两界人士均有交往。5月23日，李安宅以边疆教育视察员名义，获得教育部边疆教育司资助路费1500元，经川西北草地回拉卜楞，6月6日中午，时在成都，受到顾颉刚、张伯怀宴请，傅述尧、张煦、张维华等同席。7日中午，顾颉刚"到忠恕家访安宅，谈一小时许"，当晚到罗家赴宴，李安宅、蒙思明、杜丛林、闻宥、张伯怀等人同席。罗忠恕和李安宅为燕大同学，1934年曾有到华西大学工作之约，但因李安宅将赴美留学而未成。此时或再提前议。6月8日，"安宅来，与同到枕江楼吃饭"，戴乐仁、徐雍舜、张伯怀等同席。或在此时，李安宅与边疆服务部的合作已开始。7月24日，李安宅应罗忠恕之约到成都商议边疆研究所之事，并答应担任华大社会学系主任兼边疆研究所主任。

---

① 参见汪洪亮：《顾颉刚与中华基督教会在西南边疆的社会服务运动——以顾颉刚日记为中心的考察》，《西南民族大学学报》2013年第11期。

　　李安宅受邀列名边部辅导委员会和董事会委员，被聘为边部各种训练团主要导师，多次为边部工作人员宣讲边疆工作的理论和实际问题，还为边部撰写了多篇研究文章，发在边部主办的《边疆服务》杂志上。① 边疆服务运动与华西人类学界关系非常密切。成都各大学研究边疆问题之学者，咸以边部工作区为理想的边疆问题研究场所。华西坝教会五大学（华西、齐鲁、金陵、金陵女子、燕京）社会学系，先后与边部商定合作计划，对边疆问题作系统的调查与研究，其中与李安宅主持的华西大学边疆研究所合作研究范围最为广泛。②

　　顾颉刚向来注意扶掖新人，其创办《禹贡半月刊》即有该目的。1940 年 9 月 15 日，顾颉刚"为李安宅《拉卜楞寺概况》作一小引"。9 月 24 日，"写安宅信"，应是将"小引"发给已返回西北的李安宅。12 月 31 日，顾颉刚在日记中罗列"边疆工作可用人才"，其中有李安宅夫妇。1941 年 3 月 31 日，顾颉刚罗列中国通史所需各类专门人才，断代史及专史皆有专人，其中西北史：慕少堂、王树民、孙媛贞、史念海、李安宅。西南史有夏光南、方国瑜、方树梅、闻宥、江应樑、方师铎、吴玉年。这个名单中有不少是年轻人，可见顾颉刚对其时中国学术地图的熟稔。

　　顾颉刚 1941 年下半年主要是在重庆工作，担任国民党中央党部所办《文史杂志》副社长外，还参加教育部边疆教育委员会、史地教育委员会，参与中国边疆学会合并、策划编译馆国学要籍丛刊，并在

---

　　①　参见汪洪亮：《应用人类学视野中的民国边疆服务运动——以李安宅的相关论述为中心》，《思想战线》2010 年第 5 期。
　　②　参见《近讯一束》，《边疆服务》第 1 期，1943 年，第 25 页。

中央大学任教兼课。而李安宅履新华西大学后，为谋华西边疆研究所发展，屡到重庆奔走。10月28日，李安宅应吴文藻约到重庆会见罗氏基金代表巴弗尔（Baifour）。11月8日、10日，李安宅因华西边疆研究所立案事在重庆拜见陈立夫、吴俊升及郭莲峰。据顾颉刚日记，11月6日、7日、8日、11日、12日、13日，皆有与李安宅等人同席吃饭，或拜访友人的记录，其中11日安排尤为紧凑，一同拜访教育部朱家骅部长、《益世报》杨慕时社长、东北救济会于野声等人。

1942年1月23日，顾颉刚由重庆飞成都，处理齐鲁大学国学研究所事务，与李安宅过从极密。24日，"李安宅来"；26日，到庄学本、杜丛林、李安宅等处；28日晚，到杜丛林家赴宴，罗忠恕、金毓黻、蒙文通、李安宅、姜蕴刚、蒙思明、何文俊等同席。2月2日下午，顾颉刚组织召开中国边疆学会理监事会，柯象峰、李安宅、张伯怀、陈文仙、王树民、姜蕴刚、洪谨载、冯汉骥、任映苍等同会。3日，"安宅偕王拱璧来"。5日，顾颉刚陪马普慈、丁正熙等人到华西坝参观，中午与马富春、任映苍、林名均、郑德坤、李安宅等在"老北风"吃饭，"饭后与安宅、德坤谈至三时"。8日晚，洪谨载请客，同席有郑德坤夫妇、李安宅、张克刚、李延青、金素兰及顾颉刚全家。12日，"安宅来"。15日，"看于式玉文两篇，加修改"。17日，"到安宅处"。19日，"到安宅处访袁翰青"。3月1日下午，顾颉刚、李安宅、张维华、郑德坤等20余人出席燕大校友会。1942年3月5日，顾颉刚为《党军日报》之《边疆周刊》写发刊词，又写李安宅、朱家骅等信。10日，"安宅来"。3月11日到重庆，12日"写李安宅信"。顾颉刚继续担任文史杂志社副社长，并从3月起在中央大学做专任教授、出版部主任，《文史哲季刊》主编；4月辞去齐大国学研究所主任职务，由钱穆接任。4月11日、5月4日、6月25日、7月13日，均有写李安宅信之记录。惜其书信集中未收致李安宅信，无从得知其详情，但从语境来看，应系商谈中国边疆学会及通俗读物等事。10月，因陶孟和建议李安宅加入中央研究院，并主办设在兰州的分支机构，李安宅到重庆商谈，后因故未成；此间或因顾颉刚参加参政会及边疆工作研讨会等，仅在26日与李安宅见面。

　　1943年，顾颉刚、李安宅二人分别在重庆和成都工作，少有联系。李安宅是年12月被边疆教育委员会聘为委员，或为顾颉刚所引介。12月11日，顾颉刚"写安宅信"，或为此事。1944年1月10日，李安宅参加国民党边疆教育委员会会议，为期一月。14日，顾颉刚与吴文藻、马鹤天、凌纯声、张伯怀、李安宅、于式玉、吴泽霖等近30人参加边疆教育会议，并同赴陈立夫宴。16日，顾颉刚与李安宅夫妇、徐文珊父子、任乃强等"到冠生园吃点"，与于式玉、任乃强一同参观民众教育馆所办之边疆文物展览，又同到陶园访许公武。17日，顾颉刚在青年路同庆楼宴客，任乃强、徐文珊、李安宅夫妇、马鹤天、黄仲良同席；当晚顾颉刚也与李安宅夫妇同席。18日，顾颉刚在陶园参加中国边疆学会理事会，马鹤天、李安宅、张伯怀、于式玉、黄次书、黄奋生等同会，后"与安宅夫妇到组织部访朱先生"（按：即朱家骅），并晤陈绍贤、朱汉濯、田儒林。19日，到李安宅处，遇徐文珊，与于式玉同出访杨开道。21日，与李安宅夫妇同访林鹏侠，未遇。23日、24日，两访李安宅夫妇，皆不遇。27日，"到泊生夫人处，晤李安宅夫妇及蒋旨昂、窦季良"。29日，与李安宅同访陶希圣，未遇。2月5日，遇李安宅夫妇。顾颉刚日记中密集出现二人同会同席之记载，可见二人交往密切，不仅有共同语言，亦有共同的事业，还能见证顾颉刚仍保持着学界老辈扶掖青年的热诚。

1944年秋，顾颉刚再度受聘齐鲁大学，续任国学研究所所长。11月16日，顾颉刚抵达成都，17日即访胡厚宣、陈寅恪，后到华西坝后坝101号东西文化学社开会。该学社由罗忠恕担任社长，聚集了大批国内外中西学术兼通之人才。19日，顾颉刚遇蒋旨昂、于式玉、梅贻宝夫人，同到李安宅家，看其新生女。20日中午在罗忠恕家吃饭，归后"安宅夫人来"。21日，于式玉宴客，顾颉刚夫妇、李方桂夫妇、包灵敦、蒋旨昂等同席。12月20日，顾颉刚夫妇到于式玉处，并晤李安宅之妹。26日，顾颉刚参加东方学术研究会筹备会，刘明扬、李景禧、于式玉、陈恭禄等出席。28日，"安宅夫人来，与静秋同到安宅夫人处"。30日开中国边疆学会理事会，柯象峰、徐益棠、于式玉、洪谨载、刘龄九（代张伯怀）、冯汉骥等出席。这段时间李安宅在西康考察。于式玉良好的学术素养和语言能力及其在目录学、边疆研究的成就，是其可以与李安宅比肩并詧出现在学界，与顾颉刚等学界大佬共同出现在很多学术场合的主要原因。

1945年1月11日，李安宅从西康回到成都。据顾颉刚日记中，12日，"安宅自西康归，来谈"。21日，"与静秋同到安宅处"，后到牛市口、沙河堡见张静秋亲戚，"与静秋归寓，又同到安宅家吃饭。谈至九时许归。今晚同席：徐雍舜、魏永清、洪谨载、蒋旨昂夫人、予夫妇"。24日，"安宅夫妇来"。因齐鲁大学校内"起风潮"，顾颉刚畏陷漩涡，25日离开成都，仍在重庆主编《文史杂志》，并担任中国出版公司总编辑。8月8日、19日，顾颉刚写李安宅信，或是介绍其在重庆的境况。李安宅当年3月因社会部开会到过重庆，又曾往国民党中央党部拜会陶孟和。但在顾颉刚日记中没有来访记录。

1946 年 3 月，李安宅谢绝教育部蒙藏教育司凌纯声司长安排的边疆文化馆馆长的职务，此前还谢绝教育部朱家骅部长任其为中央边疆学校校长的雅意。7 月，于式玉赴美工作，李安宅送至重庆。此时顾颉刚已在上海工作，担任复旦大学教授。11 月，顾颉刚被选为国民大会社会贤达代表，12 月 13—25 日出席大会，26—27 日出席边疆教育委员会，李安宅也应邀赴边教会。据顾颉刚日记，24 日，"访马鹤天、李安宅，与同出，到凤香吃点"，与李安宅同到国防部，"访泉澄、汝揖"。26 日，听朱家骅、凌纯声作报告，"予亦作短讲"，在部午餐，白云梯、李安宅、马鹤天、卫惠林、韩儒林、徐益棠、巴文俊、孔庆宗、朱家骅、凌纯声等同会同席。28 日，访徐中舒，同到快活林早餐，遇马鹤天、李安宅，同食。同日，又见李安宅，同访凌纯声，见卫惠林，访沙学俊、贺昌群；邓文仪和卿汝揖宴客，喜饶嘉措、荣祥、马鹤天、许公武、凌纯声、卫惠林、柯象峰、徐益棠、李安宅、韩儒林、丁实存、黄奋生、马长寿、张公量、赵泉澄、陈懋恒、杨先凯等同席。

1947 年，顾颉刚辞去复旦大学教职，担任大中国图书局总经理、文通书局编辑所所长、中国边疆学会理事长。6 月 30 日，中国边政学会第一次会员大会在南京召开，顾颉刚、李安宅等九人被选为监事。7 月 10 日，顾颉刚出席教育部的联合国教科文组织远东区文教会议预备会，下午即与李安宅吃饭。14 日，顾颉刚参加教育问题座谈会，下午分组会议，与李安宅等同会。17 日，中国边政学会举行第一次常务理事会，欢送柯象峰、李安宅出国，吴忠信致辞，"略谓柯李二氏在抗战期中对于西南康藏社会文化之研究，颇多贡献，此次出国考察,希广为宣介,以增进英美友邦人士对我边疆之认识"①。同日顾颉刚,"到安宅处",18 日晚赴吴礼卿(吴忠信)宴,柯象峰、李安宅、徐益棠、黄奋生、周昆田、马长寿、凌纯声、韩儒林、卫惠林、张承炽等同席。19 日,到附小见李安宅及崔光电(按:疑为岭光电)、段克兴。此后李安宅到美国耶鲁大学人类学研究院任客座教授一年,后又到英国讲学,成都解放前夕返回华西大学,后又参军入藏。

此后天南地北,二人再无来往。

二、相似与差异

从顾颉刚与李安宅的人生交集可以看出,二人同一年在燕大工作,都在国学研究所;只是顾颉刚担任研究员,李安宅则为编译员。尽管地位悬殊,也是同事关系。顾颉刚研究史学与经学,是典型的国学;李安宅在燕大毕业论文是以社会学观点看《仪礼》与《礼记》,也可归入国学研究范畴。就学问路数而言,李安宅越来越关注国外人类学理论的翻译与引介,而顾颉刚仍是沉浸于古史的重建。但在 20世纪 30 年代中后期以后,二人又都在边疆问题上,有了更多的共同话语。由此,顾颉刚和李安宅的交谊可谓因国学结缘,由边疆研究而深化。

顾颉刚在 1942 年 2 月 7 日有一反省:"日来屡与树民谈,彼谓予能爱人而不能用人,凡不熟习者觉其为好人,愈熟习则愈发现其劣

①　参见《中国边政学会开会员大会》,《边政公论》1947 年第 6 卷第 3 期,第 359 页。

点,浸以疏远。予自思,盖入予门甚易,而为予任事綦难,以愈接近之人责以成功亦愈迫切,世上有志者不多,故动多拂逆也。如谭其骧、张维华、杨向奎、王树民、杨中一皆是。尚有潘家洵、吴世昌、李一非等皆起初极密切而后来疏远,此虽不尽为予之过,而予之不能用人亦可见。树民谓予信任人便放任,不信任便干涉,甚中予病。予不思做事,故以前可以不管这一套。现在则势必做事,且一天天和社会关系密切,予实不能不讲用人之道。"顾颉刚与鲁迅、傅斯年及钱穆等人都有各类矛盾,但顾颉刚与李安宅却一直保持较为和谐的状态。顾颉刚所学,为史学、经学及国学,李安宅有其个性,治学范围也差异较大。即使都谈边疆,二人的主体观点也没有正面冲突,且各自的具体关注点有所差异。在工作生活中,李安宅与燕大若即若离,且为年轻人,未在顾颉刚手下直接做事,而顾颉刚堪为老辈。在成都期间,二人又不在同一个学校,顾颉刚有一段时间在重庆。两人无论在学术还是在工作中,都保持了适当的距离。

顾颉刚和李安宅就学术思想和学术旨趣而言,至少有四个相似之处。谨述如下:

一是钟情学术,但关注现实。

顾颉刚多次公开表述,其志向唯在学术,痴迷于高文典册,不愿意在人事纷扰中耽误做学问的时间。即使是在抗战时期颠沛各地,社会事务繁忙过程中,还经常期待能够把自己关在研究室中。李安宅在 20 世纪 30 年代初,初尝学术甜头,专意埋头著译,很想在学界打出一片天地,即其所谓"建设科学的野心"。不过,二人身逢乱世,面对社会动荡,无法不闻窗外事。顾颉刚在研读中国历史的过程中提出了中国民族是否走向衰老的疑问,在河南河北等地乡村的游历中,他感受了亡国灭种的危机,他不愿意承认中华民族的衰,而愿意承认"病",期待在内忧外患的艰难形势中能够恢复活力。他在自传中陈述了为什么搞民众教育,为什么从事边疆工作,都表达了自己在读书之余对现实的关注。①

李安宅也曾表述:"这一段落的中国社会,是在空前未有的非常时期,自无待言。整个社会系统既那样动荡着,活在系统以内的个人也更脉搏紧张地充满了这个节奏。可惜著者不是从事文艺的人,不能写出惊心动魄或如泣如诉的文艺来。更可惜不是从事武备的人,没有在行动上打出一条血路。"②他曾加入中国共产党,曾有参加抗日义勇军的计划,曾参加中国人民解放军并参与了西藏解放工作。这些无不是其关注现实的表现。

二是注重精研高深学问,但重视社科普及。

顾颉刚一向注意二者并举,与傅斯年专意提高明显不同,也成为二人在中山大学不太和谐的原因之一。对此,顾颉刚晚年写道:"傅在欧久,甚欲步法国汉学之后尘,且与之角胜,故其旨在提高。我意不同,以为欲与人争胜,非一二人独特之钻研所可为功,必先培育一人,积叠无数数据而加以整理,然后此一二人者方有所凭借,以一日抵十日之用,故首须注意普及。普及者,非将学术浅化也,乃以作提高之基础也。此意本极显明,而孟真乃以家长作风凌我,复疑我欲培养一班青年以夺其所长之权。予性本倔强,不能受其压服,于是遂与彼破口,十五年之交谊臻于破灭。"③顾颉刚所做学术普及工作,包括

① 参见汪洪亮:《顾颉刚与民国时期的边政研究》,《齐鲁学刊》2013年第1期。
② 李安宅:《社会学论集》,燕京大学出版部1938年版,"自序",第1页。
③ 顾颉刚1973年7月补记于1928年4月日记中,参见顾潮编著:《顾颉刚年谱》(增订本),中华书局2011年版,第171页。

收集民谣民风、创办通俗读物。

李安宅精研人类学，但翻译与引介了不少国外学者的研究作品，也算是西学东介的"社科普及"工作；又因其关注"活的人生"，写了不少普及性的关于人生、婚姻与社会之类的小文章，还与顾颉刚等一道为一些报纸撰写时评，均可视为"普及读物"。

三是学有专攻但兴趣广泛，拥有多种"学家"身份。

顾颉刚专业在史学，尤其是在古史考辨方面；但因从地理沿革看中国边疆问题，创办禹贡学会及《禹贡》半月刊，成为历史地理学的开创者和边疆学界中心人物。他同时还有民俗学奠基者的称号。我国现代民俗学兴起于 1923 年北京大学开展的征集歌谣活动，其标志是歌谣研究会的成立和《歌谣周刊》的创刊，随后民俗学学科在中山大学继续发展，其标志是民俗学会的成立和《民俗周刊》的创刊，顾颉刚在中国民俗学早期发展的这两个关键时期，都是领军人物。①

李安宅的学术身份，据其后半生的自我表述，则为人类学或民族学，但学界给予的称号，还有社会学家、藏学家、民俗学家的说法。民国时期，特别是 20 世纪 40 年代，李安宅常被称作"边疆学者""边疆问题专家"。

四是治学重视文献，也注重实地研究。

顾颉刚的学术转向及其对民族国家前途的忧虑，都源于实地考察。他游走在西北和西南，其间见闻也促进了他对中国边疆和民族问题的思考。而人类学研究的主要方法就是实地调查。李安宅最重要的人类学成果，一是祖尼人调查，二是藏区宗教研究，都是实地研

---

① 参见廖尚可：《顾颉刚早期民俗学理论与实践研究》，河南大学硕士学位论文，2011 年。

究的产物。他眼中的"学问之道，在有直接经验"。他认为，"参考旁人的传闻，不过是直接经验的预备，或者有了直接经验以后拿来作一种比较，一番印证，所以直接经验是目的，间接传闻是手段"，"因袭的学风，既然病在不切实际，所以我们非提倡实地研究不可"。①

当然由于成长经历及社会认识的不同，二人在思想和学术方面有着不少差异。

顾颉刚为史学家，李安宅为民族学家。但顾颉刚也关注民族问题，李安宅对中国古史也有研究。在边疆研究方面，顾颉刚重点关注边疆史地和民族整合问题，而李安宅侧重边疆社会发展问题。顾颉刚强调中华民族殊途同归，早已融为一体，虽仍然存在三个文化集团（汉、藏、回），但都是中华民族内部的差异。顾颉刚1939年提出的"中华民族是一个"的理论，引起广大附议的同时，也有人类学者提出质疑。② 李安宅与顾颉刚相处甚密，未曾质疑，但也未曾附议。

对于民族问题，李安宅与其他人类学家、边疆学者用词略有不同。他在行文中很少用民族，多以"部族"称之；很少用少数民族或边疆民族，而是用"边民""边胞"。在对中国边政或民族政治的系列表述中，他似乎更喜欢从"边疆"角度切入，也就是区域主义的思路而非族际主义的思路。他认为，如要"根据实际，加以解释"，"所谓边疆，只是文化上的边疆而已"。他论证，"我国正统文化，是建筑在农耕基础上，而边疆也者，乃在农耕阶段以下，即其文化，乃是建筑在畜牧基础上的。以农耕文化为中心区，在其边缘上的畜牧文化区，便

① 李安宅：《实地研究与边疆》，《边疆通讯》第1卷第1期，1942年，第1—2页。

② 参见马戎：《如何认识"民族"和"中华民族"——回顾1939年关于"中华民族是一个"的讨论》，《中南民族大学学报》2012年第5期。

成为边疆了"。既如此,如何建设边疆文化?他提出两个原则,物质上,要区域分工;精神上,要公民原则。"所谓区域分工即因地制宜",边疆的优势在畜牧,就应因势利导,和内地分工合作,"两待其便"。但不管是农耕还是畜牧文化都要吸收西方工业化的优秀成果,"以同等工业文化的水准,而互换其不同的产品,才是真正的互惠"。"所谓公民原则即因人制宜。人在国家以内,最极致的立场乃是公民的立场",故公民原则的分工合作有别于家族主义、部落主义、教派主义的分工合作。国家应以"因地制宜的区域分工,以从事物质建设,与乎因人制宜的公民原则,以从事精神文明建设,然精神建设尤重于物质建设";不过,两者应"双管齐下"。①

　　尽管顾颉刚和李安宅都深深地介入了当时中国的政治和社会生活,但他们本质上依旧是读书人。顾颉刚曾经表述自己也有事业心,甚至在求知欲之上,又曾自嘲"看我太浅者谓我是书呆,看我过深者谓我是政客某盖处于材不材之间,似是而非也"。尽管被不少人批为学阀,但仍自勉成为学术重镇。李安宅虽有建设科学的野心,但因关注"活的人生"甚多而使其学术多是开局而未拓展,如《美学》《意义学》等,都是开拓性的著作,但旋即又另起炉灶。他虽然政治热情较高,但对政治生活也不得要领。二人都与不少政要周旋,但多是为筹措经费维持其所创办的研究机构或刊物的运行。

　　关于顾颉刚与李安宅的思想与学术,如果深入讨论,足够写成专书。限于篇幅,本章只是点到为止,敬请方家指正。

----

　　① 李安宅:《如何建设边疆文化》,《新西康》第 1 卷第 1—4 期合刊,1943 年,第 51—53 页。

第七章　应用的人类学：李安宅与民国边疆服务运动

抗战时期，应用人类学在边疆地区得到重大发展。李安宅既是近代中国边疆研究的重要代表人物，也是提倡并身体力行应用人类学研究的重要学者。他参与了中华基督教会全国总会边疆服务的顾问指导工作，他关于边疆社会工作的思想既是其参与边疆服务的经验提炼，也是今日我们观察边疆服务的重要视角。

中华基督教会全国总会 1939 年发起的边疆服务运动，恰是抗战时期政教关系的重要缩影，当时即被誉为"教会在抗战时期中最有创造性最有建设性的一种新工作，对教会，对国家，都有莫大的贡献"①。但是这一具有重要研究价值的基督教运动，长期未进入研究者视野，虽有部分学者在相关研究中零星言及，但系统整理和全面研究，则由杨天宏开其端绪。② 不过既有研究都是从史学角度着眼，其实从人类学尤其是应用人类学角度审视边疆服务运动，别有其意趣

---

① 余牧人：《抗战八年来的中国教会》，《基督教丛刊》第 9 期，1945 年，第 9—11 页。
② 参见杨天宏：《救赎与自救：中华基督教会边疆服务研究》，三联书店 2010 年版。

丛生之处，但至今还无人论述。

边疆服务是在当时被称为"边疆"的西南民族地区进行的。包括李安宅、徐益棠、马长寿在内的不少人类学民族学者也参与其中，对边疆社会风俗、宗教信仰等开展实地调查研究。① 边部之所以团聚众多边疆机构及专家学者，除了辅助基督教"社会福音"传播与实践的意图外，亦有促进边区社会文化建设和边地民众国家民族意识养成的世俗考虑。② 这与当时中国方兴未艾的"边政学"的产生背景一脉相承，而后者的兴起又是中国人类学走向学科应用最显著的领域。③ 边部明确其"服务原则"是主张万民平等，对于边民团体概不存种族、文化及宗教的自大心理；对于任何边民固有文化，均抱欣赏学习之态度；服务人员以国文国语为主要工具，但须尽力学习边民方言与文字，借以明了并赏识其文化与生活；中级干部尽量由接近边民之各省延揽；为造就地方领袖，下级干部优先在边民中设法训练。④ 这样的原则颇类于人类学的关怀和立场。从这个意义上讲，边疆服务其实也可说是应用人类学在中国西南边疆地区的一次生动实践。

李安宅在边疆服务运动中担任顾问，多次指导边部员工业务培训，亲率学者前往康藏地区调查，并在边部所编刊物上发表了不少论著。他撰著的《边疆社会工作》既是其参与边疆服务的经验提

---

① 详情可参见杨天宏：《基督教与中国"边疆研究"的复兴——中华基督教会全国总会的边疆研究》，《四川大学学报》2008 年第 1 期。

② 边疆服务运动的政治关联及其在政局变动中的因应，可参见汪洪亮：《变动时局中的中国基督教会——基于中华基督教会边疆服务运动的历史考察》，《历史教学》（高校版）2009 年第 11 期。

③ 参见汪洪亮：《民国时期的边政与边政学》，人民出版社 2014 年版。

④ 《中华基督教会全国总会边疆服务部工作计划大纲》，四川省档案馆藏：建川 50—436；《服务规程》，上海市档案馆藏：U102-0-27。

炼,也是今日我们观察边疆服务的重要视角。本书拟从应用人类学的视角,结合李安宅的相关论述,借助边疆服务部有关档案和资料,审视边疆服务的贡献及其得失。

一、李安宅与民国时期应用人类学

人类学是一门应用性很强的学问。早在现代意义的人类学学科体系形成过程中,出于殖民统治和处理殖民者、土著之间矛盾的需要,人类学的应用实践已有相当的发展。从"启民智"以图强国保种,到"察民情"以建设现代民族国家,再到以"抗战建国"为宗旨的边政研究,人类学进入中国以来,一直是紧跟时代,立志应用。① 尤其是在抗战时期的边疆民族地区,依托勃然兴起的边疆研究尤其是"边政学",中国人类学有了"边疆"这块广袤而过去罕至的广阔天地,研究范围大为拓展,研究成果也大有裨益于边政改良,获得了突飞猛进的发展。

吴文藻认为,在抗战时期,"建设一个民族国家,是我们现阶段的理想,而如何促成民族国家的组织,此种伟大事业,一部分就有赖于边政学的贡献"。他指出,边政学的观点主要有二,一是政治学的,一是人类学的。"人类学已开始走入实用的阶段。我们中国自应急起直追,迎头赶上,使人类学的研究,在理论及应用上,同时并进,以边政学为根据,来奠定新边政的基础,而辅助新边政的推行"。

---

① 参见胡鸿保:《中国人类学史》,中国人民大学出版社 2006 年版,第 103—104 页。

他进而指出,"目今西洋所谓应用人类学,大都是以殖民行政,殖民教育,殖民福利事业,以及殖民地文化变迁等题目为研究范围。在中国另换一种眼光,人类学的应用,将为边政、边教、边民福利事业,以及边疆文化变迁的研究"。①

民族与国家的关系,是 20 世纪人类学研究的主要课题之一;对之讨论最为集中,有着强烈的"国族主义"关怀,是在 20 世纪三四十年代。② 吴文藻所言"急起直追"实际上是当时不少国人共享的一种复杂心态,既含有缓解边疆危机的"学术救国"抱负,也有对边疆人地价值的深度认知,同时也有对基督教和西方探险家在中国西南边疆活动而国人缺位的焦虑。③ 边部同工就有反省:"试问我们自己:究竟有多少学人深入边疆埋头研究自己的边疆? 究竟有多少专家能真正了解本国边疆的实在情形? 国外的探险没有中国人,还可以科学落后为说词;国内的考察仍然借重于外人,我们将何以自解? 难道说中国人真的是只有党派之斗争,只有利禄之角逐吗?"④李安宅同样感受到在边疆研究上的中外差距,"我们向来对于边疆的注意太少,为了补偏救弊计,非特别研究边疆不可",以前国人对边疆的认识多是"误解"或"偏见",外国人对中国边疆的研究已经走在中国人的前面,中国人应趁着抗战建国的特殊局面,在边疆研究领域"迎头赶上"。⑤

---

① 参见吴文藻:《边政学发凡》,《边政公论》1942 年第 5—6 期,第 2 页。
② 参见王铭铭:《民族与国家——从吴文藻的早期论述出发》,《云南民族学院学报》1999 年第 6 期。
③ 关于这点,可参见彭文斌:《中西之间的西南视野:西南民族志分类图示》,《西南民族大学学报》2007 年第 10 期。
④ 未具名:《几点感想》,《边疆服务》第 16 期,1947 年,第 2 页。
⑤ 参见李安宅:《实地研究与边疆》,《边疆通讯》第 1 卷第 1 期,1942 年,第 1 页。

边疆研究需要人类学家的参与,要特别重视人类学方法的应用,在当时学界是一个"常识"。当时梁钊韬认为,"不应再把人类学的研究视为纯理论的学问",要"纳人类学的理论于实践的道路上,这么一来,边政的科学理论的确立,可使边疆政策有所依据,边疆政治得以改造"。① 柯象峰指出,边疆研究设计领域宽广,各种学科"均应各占重要之一席,而研究员中任主角者,据愚意应推民族学及社会学家"②。杨希枚强调:"今日要谈边政,首先要认识并了解边民文化。而要求认识并了解边民文化,必须发展人类学,特别是应用人类学。"③马长寿指出,"中国边疆有异于列强殖民地的性质",应及早建立"中国人类学","中国边疆与帝国殖民地既不可同日而语,故中国边政于人类学的应用不当限于应用人类学,而须一方面修正应用人类学,另一方面于此科学之广泛领导中寻求适合于中国边政的特殊情况"。也就是说,"中国的人类学,固然不能放弃人类所共同的一方面,但尤须注重中国人独有的一方面"。④

抗战时期,西南地区成了民族复兴的基地和抗战建国的大后方,受到学者前所未有的关注。大量边疆研究机构、边疆研究或通讯类的刊物遍布西南地区,政府或社会团体也组织了不少边疆考察和研究活动,推动了人类学中国化的步伐。这一时期中国应用人类学的研究主要集中在西南地区,主要有抗战动员与边疆知识的宣传、边政

---

① 参见梁钊韬:《边政业务演习的理论和实施》,《边政公论》1944 年第 12 期,第 11 页。
② 柯象峰:《中国边疆研究计划与方法之商榷》,《边政公论》1941 年第 1 期,第 48—49 页。
③ 杨希枚:《边疆行政与应用人类学》,《边政公论》1948 年第 3 期,第 57 页。
④ 参见马长寿:《人类学在我国边政上的应用》,《边政公论》1947 年第 3 期,第 24—28 页。

学的兴起、国民素质研究、边疆教育事业的推进等四个方面，尤其是边政学将中国人类学的学科应用推向新的峰值。① 对边疆少数民族区域文化问题的调查研究，成为当时一些教会大学学者研究的热点问题。②

在那个国难民艰的时局中，抗战建国是举国人士的中心工作，国族构建成为抗战持久和民族复兴的重要条件，在当时很多学者的口头笔下，民族被"部族""宗族"等提法所取代，民族问题成为边疆问题，"民族"研究式微，边政学兴起。但李安宅似从未用"边政学"的提法，而用"边疆社会工作"，又直言其也是应用人类学。其实在当时那个时代背景下，诸种提法的实质基本是归一的，说到底就是边疆民族工作，就是为了构建中华民族，整合全民族力量以抗战建国。③当然，诸种不同提法的背后，也代表着不同学者和组织的"位置性"（positionality）思考，这一问题所涉甚广，当另文探讨。

李安宅就是当时云集西南的众多致力于应用人类学研究的学者中非常活跃的一位。1941年，李安宅受聘来川任华西协合大学社会学系教授兼主任，筹建并主持华西边疆研究所，自此与西南边疆地区结下了不解之缘，成为抗战时期最负盛名的边疆研究学者之一。他广泛参与边疆社会事务，将研究和实践有机结合起来，撰写了不少论著，对中国边疆政策及当时边政改良提出了不少真知灼见。

---

① 参见胡鸿保主编：《中国人类学史》第四章"抗战时期及战后的中国人类学"，中国人民大学出版社2006年版，第103—108页。

② 参见黄新宪：《基督教教育与中国社会变迁》，福建教育出版社2000年版，第233—234页。

③ 参见《20世纪上半叶的中国边疆和边政研究——李绍明先生访谈录》，《西南民族大学学报》2009年第12期。

1938 年算是李安宅从事中国边疆研究的开始,此前出版的若干论著,多为人类学、社会学理论的著译,基本与中国边疆研究无涉。但在1938 年后,他撰写了不少有关康、藏社会、宗教及文化等情况的论著,还就如何加强和改进边疆文化经济及社会工作写了不少篇幅短小、言近旨远的论文。后来他将这些文章整合成《边疆社会工作》一书,由中华书局 1944 年出版。鉴于他撰写该书与他参与边疆服务的时间基本重合,在某种程度上,此书可以说是他参与边疆研究和边疆服务的理论提升与经验总结。李安宅以该书及一系列基于实地调查的论著,奠定了他在抗战时期中国应用人类学史上的地位。

写作这本书,是李安宅潜藏多年的一个心愿。早在拉卜楞藏民区时,他"看见许多事业需要作,许多问题需要研究,许多人事需要调整,便感觉到一种'边疆工作手册'是需要编写的",后来到华西大学,"希望扩大边疆工作的宣传,以便多有同志从事这种工作,更觉得非写这样一本手册不可。而且这种需要,已非个人的感觉,而变成少数同工的一致要求了"。① 这里的"少数同工",无疑有一部分就是边疆服务部的同人们。他明确提出:"边疆地区的特点乃是实地研究的乐园,尤其是应用人类学(边疆社会工作)的正式对象。"②他认为要做好边疆工作,"不但根据实地经验,亦且依照'应用人类学'的通则。应用人类学即是边疆社会工作学。"③

李安宅除了在华西大学的教学和研究外,还参与了多种社会活动,如为地方搞边政业务培训、为边疆服务做"最高顾问",还曾担任

① 参见李安宅:《边疆社会工作》,中华书局 1944 年版,"自序",第 1 页。
② 李安宅:《边疆社会工作》,中华书局 1944 年版,第 8 页。
③ 李安宅:《边疆社会工作》,中华书局 1944 年版,第 37 页。

教育部视导员,专程到川、甘、康、青等省考察边疆教育及边区政令推行情况。[①] 在他的带动和组织下,华西大学社会学系及边疆研究所的众多学者,如冯汉骥、蒋旨昂、任乃强、谢国安、刘立千、于式玉、玉文华等,都投入了对康藏地区(即今所谓藏彝走廊)的实地田野考察,产生了不少有分量的人类学研究成果,推动了西南民族地区人类学研究。

二、李安宅与边疆服务运动

李安宅供职的华西协合大学是一所教会大学。受抗战影响,齐鲁大学、金陵大学等教会大学均借居于此。边部首任主任张伯怀即齐鲁大学文学院院长。李安宅作为边疆问题专家,介入了边疆服务,这也促使了他本人对边疆及边疆社会工作的许多思考。作为一个学者,李安宅主要是在方法指导、业务培训及边疆研究等方面与边部合作的。他受邀担任边部辅导委员会和董事会委员,被聘为边部各种训练团主要导师,多次为边部工作人员宣讲边疆的理论和实际问题,还为边部撰写了多篇研究文章,发在边部主办的《边疆服务》杂志上,对该部工作给予了切实指导和大力鼓舞。这些文章大多后来整理收录在《边疆社会工作》[②]一书中,可见该书的创作与其参与边疆服务有着密切的联系。

---

① 参见胡鸿保:《中国人类学史》,中国人民大学出版社 2006 年版,第 107 页。

② 李安宅《边疆社会工作》一书,是彼时一本重要的应用人类学著作,是其长期关注边疆建设和指导边疆服务的经验总结和理论提升,其中表达了李安宅与其他人类学者不同的远见卓识。关于此点,另文探讨。

1943年，边部召开工作检讨会议，也特邀李安宅夫妇参加。① 1945年边部组织的凉山服务团，由边部主任张伯怀亲任团长，3月初在华西坝开始训练工作。"国内边疆问题学者如李安宅、徐益棠、柯象峰、刘恩兰、马长寿、林耀华、冯汉骥、蒋旨昂等为主要训练导师，宁属地理、历史、经济及侎民社会组织、边疆社会工作等，为主要训练课目"。在培训结业典礼上，西康省主席刘文辉应邀莅临训话，成都华西坝各大学校长及关心边疆问题的社会学教授20余人参加了典礼。② 其阵容之强大，亦足可证明边疆服务与华西人类学界关系之密切。

自边部在川康地区开展服务工作后，成都各大学研究边疆问题之学者，咸以边部工作区为理想的边疆问题研究场所，因借服务工作而同边胞建立联系，可使材料搜集和问题调查事半功倍。边部本来就主张工作人员利用实际服务之余暇，致力于学术研究，遂与各大学或团体商定具体合作办法，其中与李安宅教授主持的华西大学边疆研究所的合作研究，范围最为广泛。在成都的基督教五大学（华西大学、齐鲁大学、金陵大学、金陵女子大学、燕京大学）的社会学系，也先后与边部商定合作计划，对边疆问题作系统的调查与研究。③ 边部编印的通讯称"根据本部同华西大学边疆研究所的合作原则，华大社会系主任兼边疆研究所副主任李安宅先生已允担任本部研究调查指导工作。李先生是本部委员，是边疆工作的真同志，更是边疆问

---

① 参见《中华基督教会全国总会边疆服务部总部工作报告》（1943年），云南省档案馆：51-4-251。
② 参见《最近消息（总部）·凉山服务团出发前后》，《边疆服务通讯》第2期，1945年，第3页。
③ 参见《近讯一束》，《边疆服务》第1期，1943年，第25页。

题研究的权威,各地同工如有任何有关工作和研究的问题,都可直接向李先生请教"①。

李安宅所主持的华西大学社会系,为研究乡村社会问题及训练大学生下乡工作起见,与中国乡村建设学会合作,在成都老南门外十二里的石羊场设立社会工作研习站,还和基督教女青年会全国协会合作,在石羊场设立征蜀福利工作站,其工作有征属服务、托儿所、阅览室、诊所等。② 在研习站两周年纪念及征蜀福利工作站开幕仪式上,边部川西区主任崔德润应邀讲话,做了一个生动形象的比喻:"我们在边疆工作好比在地下凿井,是靠着井上的人供给各种材料,是相信井上的人不会把我们放下去就不管了,今天到会的专家学者都是井上的人,都是我们的后台。"③

三、从李安宅相关论述看边疆服务运动

边部在川康少数民族地区广泛开展各类服务,促进了川康边地社会变迁,成绩众人瞩目。这固然有抗战时期边疆建设受到重视和政府支持等外界因素,更与边部工作人员的牺牲、服务精神和勤勉工作、改进方法密切相关。

边部开展工作三年后开始出版《边疆服务》杂志,李安宅就在创

① 《最近消息:研究工作指导有人》,《边疆服务通讯》第 2 期,1945 年,第 2—3 页。
② 据李安宅界定,研习站与服务站或实验区不同的地方,后者主要以事业为目的,前者则以发现问题为主,以服务工作为副,对学生进行调查研究和边疆服务的训练。参见李安宅:《边疆社会工作》,中华书局 1944 年版,第 55 页。
③ 《最近消息·总部·参观华大石羊场工作》,《边疆服务通讯》第 2 期,1945 年。

刊号上以头条位置发表《论边疆服务》,对边疆服务的人才、工作、对象等若干问题提出了指导性的意见:人才方面,可分为用人、选人、训练人,其中用人至关重要,任期要长,考核要严,待遇要厚;选人则必要有吃苦耐劳的体魄与为人服务"舍我其谁"的精神,也要有一定"学识的造诣";训练人才则要加强纪律训练和增强服务意识。服务对象即当地居住的人,"一部分即训练出来为当地服务的人才","助人使人自助"是"一切服务人员最高的原则"。工作方面,目标是要"引导边疆人民能为自己服务","培养出地有不同,业有所专的社区公民来";在服务方式上,"一为从旁表证,一为从中策动","以表证的方式在无形中导引大家一齐向善",但表证方式往往范围不能"及远",如若又"遇消极抵制",则须采用"从中策动"的方式,即"流动周转深入边地社区,习其土俗,考其所宜",再给以现场的解决。①

李安宅一向主张在边疆工作中,要坚持服务、训练、研究三者合一的原则,"使研究为了服务,使服务得到研究的资助,服务才不是盲目的,即以资助研究,研究才不是抽象的,且使同工即在研究与服务中得到训练,训练才不是形式的。如此,便收即工作,即启发,即表证,即能善与人同的创化功效"。步骤上,"第一应该先以医药入手,第二改良生产技术,第三组训民众,而均以综合的教育原则出之"。实施方式上,"应该统一于富有机动性的团体",这个团体应是个包括各类专家的"边疆文化团"。②

若比照边疆服务工作情形与李安宅的相关论述,可说是若合符节。在原则上,边部工作可分两类,一是实地服务,二是调查研究。

① 参见李安宅:《论边疆服务》,《边疆服务》第1期,1943年,第1—3页。
② 参见李安宅:《边疆社会工作》,中华书局1944年版,第64、66、73页。

边部不仅聘请如葛维汉（David Crockett Graham，1884—1962）、傅兹嘉、刘国士、侯宝璋等大学教授到边地作宗教、语言、农牧、疾病等方面的调查和研究，而且倡导在服务工作第一线的工作人员坚持从事调查研究工作。李安宅强调，边疆服务作为一项运动，"为要有长久的计划，必得先有深入的研究。必是认识清楚，才能产生可用的方案"①，而且实地研究最好采用"服务的手段"，"使人共同参加实地研究，实地服务；使在实地研究、实地服务当中证得实地工作的意义"。② 故边部站在服务的立场提倡边疆研究，深得李安宅赞赏。

　　实际上，上述工作"步骤"，既反映了边部的方法，同时也表露了边部工作实以"医疗卫生"和"文化教育"为中心，尤以医药工作为"服务的开路先锋"，特别是在前期工作中，"应该算是第一件要紧的事"③，文教则是"全程陪同"边部所有工作。边部要求教育事业应统筹兼顾学校教育与社会教育，医药事业应使治疗防疫和卫生教育齐头并进，社会事业则立足于救济边民痛苦，改良社会风俗。任何工作推行的成效，最终都取决于边民在心理上是否接受和接受的程度，只有通过教育，方可让边民从被动的接受到产生主动的要求。从根本上讲，边部的工作主要就是通过"示范表证"，最后要让边民自己担负起变革边区的重任。李应三曾谈到："现阶段下的夷民教育，只有动态的诱导，最好是表面上从其政不变其俗，实质上则于其每种习俗上，予以新的意味及解释，务使其潜移默化而不觉。如医药一项来说，立刻能止痛去毒，身体既感舒服，即时施以卫生教育，自然会乐意

---

① 李安宅：《研究服务训练要连合起来》，《边疆服务》第 4 期，1943 年，第 9 页。
② 参见李安宅：《实地研究与边疆》，《边疆通讯》第 1 卷第 1 期，1942 年，第 1—3 页。
③ 参见刘龄九：《本部卫生工作简单介绍》，《边疆服务》第 7 期，1944 年，第 1 页。

接受的。故今后谈边地教育必须注意到实际的文化生活的习染，只能言教育的旨趣及努力，务必铲除形式的装饰教育，如此才能造成整个社会的调协。"①边部以小学为改造社会的中心，即在于通过学生影响家庭，通过开展生计教育促进科技改良，从而提高整个边疆社会的认知水平。"化导边民"同样离不开教育手段，如康治平所说："我们用教育的方法来解决汉夷问题，当然比任何方法来得妥善，来得高明。"②

从实施方式上看，边部工作"富有机动性"：既有固定的服务处，又有巡回的服务队，服务处一般都有医药、教育等工作，而巡回工作则是教育与卫生相伴而行。无固定工作则根基难以稳定，无巡回工作则服务范围不能拓展，都不可或缺。张伯怀在1943年举行的事工检讨会上说，川西主要是固定工作为主，西康则是巡回工作为主，"工作的分配宜再加调整"③。边部组织的数次暑期学生服务团和张伯怀亲自带队的凉山抗建服务团也充分体现了这种机动性的特征，服务团一般都有学有专长的教授参加或带队，对学生的挑选则尽量体现专业的多元化，以求在边地能够分工合作从事多种服务和调研工作。医学家如侯宝璋、陈耀真，人类学家如李安宅、于式玉，畜牧学家如华西大学吕高辉、中央大学陈之长，农学家如刘国士，语言学家如金鹏和傅兹嘉等都曾应邀到边区作调查研究。这些专家或带动边部工作人员一同研究，如马锡山等人虽发现黑热病，但因设备简陋无法对该病理进行研究，侯宝璋带队到川西调查该地流行病时，他便跟随左右，共同研究，为扑灭该地黑热病奠定了基础；或将其研究成果

---

① 李应三：《对普雄剿夷善后的几点意见》，《边疆服务》第17期，1947年，第7页。
② 康治平：《一曲琵琶弹"边教"》，《边疆服务》复刊第1期，1950年，第17—19页。
③ 张伯怀：《本部的回顾与前瞻》，《边疆服务》第4期，1943年，第6页。

给边部工作直接运用,如金鹏的《戎语对话》一书未正式刊行就油印分发边部工作人员以应工作之需;或应聘边部工作人员,直接推动边地的服务工作,如刘国士本是应约半年考察川西农牧,后来却留在了川西区部担任生计工作,主持威州牧场和川西的麦病防治。这些专家的参与,无疑推动了边部某些较为"疑难"的工作。

尽管边疆服务在川康民族地区取得不少成绩,但若与其最初制定的目标进行比较,则可说是相差甚远。既然号称"边疆服务",就得覆盖一个较大范围的边疆地区。边部成立之初,即宣称其服务对象是"西南西北各省区之边民","第一年以川康边区为服务区"只是权宜之计,"以后逐渐扩充至滇黔湘桂甘宁青等处"。[1] 但事情却并没朝着既定的方向发展,而是长期拘囿在川康两地,屡求扩充服务范围而不得,转而希求现有工作内容的充实;但即便是在川康两地的工作,也往往不尽如人意。这与边疆服务存在的内外困境有关,正如李安宅所说,"边疆社会工作的内在困难,一因边地物质条件不够,一因边民了解程度不高"。而外在困难,则"在于边疆工作本身条件以外者,这种困难可以分为三方面来看,一为由于历史的背景者,二为由于工作的机构者,三为由于工作的方法者"。[2]

就外在的困难而言,边部就反省,很多工作人员不熟悉边地,不像外国传教士常年在边疆,"布满阵线经常接触,不但一辈子而且几辈子强聒不舍地工作下去"。不少人缺乏应用人类学训练,不能打开与边地民众隔膜的局面,许多人不明白边部的"整个计划与政策"。[3]

---

[1]　参见《中华基督教会全国总会边疆服务部工作计划大纲》,第 1 页。
[2]　参见李安宅:《边疆社会工作》,中华书局 1944 年版,第 28、34 页。
[3]　参见高瑞士:《我对于边疆服务部工作的观感》,《边疆服务》第 24 期,1948 年,第9 页。

内在的困难则主要体现在经费不足和人才难得,"边疆工作最大的困难有二,一为钱财,一为人才。人才尤其困难,因为边疆交通不便,生活困难,甘心肯去服务边民的人,实在不多见"①。刘龄九也谈到:"任何事业的推动,都离不开'钱',我们便因了'经费'的限制,不敢奢谈新计划",人才更是难得,"边疆服务是开荒的事业,是创造的工作,是舍己救人的行为,无成规可循,无定章可守,事情繁重,生活艰苦,根本就不好请人。"②

边疆服务前期经费主要由政府有关部门赞助,不过这些费用只能用于纯粹的服务工作。边部许多工作未能开展,大多是受限于经费窘迫,如云南服务区开办不久又停,许多地方请求前往开办服务点而不敢答应。没有钱就寸步难行。即使是维持日常工作,边部也时感捉襟见肘。一些机动工作,经费更难筹集。如1940年暑期,边部组织学生暑期服务团赴川西区服务,特向四川省政府、民政厅、教育厅等单位呈文,请求派人参加服务活动并希望经费补助。四川省政府回函表示已招呼第十六区专员及地方县府"切实协助",但"关于补助经费一层,本应遵以办理。无如本年度省库奇绌开支浩繁,现在预备费业已开支罄尽,其他科目均系额定用途,无法挪移相应函复,尚希谅鉴为荷"。而民政厅、教育厅都回复:"一切似无再派人参加之必要"③。抗战胜利后,经费问题更加困难。1946年,边部经济状况"因本年度物价更加上涨,愈形艰窘","今后一年除非另有特别收

---

① 《幸与不幸》,《边疆服务》第24期,1948年,第2页。
② 刘龄九:《本部卫生工作简单介绍》,《边疆服务》第7期,1944年,第3页。
③ 《中华基督教会边疆服务部人员名册、工作计划、川西区工作报告、暑期服务团筹备经过》,四川省档案馆馆藏:民54-1-2。

入，在工作上不能作较大的扩充计划"。① 高瑞士在 1948 年指出：
"过去边疆服务部大半收入是来自政府及救济机关。这种补助费不
是经常的。近来物价日趋高涨，法币价值日渐贬价，很显然的边疆服
务部的整个事工，已不是中国教会所能独立支持的，现在我们计划三
分之一或者二分之一的数目向国外的同道劝募，余者向国内教会团
体，救济机关，以及私人等捐募。"②可见，边部经费来源虽广，数额却
没有保障。

在人才方面，张伯怀曾讲到："边疆服务是边地政治建设的开路
先锋，是边疆研究的出发凭借，是边胞思想与舆论的测验器，是促进
国民团结的动力轮。其使命之伟大既如此，从事服务的同工所必须
具备的条件与资格当然也非常严格。"③李安宅也说："边疆工作人
才，因为所需条件甚苛，所要标准甚高，尤非未雨绸缪不可。所谓专
业技术不必论，一切边疆工作，都需要关于社会工作的训练。社会工
作乃是实用的社会学或人类学，故于纯粹社会学，纯粹人类学，应有
起码的造诣。先有社会学养成社会化的态度，且由人类学取得文化
型类的比较观点，然后由社会工作，练习社会行政的技术。"④但实际
上兼具较强工作能力和牺牲服务精神的人才极其难找。从进入边地
起，边部就感到"全心全意、不计任何艰苦、自愿献身为少数弟兄民
族服务之人才"太少，"尤其是具有专长"的人才太少。⑤ 除了经验或

① 《总部消息：检讨会一年一度》，《边疆服务通讯》第 7 期，1946 年，第 3 页。
② 高瑞士：《我对于边疆服务部工作的观感》，《边疆服务》第 24 期，1948 年，第 9 页。
③ 张伯怀：《服务员的精神准备》，《边疆服务》第 3 期，1943 年，封二。
④ 李安宅：《边疆社会工作》，中华书局 1944 年版，第 52 页。
⑤ 参见崔德润填写：《国际性救济福利团体调查提纲》（1950 年 7 月 29 日），四川省
档案馆馆藏：建川 50-435。

能力的欠缺外，缺乏热诚实为最大问题。有些布道员畏于条件艰苦，很快辞去了工作，如宣教干事耿笃斋死后，六年之内，杂谷脑地区就请了四个布道员，几乎无人肯学习少数民族的语言。卫生工作人才同样难找，"都市中还不够用"，而且"药品来源困难，器材购备不易，几乎是没有方法能在边地设立完善的医院或诊所，这点就更增加了请人的困难"。① 抗战结束后，边部许多人员或因"身体健康"问题，或因"家有老母"需尽"人子的本分"等诸多原因离开了边疆地区。

如说上述问题主要是"因边地物质条件不够"，那么"边民了解程度不高"的问题同样严重。边部工作人员在村寨巡回工作，也时常引起边胞怀疑，"有的认为是调查民情者，有的认为是蓄意卜居借资营业者，还有疑为是算命先生"②。对边部所办学校，边民视其为"汉人羁縻他们的政策"和"软化他们的法宝"，甚至以为是"用来抽调他们的壮丁，或用作变像地把戏将边胞子弟们软禁'作质'的。"许多边民认为读书很吃亏，耽搁了孩子为家庭做事的时间；边部办学不收学费，也为边民所大惑不解，认为"别有企图"。③ 边部人员在了解边情时，很多边民"不免表现烦厌之感"，"或淡漠以应付，或敷衍以塞责"，有的以为是边部来募捐的。④ 有的边民对边部的工作抱着怀疑，常说："你们另外还有你们的工作"，任凭如何解释，"除不尽他们

① 参见刘龄九：《本部卫生工作简单介绍》，《边疆服务》第7期，1944年，第3页。
② 《边民宣教近况》，《总会宣教事工同年工会时刊》（中华基督教会全国总会公报专号），上海市档案馆藏：U102-0-27。
③ 王贯三：《川西区一九四九年工作总结》，《边疆服务》复刊第1期，1950年，第22页。
④ 参见龙启惠、王端若：《我们与惠康儿童福利站》，《边疆服务》第23期，1948年，第15页。

的疑心。"①边部在西康区部设边民招待所，许多彝人起初宁愿风餐露宿，也不住招待所。在他们的眼里，"现在这个招待所说不定是一套新的'把戏'"。所以边部这种看起来像"白白施与的恩赐，它引起的初步反应是怀疑和恐惧"。②

四、结　语

李安宅曾分别引用陆宣公和王拱璧的说法，历陈唐代以前和唐代至抗战时期边政的"传统做法"，认为这些做法的内容无非是"歧视边民，成见太深，未将边民看作国民"，"忽视边民生计"，导致"边疆问题至今还是问题"，"过去对于边疆只有军事与外交的方式，即所谓政治，也限于管与教，而未顾及养与卫；更不用说，即管也未澈底，而教只在形式了"。③ 李安宅此言确实揭示了历代边政的弊端，忽视边疆地区的民生与教育，即使是在民国时期，依然是普遍而严重地存在着。国民政府虽然倡导边疆建设，却"缺乏贤明官吏和缺乏为政府臂助的民众运动"④，于是鼓励社会团体参与西部建设。所以边疆服务之发起，是响应了政府号召、得到了政府支持的。

边部虽然宣称"本部为纯粹宗教团体，绝无政治及党派关系"，"本部以服务为唯一目的"，但同时也表明其宗旨是"本中央抚幸边

---

① 参见《消息：吴祖泰苦尽甘来》，《边疆服务通讯》第 9 期，1946 年，第 25 页。
② 刘龄九：《边疆服务部工作简报》，《中华基督教会全国总会第五届总议会议录》（苏州），上海市档案馆藏：U102-0-16，第 168 页。
③ 参见李安宅：《边疆社会工作》，中华书局 1944 年版，第 21—22 页。
④ 《边疆服务委员会第五届年会孔副院长致词》，云南省档案馆藏：51-4-251。

民之德意，对边疆民众从事各种服务，借以启发边民知识，救济边民疾苦，改善边民生活，促进边民团结，充实国家能力"。① 教会人士对边疆服务的"爱国工作"性质也不讳言。在政府参与运作下，边部所具的"基督服务精神"只不过是"化导边民"的手段。基督教对边民"救赎"的关怀在那个特定时代条件下汇入了国人参与边疆建设和民族复兴的洪流，应用人类学在边疆地区的大展宏图凸显了政治与学术的密切关联，宗教团体和学术团体在变动时局中的有力合作，均使边疆服务呈现出一幅"救赎"与"自救"交织互动的生动场景。

李安宅在展望边疆工作时谈到："建国大业的一环，即边疆建设，不但因为抗战的迫力而愈为亲切，且也因为外交的便利而成了千载一时的转机"，而"边疆建设之成功，即在边疆性之逐渐消失而归于乌有"。② 然而他所谓的"转机"，并未因抗战结束而得以持续，而是"转"到了不利于边疆建设的方向。他所言边疆建设之成功，则在今日尚在努力之中。他所言"边疆性"，今日亦还存在，但也部分走向淡化乃至边缘化。民国时期人们言说中的"边疆"，部分地区今日已不被视为"边疆"了。"边疆性"在民国边疆学的话语体系中值得重视，具有深刻意蕴。对此问题，笔者拟另文探讨。总之，李安宅有关边疆社会工作的若干主张，于今看来仍富有睿见。

---

① 参见《中华基督教会全国总会边疆服务委员会第五届年会会议记录》，云南省档案馆藏：51-4-251。

② 参见李安宅：《边疆社会工作》，中华书局1944年版，第83—84页。

附录1 李安宅先生编年事辑^①

1900 年

3月31日(阴历三月一日),出生于河北省迁安县(现迁西县)洒河桥镇白塔寨村。

是年,祖父去世。

祖父母共有三子一女:老大曾在私塾教书,后任县劝学员、县师范校长、县教育科长;老二李之华,即李安宅之生父,小时在药铺当学徒,曾任邮务生,后开中药铺行医;老三继大伯教私塾,后当邮局长。一女早年孀居,后与众兄弟居住。

1901 年

因大伯无子,被过继给大伯。

---

① 原四川师范大学历史文化学院硕士研究生、现四川大学博士研究生何广平协助整理资料,谨致谢忱。

1905 年

入私塾读书，同年转入村中初小。

1912 年

初小毕业。

1914 年

在离家 12 里以外的南团汀上高小。

1917 年

高小毕业，奉父母（大伯大婶）命娶妻张瑞芝。①
因三叔调至遵化县，到遵化县省立五中上初中。

1921 年

中学毕业，因三叔调到天津，遂就读于天津青年会夜校，后考取

---

① 李安宅一生共有三位妻子，第一位即张瑞芝，于 1929 年因病去世；第二任妻子是李安宅齐鲁大学同学于道泉的妹妹于式玉，1930 年结婚，1969 年因病去世；最后一任妻子陈隆莲，于 1978 年嫁给李安宅，伴随着他度过了最后的岁月。

邮务生,但未就职。

1922 年

是年底,因三叔被调到热河,暂回老家。

1923 年

暑假前,接到天津青年会夜校老师、美国传教士侯感恩信,谓其已调至山东济南,因其建议,到北京考齐鲁大学,选修社会学、社会心理学和比较宗教学,"从此经济独立,脱离家庭"。其间,加入长老会,结识于道泉。

是年冬祖母去世。

1924 年

是年,燕京大学社会学系创办人、美国传教士步济时(John Stewart Burgess,1883—1949)到齐鲁大学宣传"社会服务研究班"。由此,李安宅后至燕京大学该研究班学习,"得奖学金,一半时间读书,一半时间社会服务(1924—1926)"。

1925 年

5 月 30 日,五卅运动在上海爆发。燕京大学学生刘德元、董绍明呼吁召开全校大会,宣告成立"沪案后援会",李安宅参加了6月4日北京大中学校的罢课游行。

1926 年

秋,由戎之桐介绍加入中国共产党,根据组织安排加入国民党。

秋末冬初,由戎之桐引荐拜会李大钊,任张家口苏联领事馆英文秘书。①

是年,从燕京大学"社会服务研究班"毕业,以职业证书资格留校任社会学系助教,同时继续在社会学系就读,将妻子张瑞芝接到北京。

1927 年

4月6日,奉系军阀张作霖派兵包围袭击苏联大使馆,逮捕使馆工作人员及李大钊在内的共产党员和国民党员多人。28日,李大钊等20人被绞杀。

苏联领事馆封闭前,李安宅离开张家口,回到海淀,经燕大区党部同意,在海淀发展市民小组,同时任西郊区党部宣教委员,其间介绍张瑞芝加入共产党。秋季开学后于燕大复学,读经济、政治、人类学。

---

① 据李安宅1968年回忆:"1926年秋末冬初,戎之桐带我去东交民巷苏联大使馆去见李大钊同志,他即给我引见了苏联大使,商谈结果,大使介绍我任张家口苏联领事馆英文秘书,每天做中国报纸摘要译述,偶尔接见中国地下党的同志(从未介绍姓名),亦找我当翻译。"

同年,向戎之桐介绍其南团汀高小同学王乃堂加入共产党。

1928 年

自 1927 年国民党大规模清党,国共关系开始破裂,"以工读自给的方法,一面继续读书,一面从事地下工作"。

夏,张瑞芝生女儿培廉,产后即生病。冬季回乡养病。

1929 年

张瑞芝病死,李安宅因无法照顾女儿培廉,先将她送到协和医院服务部,后送于道泉夫妇做义女。后于道泉将妹妹于式玉介绍给李安宅。

上半年,北京市海淀区委因国民党破坏,成员多已失散。此时戎之桐已回山西(抗战时期曾任中央银行人事处处长),燕大共产党组织解体,李安宅与上级组织失去了联系。[1]

暑假,在燕大社会学系毕业,取得理学学士及相当于硕士的社会服务职业证书,毕业论文是《〈仪礼〉与〈礼记〉之社会学的研究》(次年由商务印书馆出版),对两书中涉及物质生活、饮食起居、礼仪规章、宗教信仰与祭祀、丧葬仪节、法律伦理、哲学思想、家庭婚姻及生育等诸多方面,作了社会学的分类评述。

---

① 据李安宅 1963 年回忆:"1928—1929 年期间北京市委随时遭到破坏,关系时断时续,1929 年暑假前关系完全断绝,以后未主动找党,把自己埋在书堆里,再未恢复党籍。再以后旧燕京大学已恢复党的组织,把我看作朋友,常借我家开会。"

从是年开始到 1931 年间，任燕大国学研究所编译员（陈垣任所长），随黄子通进修康德哲学。

1930 年

4 月 17 日，李安宅、于式玉在报上登载消息宣布结婚，没有举行仪式。

1931 年

5 月，译著《交感巫术的心理学》在商务印书馆出版。

是年开始到 1932 年，任北京平民大学社会科学教授，后兼通州潞河中学社会学科教员。

1932 年

是年开始到 1933 年，担任北京农学院社会学讲师。

2 月，于式玉生了一对儿子即李荫（印）生、李荫（印）丛。

寒假，回乡组织义勇军抗日未果，回北京农学院继续教书。

1933 年

是年开始到 1934 年，任燕大社会学系人口调查研究编辑。

《〈仪礼〉与〈礼记〉之社会学的研究》及译著《交感巫术的心理

学》在商务印书馆再版。

1934 年

4 月,《美学》在世界书局出版,后列入张东荪主编的哲学丛书。

暑期,动身去美国。在美期间先在加利福尼亚大学研究院读人类学,寒假在加利福尼亚做社会调查,研究印第安人。

12 月 11 日,于式玉生了一对女孩,即李瑞廉、李秀廉。

是年,编译《意义学》一书在商务印书馆出版;其译著《交感巫术的心理学》在商务印书馆再版。

1935 年

暑假,调查新墨西哥州的祖尼印第安人母系社会,并用英文写作《印第安祖尼母系社会》一文,后交到《美国人类学》刊出。该文以一个中国学者的视角对美国人类学者的观点提出质疑,在人类学界曾产生一定影响。英国人类学家拉得克利夫・卜朗也称赞李安宅的这篇文章,"You gave the American Anthropologist everyone a chair." 开学后转入耶鲁大学研究院读人类学。其间结识了美国人类学家、民族学家欧兹古。

是年,《〈仪礼〉与〈礼记〉之社会学的研究》在商务印书馆再版。

1936 年

暑假,赴墨西哥印第安人地区参观乡村教育,发表了《印第安母系社会访问记》和《墨西哥乡村教育》。暑后由墨西哥取道旧金山回国。回到燕大后,担任燕京社会学系讲师、研究院导师,同时主编英文刊物《燕京社会科学研究》和中文刊物《社会学界》。

11 月,编译《巫术与语言》一书在商务印书馆出版。

同年,燕大请了很多外国学者来华讲学,"民族学及语言学家阿根夫妇及民族学家怀特夫妇等先后到了燕京",李安宅代表燕大接待他们。

1937 年

是年春,燕大与清华联合组织了内蒙参观团,由李安宅带领,雷洁琼、梁思懿、于式玉等参加。

暑期,段绳武和顾颉刚组织上百人的内蒙绥宁考察团。于式玉与王乃堂参加。李安宅到山东济宁参加华北五大学举行的乡建活动。

到归绥后,绥远省蒙旗长官指导公署请于式玉筹备一个蒙古族妇女教育的计划。七七事变爆发后,于式玉只身"由山西河南绕道到山东",找到李安宅,到距济宁城 10 来里的南贾村宣传抗日,训练民兵。后因韩复榘阻止,回到北京。

回北京后,于式玉代苏联领事馆搜集日本研究中国的文献。日本人要求于接办女子文理学院,于推辞。其间,燕大校务长司徒雷登曾多次要求李安宅出任法学院院长,李拒绝。

1938 年

6 月,《社会学界》刊载了李安宅的《孟汉论知识社会学》。

暑期,李安宅夫妇离开北京后,绕道香港、越南至西北,途经云南。欧兹古到云南昆明调查,李与欧合作调研一个月。

10 月底,李安宅夫妇到达甘肃。李安宅任甘肃科学教育馆社会科学组组长。该馆由中英庚款董事会设立,朱家骅任董事长,杭立武任干事,燕大教授戴东仁(英籍)也是董事之一,并在该馆工作。此间,与馆长梅贻宝曾一同拜访当时第八战区司令长官朱绍良。

12 月 25 日,代表甘肃科学教育馆赴西宁参加中英庚款董事会举办的湟州中学开学典礼。

是年,于式玉到甘肃后不久,便去了拉卜楞并留在当地,创办了当地第一所女子小学,并学习藏语。①

《社会学论集——一种人生观》于燕京大学出版部出版。

与人合编的《英汉对照社会学辞汇》在北平友联社出版。译著《巫术科学宗教与神话》《两性社会学》分别在商务印书馆出版。《关于中国社会科学实地研究必要性的札记》(英文)发表于《燕京社

---

① 梅贻宝在其《西北游记四则》一文中描述到:"燕京大学同事,社会系教授李安宅先生夫人,素来有志于中国边疆社会研究,亦已乘机前来西北,在兰州甘肃科学教育馆稍作休息准备后,已来拉卜楞住定,开始研究工作。李太太式玉女士于语言有专长,与黄司令夫人约定合作,交换汉藏语文教学。"参见丹曲、扎扎主编:《藏学论文》第 2 辑,民族出版社 2006 年版,第 309 页。

会学界》第 1 卷第 6 期。

1939 年

是年初,李安宅抵达拉卜楞,准备独立做调查研究工作,"下了终生为藏族服务的决心"。在拉卜楞藏区,于式玉除办理女子小学外,还在当地卫生处设立了一个卫生所;李安宅则拜喇嘛为师,了解当地宗教问题。①

3 月 10 日,在《新西北月刊》第 1 卷第 2 期发表《对人? 还是对事?》。

4 月,在《现代评坛》第 4 卷第 12—15 期发表《由北平谈起——论群众对收复失地的自信力》。

5 月 30 日,黄正清请夏河县长胡明春提倡向外界介绍拉卜楞的情况。于是由黄正清召集当地的寺院当局开会商谈,由李安宅主持调查。

8 月,《新西北月刊》第 2 卷第 1 期刊载李安宅的两篇文章:《论回教非即回族》和《拉卜楞寺大经堂——闻思堂的学制》。

10 月,李安宅正式开展调研工作,由寺院各学院喇嘛代表与他接头,"以待老师方式去访问"。25—30 日,胡公冕代表国民党当局到拉卜楞访问李安宅。

---

① 梅贻宝曾讲:"他们二位到拉数月,已略通藏语,寺内外尽是他们的朋友,都打招呼。许多边疆问题,他们已略窥门径。"参见梅贻宝:《西北游记四则》,丹曲、扎扎主编:《藏学论文》第 2 辑,民族出版社 2006 年版,第 311 页。

1940 年

3 月 8 日,司徒雷登、吴文藻、瞿菊农联名从重庆来电约谈。9—13 日,由拉卜楞到兰州,15 日到达重庆,经商谈,以燕大乡建研究所身份回拉卜楞,打算取道川西北草地回到拉卜楞。22 日,由王泊生代约陈果夫,"见于住所",讲述藏族研究的重要性,希望陈与教育部联系以便通行草地。27 日,孔祥熙以燕大董事长名义在重庆召开校友会,欢迎校务长司徒雷登,冯玉祥、陈立夫、吴铁城、蒋梦麟及燕大毕业生代表到会。李安宅参加会议。

本月,《拉卜楞寺的僧官及各级职员的类别》发表于《责善》第 1 卷第 2 期。拉卜楞女子小学正式成立并招生,这是拉卜楞地区有史以来第一次为藏族妇女开设的学校,由黄正清夫人宫保错担任校长。

3 月 4 日到 5 月 23 日,经教育部边教司科长郭莲峰办理手续,李安宅以边疆教育视察员名义经川西北草地回拉卜楞,获路费 1500 元。

在重庆期间,曾住乡建会,与梁漱溟同屋,并加入该会,在此期间加入国民党,朱家骅是其入党介绍人之一。

8 月 18 日,回到拉卜楞。8 月 25 日—10 月 24 日,胡公冕邀请同赴岷县,"一面进行调查,一面参观他召开的藏族代表会议",9 月 12—30 日同到兰州。

是年,在《海潮音》第 21 卷第 5—6 期上发表《西藏系佛教僧教育制度》;在《时代精神》第 2 卷第 1 期上发表《论西北藏民区应用创化教育》;在《现代评论》第 5 卷第 6—8 期发表《纪念我的喇嘛老师》,悼念他在拉卜楞寺研究藏传佛教时曾求教过的高僧旦爵窝撒尔；在《新西北》第 2 卷第 3—4 期发表《太子山瞻礼记》。

1941 年

2 月，在《现代评坛》第 6 卷第 10—11 期合刊发表《黄河南亲王与拉卜楞寺》。

3 月 9 日，教育部派遣巡回施教队到拉卜楞。31 日被任命为施教队督导员。

4 月 11 日，被国立边地文化博物馆聘为筹备委员会委员。

5 月 10 日，向瞿菊农与吴文藻提出辞去乡建研究所的职务。

6 月 11 日，吴文藻复信没有批准李安宅的辞职要求。

暑前，罗忠恕写信给李安宅，谓华西协合大学董事长张家璈热心边疆工作，希望李安宅写一个关于边疆工作的计划。李安宅便将深入藏区工作的意义和推行墨西哥经验的意见写出，寄给罗忠恕。

7 月 2 日，西北监察使高一涵同省府委员赵龙文到拉卜楞，对李安宅表示支持。7—9 日，接到国立边地文化博物馆佛经编目和搜集文物的通知。16 日，接到陶孟和通知，李济有意邀请李安宅到中央博物馆工作，李安宅因不愿离开西北而谢绝。24 日，乡建研究所宣布解散。应罗忠恕之约，到成都华西大学商议边疆研究所事宜。

8 月，在《边政公论》创刊号发表《拉卜楞寺的护法神——佛教象征主义举例（附印藏佛教简史）》。

9 月，在《边政公论》第 1 卷第 2 期发表《拉卜楞寺概况》。

10 月 28 日，受吴文藻约，到重庆会见罗氏基金代表巴弗尔（Baifour）。

11 月 8 日,因华西边疆研究所立案事在重庆见陈立夫、吴俊升,10 日见郭莲峰。本月,在《边政公论》第 1 卷第 3、4 期发表《关于藏王(赞普)世系及年代考证》的文章,回应丁骕对《拉卜楞寺的护法神》一文中附印藏佛教简史的疑问。

是年,《拉卜楞寺藏民年节》发表于《责善》第 1 卷第 23 期;《川甘数县边民分布概况》发表于《新西北》第 4 卷第 26 期。

1942 年

2 月,在《华文月刊》第 1 卷第 2 期发表《论信仰与宗教》。

3 月,在《边政公论》第 1 卷第 7—8 期发表《藏人论藏(上)》。《华文月刊》第 1 卷第 1 期刊载了《边民社区实地研究纲要》。

4 月,在《华文月刊》第 1 卷第 2 期发表《藏民祭太子山典礼观光记》。

5 月,在《边政公论》第 1 卷第 9—10 期合刊发表《藏人论藏(下)》。

暑假,受邀担任三青团灌县夏令营营务委员,讲边疆知识。灌县夏令营结束之际,加入国民党三民主义青年团,其团证号为"川字第32007 号"。

10 月 6 日,陶孟和约李安宅加入中央研究院,到兰州主办中央研究院的分支机构。陶孟和 19 日、21 日、28 日邀请李到重庆商谈,但后因研究院内部有人反对,事未成。是年,社会部聘李安宅为社会安全计划委员会委员。

华大边疆研究所也于是年成立,校长张凌高兼任所长,李安宅担任副所长实际主持研究工作。

《青年心理建设举例——四种态度问题》发表于《学思》第 1 卷第 9 期；《藏民记太子山典礼观光记》发表于《华文月刊》第 1 卷第 2 期，同时又在《新西北》第 2 卷第 3、4 期发表。

同年，燕京大学迁到成都复校，要求李安宅回社会学系。李安宅考虑到华大给了许多便利，"不能燕大来了就丢开华大"，暂兼燕大社会学系主任，后由林耀华接任。

1943 年

2 月，华西边疆研究会邀请李安宅专题讲演，题目为《四川农稼之介绍及改进》。

李安宅的《论坚贞与边疆》发表于《边疆通讯》第 1 卷第 4 期。

4 月 1 日，李安宅的《论边疆服务》发表于《边疆服务》第 1 期。

15 日，李安宅的《论科学教育》发表于《学思》第 3 卷第 7 期。

5 月，李安宅的《论社会工作》发表于《文化先锋》第 2 卷第 6 期。

7 月 15 日，李安宅的《回教传入中国与"回族"问题》发表于《华文月刊》第 2 卷第 2—3 期。

8 月，李安宅的《喇嘛教育制度》发表于《大学月刊》第 2 卷第 8 期。于式玉的《我的同院——一个藏族女性》同期发表。

9 月 11 日，康泽代表蒋介石到成都华西坝访问"穷教授"，李安宅也是被访人之一。康泽问其有什么困难，李说"不管个人困难，只说华西边疆研究所困难"，于是康让李安宅为华西边疆研究所写请款书。

10月,李安宅的《宗教与边疆建设》发表于《边政公论》第2卷第9—10期。

11月,李安宅当选为华西大学区党部第四届执行委员。

12月1日,教育部边疆教育委员会聘李安宅为委员。

是年,李安宅的《论边疆工作如何做法》发表于《大学月刊》第2卷第11—12期;《研究服务训练要连合起来》《边疆服务的对象》发表于《边疆服务》第4期;《边疆工作的重要》发表于《边疆服务》第9期;《回教与回族》发表于《学思》第3卷第5期;《藏民年节》发表于《风土什志》第1卷第2—3期。

李安宅为王树民日记《陇岷》与《洮州》作序。

1944 年

1月10日,李安宅首次参加国民党边疆教育委员会会议,为期一个月。18日,李安宅陪同当时在成都燕大的代校长梅贻宝在重庆拜访孔祥熙,李安宅请孔为华西边疆研究所募款。19日,康泽邀请李安宅吃饭,并让李为华西边疆研究所请款的事情写信给张治中。关于华西边疆研究所请款的结果,李安宅后来称:"1月28日托招待所补发了(给张治中的信函),2月2日重新要去请款书,2月20日电称每学期补助1万元,但以后根本未见下文。""直到1945年5月12日补助研究所10万元"。21日,李安宅编译 C.E.Alcriem 的《印度之土地与人民》发表于《文化先锋》第3卷第6期。《论边疆工作如何做?(续)》发表于《大学月刊》第3卷第1期。

3月1日,李安宅编译艾伯兰的讲稿《印度之自由问题》一文发表于《文化先锋》第3卷第10期。31日，于式玉在《社会行政季刊》第1期发表《边疆妇女的福利工作》。

4月10日，李安宅因赴德格调查喇嘛派请教育部拨款。

5月，李安宅的《新画风的开创——观杨乡生先生画展后书感》发表于《文化先锋》第3卷第16期。

6月，李安宅编译的《现代印度之领袖》一文发表于《文化先锋》第3卷第19期。

7月，教育部因李安宅赴德格调查喇嘛派拨款12万。李安宅编译艾伯兰于1943年秋季在金陵女子文理学院教职员座谈会上的讲演稿《印度之妇女》，发表于《文化先锋》第3卷第22期。李安宅的《边疆社会建设》发表于《社会建设》第1卷第1期。

下半年，在教育部及刘文辉的资助下，李安宅与任乃强、玉文华以华西边疆研究所名义赴西康考察，调查了藏族各教派：黑（苯）、红（宁玛）、花（萨迦）、白（迦举）、黄（格鲁），并分别写出报告。

9月11日，李安宅的《边疆工作所需的条件》发表于《文化先锋》第4卷第4期。

本月，李安宅编绎的《知识社会学》一书由中华书局出版。

是年，李安宅的《人生、家庭、社会》和《社会科学与真知》分别在中国文化服务社、中华书局出版。中华书局出版了李安宅的《边疆社会工作》。

1945年

1月11日，李安宅从西康回到成都。

3月,李安宅当选为华西大学区党部第五届候补执行委员。李安宅到重庆参加国民党社会部的会议。30日,教育部部长朱家骅想任命李安宅为中央边疆学校校长,李"坚决辞掉",谓"非在边区工作不可,不能到'中央'",最后任命孔庆宗为校长。

是年,李安宅的《云霓之望》发表于《新西康》第3卷第6—8期合刊。《萨迦派喇嘛教》发表于《边政公论》第4卷第7—8期合刊。《介绍两位藏事专家》发表于《康导月刊》第6卷第5、6期。《论心理重建》发表于《中央周刊》第7卷第19—20期。译著《意义学》在商务印书馆再版。

1946 年

春,哈佛大学汉和图书馆来信邀请于式玉赴美。此时于式玉因贫血加失眠症长期治疗无效,医生建议她到其他地方疗养,于是接受汉和邀请。

3月13日,边教司司长凌纯声坚持任命李安宅为边疆文化馆馆长,被李拒绝,后来凌自兼。

4月,李安宅的《论创化教育》发表于《大中》第1卷第4期。

7月22日,于式玉起程赴美,李安宅送到重庆,拜访了中央图书馆及陈凌云、康泽、李方桂等人。

于式玉到美国后,因美国物价和所得税很高,汉和图书馆的150元工资不够用,要求加薪遭拒。于式玉写信求助李安宅在美国的朋友欧兹古。欧兹古推荐于到耶鲁大学图书馆整理中日文献,每月给予280元工资,回国另给500元路费。

9月，三民主义青年团中央干事会任命李安宅为华西青年馆理事。

12月，李安宅的《论语言的通货膨胀》发表于《文化先锋》第5卷第15期。《西康德格之历史与人口》发表于《边政公论》第5卷第2期。

是年，李安宅的《边疆社会工作》一书在中华书局再版。

1947 年

1月，李安宅的《胜利与边疆工作》发表于《边疆通讯》第4卷第1期。

2月，李安宅的《谈边疆教育》发表于《边疆通讯》第4卷第2期。

5月，李安宅与于式玉的小女儿立廉溺亡。

6月30日，中国边政学会第一次会员大会召开，会议由吴忠信主持。会议选举了新一届理事和监事。顾颉刚、李安宅等九人当选监事。

7月17日，中国边政学会举行第一次常务理事会，欢送柯象峰、李安宅出国。会议通过了聘请编辑委员会及各组干事人选。李安宅被选为编委。

暑假，美国耶鲁大学人类学研究院聘任李安宅为客座教授，讲授文化学，并将在西北西南发表过的边疆论文，改写为《藏族宗教制度之实地研究》英文稿本。

1948 年

上半年,李安宅参加了在耶鲁召开的远东学会,并在会上遇到拉铁摩尔(Owen Lattimore)。

李安宅向罗氏基金申请研究费赴英考察,得耶鲁大学教授穆尔道克、林顿、欧兹古三人推荐,获准经费每月 30 英镑,外加由美至英和由英回国的路费。

李安宅到英国后,以伦敦大学为中心,并赴英国各地旅行,在伦敦、牛津、爱丁堡等大学的人类学系进行学术交流,又进一步整理了英文稿本《藏族宗教制度之实地研究》。

李安宅到英国前于道泉即已经在英国伦敦大学语言学院教书。李安宅在于道泉带领下见了西藏商务代表团。后国民政府领事馆宴请西藏代表团,由李安宅与于道泉作陪。

1949 年

8 月 8 日,于式玉离开美国到英国,与李安宅会合。8 月底,李安宅与于式玉由英国乘船回国。

9 月底,李安宅夫妇到香港。

10 月 5 日,李安宅夫妇回到华西大学。

回国后,伦敦大学教育学院《教育年鉴》向李安宅征稿谈佛教(喇嘛教)教育,李遂与法尊法师联名写了一篇文章寄过去,这是新中国成立后李安宅唯一在国外发表的文章。

本月，于式玉与玉文华合编《西北民歌》由华西边疆研究所出版。

11月，人民解放军发起成都战役。

12月7日，经过谈判，成都宣告解放。29日，贺龙来信约李安宅于次日会面。次日会见中，李安宅得知进军解放西藏的消息，即与于式玉报名参军，并动员华西边疆研究所有关藏族研究的同事，如任乃强等，参加解放西藏。

1950 年

2月，李安宅夫妇正式参军，在人民解放军十八军研究室担任研究员，并跟随十八军离开成都到西藏，途经雅安、康定、甘孜、昌都。

6月，李安宅夫妇两人被任命为西南军政委员会西南民族事务委员会委员。

10月，李安宅夫妇随十八军到达昌都。

1951 年

是年，李安宅被任命为昌都地区人民解放委员会委员兼文化组组长，于式玉为委员兼组员，共同参加创办昌都冬学、小学的工作。

1月，昌都地区人民解放委员会成立，接着又成立了昌都地区人民解放委员会文教处，由李安宅夫妇担任文教处负责人，会同昌都各阶层人士协商负责办学事宜。12日，昌都地区第一所小学——昌都小学办学董事会成立，并召开第一次董事会会议，会上推选昌都寺二活佛谢瓦拉为董事长,李安宅、于式玉、蔡嘉溶、王廷选、德格·格桑旺堆等 12 人当选为董事。本月中旬,昌都冬学开学,后又发展为小学,李安宅夫妇既负责领导工作,同时又担任藏、汉语教师,并编写教材。

5 月 23 日,西藏和平解放。

冬,李安宅夫妇跟随十八军进驻拉萨。在西藏,李安宅先后担任西藏军区藏文藏语训练班教育长、编审委员会副主任。于式玉到拉萨后也在西藏军区藏文藏语训练班工作。

1952 年

3 月,李安宅参与创办拉萨小学,并任该校副校长。

是年,西藏军区藏文藏语训练班改为西藏军区干部学校,于式玉担任教员。

1954 年

是年,于式玉病情严重,领导要求她回内地休养。

7 月,于式玉因病回到北京,在苏联红十字医院接受治疗。

年底,李安宅参加了西藏工委干部参观团,先后到内蒙古、北京等地参观。

此时于式玉病情已有所好转,请求参加参观团得到批准。

1955 年

5 月，李安宅等西藏工委干部参观团在北京参加国际劳动节天安门观礼，第一次亲眼见到国家主席毛泽东。

随后，李安宅等参观团成员回到成都，李安宅夫妇被通知留在四川。

1956 年

春，李安宅夫妇参加四川省政协，李安宅担任政协委员。

9 月，李安宅夫妇被调到西南民族学院，李安宅被任命为民族问题民族政策教研室副主任（当时的主任是副院长刘忠良），于式玉则担任藏文藏语训练班副主任。

1957 年

春，李安宅被改任为西南民族学院副教务长。

上半年，李安宅入四川省高干哲学自修班学习。

是年，西南民院开始招收汉族高中毕业生，以培养藏族地区中学师资，任命于式玉为副主任。于因身体原因"完全不能思考问题"，教改后被调到民族史研究所。

1958 年

是年李安宅参加整风运动,自我批评解放以前的一部分著作中的观点。

夏,李安宅被调至四川省少数民族社会历史调查组,参加原西康建省前后档案整理与资料归类的工作,同时也参加西藏调查组编写藏族简史提纲工作。

9 月,李安宅夫妇参加四川省政协在金牛坝举办的劳动实践团,历时 40 天。

1959 年

冬,李安宅返回西南民族学院参加科研科报纸资料工作。

这年,西南民族学院开始开设外语课,需要外语老师,因此,于式玉被调回民族学院。

1960 年

是年,西南民族学院师范班新添了外语课,李安宅遂改教英语。

1961 年

9 月 3 日,李安宅在西南民族学院写了《自传》。

1962 年

4 月,李安宅被调到四川师范学院担任外语系主任兼副教务长,当时四川师范学院的英语公共课教研组的教师总共只有七人。

1963 年

是年,四川师范学院新开设英语专业,师资比较缺乏,要上专业与公共课,还有附中的英语课,李安宅作为外语系主任兼副教务长,责任更重,除了有固定的课外,还要为那些因生病请假的老师上课。

1967 年

2 月 20 日,于式玉在四川师范学院写了一份《自传》。

1969 年

8 月 6 日,于式玉因病逝世,终年 65 岁。

1978 年

是年,四川师范学院为于式玉召开了平反昭雪追悼会,对于"文化大革命"中对其作出的一些不公正的评价予以纠正。

1981 年

黄绍伦在《中国解放前社会学的成长》一文中分析了新中国成立前我国社会学的发展情况,认为当时"许多社会学家走出了所谓的'象牙塔',冲进了'民族自救'的战场","李安宅就是一个例子","……目睹了民族灾难的紧迫,这使他背弃了'学院式'研究,他指责这种研究比不着边际还要糟糕。他的论点是'第一手知识将既产生创造理论,又产生建设性的社会工程'。他以此证明实地研究的必要性。"

1982 年

8 月,日本东京大学东洋文化研究所出版了英文版的《拉卜楞寺——李安宅的调查报告》(*Labrang,A Study in The Field by Lian-che*)一书。该书本是李安宅 1948—1949 年赴美英整理而成,但当时并没有发表,书稿本寄美国耶鲁大学出版部,后李回国,不久中美断交,该书出版搁置。东洋文化研究所所长中根千枝评价该书:"在此之前,还没有看到过像这样详细而深入的调查报告。"

1983 年

4 月,邓锐龄发表《介绍李安宅著〈拉卜楞寺〉》(《民族研究》1983 年第 2 期),认为李著"是世界上第一部关于这座著名喇嘛寺院

的全面的调查报告，虽然写于三十余年前，对于今天我们研究藏族宗
教文化仍然很有价值"。

6 月 22 日，邓将该文送李安宅指正。

1985 年

3 月 4 日，李安宅因病在成都去世，享年 85 岁。

1986 年

是年，李安宅的译著《两性社会学》在中国民间文艺出版社
再版。

1987 年

是年，国务院、国家民委决定成立李安宅、于式玉遗著编辑委员
会，重新整理出版两人的遗著，并拨款 20 万元。

1988 年

3 月，李安宅编译的《巫术与语言》一书在上海译文出版社再版。

1989 年

1 月,李安宅的译著《两性社会学》在上海文化出版社再版。

2 月,张庆有发表《记中国藏学先辈——李安宅、于式玉教授在拉卜楞的岁月》(《西藏研究》1989 年第 1 期),认为李安宅和于式玉"深入藏区,脚踏实地进行藏学研究的风尚,为今天我们致力于藏学研究的每个同志,树立了光辉的典范"。

9 月,李安宅的《藏族宗教史之实地研究》在国内由中国藏学出版社首次出版。著名社会学家、曾任教于燕京大学的雷洁琼,于1988 年 6 月为该书所写序中指出:"安宅教授一生为中国共产主义事业,为祖国的统一大业,为各民族的团结,为建立和发展我国社会学、民族学和藏学作出了卓越的贡献,受到国内、外学术界的瞩目和赞誉,他是我国社会学、民族学和藏学的开拓者之一",《藏族宗教史之实地研究》"是国内外公认为通过实地考察和社会调研而撰写的有关藏族宗教史的第一部杰作"。

是年,王晓义发表《李安宅教授的社会学思想》(《社会学与社会调查》1989 年第 5 期),将李安宅的社会学思想特点归纳为三点:实地研究、比较研究、为了解中国而研究。

1990 年

12 月,中国藏学出版社出版《于式玉藏区考察文集》。

1991 年

3月，四川人民出版社出版了一批"李安宅社会学遗著选"丛书，分别为《巫术的分析》《两性社会学》《语言 意义 美学》《〈仪礼〉和〈礼记〉之社会学的研究》。

8月，周群华发表《著名藏学家于式玉教授》(《文史杂志》1991年第4期)，介绍了于式玉的一生及其著作，并分析其治学经历和遗著内容。

1992 年

3月，中国藏学出版社出版了由李安宅翻译的《五智喇嘛弥伴传奇》一书，"通过一对藏族青年曲折的恋爱故事"，"展现了本世纪初西藏及青海藏族地区的社会风貌和风土人情，描述了绮丽的高原风光和神秘的宗教活动，揭示了藏族传统文化对人们的深刻影响"。编者在"出版说明"中指出："关于本书作者，据李氏的一些文章介绍和编者所掌握的材料，实为国际知名的法国藏学家达维·耐尔女士及其义子庸顿嘉措二人。李氏汉译文发表时，仅署庸顿，盖有深义，兹从其论，不作更改。"

是年，中国藏学出版社出版了《李安宅藏学文论选》，选择了17篇李安宅生前用汉英文发表的藏学论文，反映了李安宅藏学研究的学术思想和研究风格，基本代表了20世纪三四十年代中国现代藏学的研究水平。

1995 年

4 月 5 日,李安宅的子女们在成都郊区昭觉寺附近公墓为李安宅和于式玉举行安葬仪式,将两人的骨灰盒安葬于此。两人的墓志是:"两位学者,矢志茹苦耕耘拓荒,已是香漂海外,有著述传世;一本故事,书尽含辛爱国奉献,未逢催花春雨,可激奋后人!"

1997 年

5 月,杨淑贤发表《一部直通读者呼吸感受的著作——评李安宅的〈美学〉》(《西南民族学院学报》1997 年第 5 期),认为该书虽著于半个世纪前,"仍给人一种能够直通读者呼吸的感受,启迪性灵的乐趣"。

2002 年

8 月,王希杰发表《重读李安宅〈意义学〉谈学风问题》(《平顶山师专学报》2002 年第 4 期),认为该著具有很高学术价值,尤其是学风"值得学习"。

12 月,中国藏学出版社出版了《李安宅、于式玉藏学文论选》,分为李安宅藏学文论选和于式玉藏区考察文集两部分,共选有 37 篇反映藏族地区的社会、历史、宗教、文化、民俗、文学等方面情况的文章。

2003 年

李安宅的译著《两性社会学》在上海人民出版社再版。

2005 年

李安宅的《藏族宗教史之实地研究》在上海人民出版社再版。

2006 年

11 月，汪洪亮发表《李安宅边疆思想要略》(《西藏大学学报》2006 年第 4 期)，论述了李安宅的边疆思想的内容、特点及其成因，指出其边疆思想"着眼于'实地研究'，寄托了强烈的现实主义关怀"。

2008 年

2 月，陈波发表《"坝上"的人类学：李安宅的区域与边疆文化思想》(《西南民族大学学报》2008 年第 2 期)，"揭示李安宅在华西坝期间的主要的人类学思想，包括在异文化中寻求他者，根据区域分工而实现文化的互惠，在历史过程中寻求对区域文化的结构性理解，并由区域文化上升到国家表述"。

12 月，高云昌发表《简论于式玉与藏区边疆教育——以 1937—

1942 年为考察中心》(《康定民族师范高等专科学校学报》2008 年第
6 期),认为于式玉致力于边疆民族事业和社会教育事业,"为藏区教
育发展作出了一定贡献"。

2009 年

9 月,吴银玲发表《读李安宅〈仪礼〉与〈礼记〉之社会学的研究》
(《西北民族研究》2009 年第 4 期),认为这是一本在宗教人类学或者
在古史研究上重要的先驱之作。

2010 年

9 月,汪洪亮发表《应用人类学视野中的民国边疆服务运动——
以李安宅的相关论述为中心》(《思想战线》2010 年第 5 期),以应用
人类学的视角,结合李安宅的相关论述,借助边疆服务部有关档案和
资料,审视边疆服务运动的贡献及其得失。

12 月,陈波出版《李安宅与华西学派人类学》(巴蜀书社),讲述
了李安宅的求学、考察、入藏以及学术研究的全过程,并讨论了其思
想与学术的成就。

2011 年

1 月,北京图书馆出版社发行李安宅、吴其玉、陈芳芝等主编的
《燕京社会学界》(*The Yenching Journal of Social Studies*,*1938—1950*),

全 2 册。

5 月，汪洪亮发表《藏学界的"天涯同命鸟"——于式玉与李安宅的人生与学术》(《民族学刊》2011 年第 3 期)，指出二人是中国民族学史上一对重要的生活伴侣和学术伉俪，尤以藏学研究名世。

2012 年

2 月，王先梅发表《五十书行出边关，何惧征鞍路三千——忆李安宅、于式玉夫妇》(《党史博览》2012 年第 2 期)，描述了二人在藏区的考察历史。

6 月，张瑞东发表《李安宅对"礼"文化的功能主义分析——读《〈仪礼〉与〈礼记〉之社会学的研究》》(《学理论》2012 年第 17 期)，认为李安宅用"内证的研究"(internal study)，客观地审视两部书中对社会现象或事实及其人们行动的影响，"批判性地对国粹主义赋予其之神秘性进行'祛魅'"。

8 月，河北教育出版社出版李安宅的遗著《边疆社会工作》，是为中国社会工作教育协会与河北教育出版社共同策划出版的"社会工作学术文库"第一辑。

11 月，汪洪亮发表《李安宅的学术转型及时代动因》(《宜宾学院学报》2012 年第 11 期)，认为李安宅的学术兼涉多种学科和领域，其学术路数及趣味在不同时期又有着不同的侧重，其学术转型可以归为四个方面：从其关注时代来看，是由古及今；从其学术视野来看，是自西徂东；从其研究区域来看，是从北到南；从其学术旨趣来看，是由虚入实。

2013 年

1 月,齐钊发表《个人心史与学派历史勾连的困境与张力——评〈李安宅与华西学派人类学〉》(《民俗研究》2013 年第 1 期),认为陈波从"心史"的角度,突出了人类学研究中的"李安宅性","对重新评价与肯定李安宅的学术贡献和地位而言,无疑是不错的选择和有益的尝试"。

8 月,张亚辉在《西北民族研究》2013 年第 8 期发表《安多社会的知识性格——读李安宅〈藏族宗教史之实地研究〉》,认为李安宅和张东荪是中国最早关注和提倡西方知识社会学研究的学者。李安宅的代表作《藏族宗教史之实地研究》是一部带有强烈的知识社会学色彩的作品。①

11 月,汪洪亮在《民族学刊》2013 年第 6 期发表《李安宅、于式玉先生编年事辑》,通过爬梳各类文献和档案资料,对李安宅与于式玉先生的生平事迹及学术成就进行了逐年排比,为学界进一步深入相关学术史研究提供了基本史料。

2014 年

4 月,江玉祥在《蜀学》2014 年发表《先秦巫术习俗——读李安

---

①　1938 年,李安宅翻译出版了曼海姆的《知识社会学》(即今日所见的《意识形态与乌托邦》一书第五编),后去西北藏区。这部译作 1944 年再版,李安宅在"前言"中说道:"即在社会学范围以内,我国社会史,社会思想史,不都需要努力建设吗? 知识社会学的观点,便是我们的指南针。"

宅先生的四本人类学译著札记》。

5月，苏杰在《中国民族报》2014年5月23日发表《李安宅：负起对少数民族工作的责任》。

10月，徐羖在《乐山师范学院学报》2014年第10期发表《人类学释"礼"之初尝——〈《仪礼》与《礼记》之社会学的研究〉再探》，通过评述李安宅对统领中国传统的"礼"的研究，表明无论从对"礼"的去神圣化，到"礼"与"礼教"的区分，还是从"世俗"与"神圣"二分，到"信仰"与"宗教"二分，无不显露人类学的质性。苏杰在《民族教育研究》2014年第5期发表《试论李安宅的教育思想》，认为李安宅积极关注和思考教育现象和教育问题，形成了关于教育原理、科学教育、宗教教育、教育改革等思想观点，表现出明确的功能取向和强烈的现实关怀。10月15—17日，龙泉驿历史文化名人暨纪念王叔岷先生百年华诞研讨会在成都龙泉驿隆重举行。会上对王叔岷、李安宅、白敦仁等三位学者的人生与学术进行了系统研究，其中有关李安宅研究论文10余篇。

2015 年

1月，谢桃坊在《西华大学学报》2015年第1期发表《文化现象的逼视与衡量——论李安宅对中国文化人类学的开拓》，指出李安宅著述涉及学科领域广阔，借助各学科知识去透视、分析和衡量人类文化现象，构成一个文化人类学系统，认为译介和阐发的文化人类学理论和以人类学的观点对中国传统文化的批评，以及他在人类学的实地研究成就，均对文化人类学在中国的传播与发展具有开拓性意义。

3 月,郭一丹在《文史杂志》2015 年第 2 期发表《中国文化人类学的先行者李安宅先生》,认为李安宅是一位中国文化人类学的先行者和开拓者。他的学术和思想在他所处的时代经世致用,利用厚生,而他本人却淡泊名利,随缘而器。王川在《西藏大学学报》2015 年第 1 期发表《李安宅先生翻译本〈五智喇嘛弥伴传奇〉解析》,简述了《五智喇嘛弥伴传奇》的作者、译者及其文本流传,归纳了是书在人类学、社会学、宗教学等领域的文化价值。郭广辉在《民族学刊》2015 年第 2 期发表《"实地研究"与"历史"的协奏——对李安宅〈藏族宗教史之实地研究〉的再认识》,认为李安宅对藏族宗教的研究中,加入了"历史"维度,是对英国功能学派和美国历史学派在认识论上的一种超越。

4 月,江玉祥在《蜀学》辑刊发表《先秦巫术习俗——读李安宅先生的四本人类学译著札记》,以李安宅译著四种《交感巫术的心理学》《巫术科学宗教与神话》《两性社会学》《巫术与语言》为视角,重新审视先秦时期的巫术习俗。

5 月,《中国藏学》2015 年第 2 期发表一组李安宅研究论文,系龙泉驿历史文化名人暨纪念王叔岷先生百年华诞研讨会上有关李安宅研究之部分参会论文。其中万栖利《李安宅先生论著目录》,收集了李安宅的文稿,包括了公开发表出版者(国内的、海外的)、公私所藏的未刊稿。王川《一个人类学家对于自己研究史的讲述》,整理了李安宅写于 1961 年的自传。田利军《李安宅、于式玉对民国川西北及德格土司头人的调查与特点》,通过对李安宅、于式玉 20 世纪 40年代前半期川西北的汶川、理番、松潘、黑水、德格等地调查报告的梳理，分析了他们对川西北、德格土司头人调查的内容及其特点。汪洪亮《顾颉刚与李安宅的人生交集和思想学术异同》指出，顾颉刚与李安宅是民国时期的重要学人，在各自学科领域成就卓著，且都关注边疆问题。二人在思想和学术上和而不同，都钟情学术但关心现实，精研高深学问也注重社科普及，学有专攻但兴趣广泛，重视文献也注重实地研究。在边疆研究方面，顾颉刚重点关注边疆史地和民族整合问题，而李安宅侧重边疆社会发展问题。龙达瑞《我所知道的李安宅教授：兼谈海外对他的研究》，回忆其作为在校学习期间接受李安宅教诲往事之同时，介绍了海外学术界研究李安宅学术的概况，分析了海外研究李安宅的代表性论著，进行了学术评议。李天荣以《李安宅先生学术遗产研究的新进展》为题对龙泉驿历史文化名人研讨会有关李安宅研究成果做了综述。黄茂《李安宅藏区应用人类学主位研究中的文化认同和民族情结》，认为在藏区的实地考察中，李安宅运用应用人类学主位研究的方法，参与藏民的生活，以"局内人"立场去观察、体会和理解藏区文化。郭一丹《早期实地研究的典范——论李安宅对藏族社会和祖尼社会的考察》，指出李安宅对中国藏族社会和美国印第安祖尼社会的考察是通过身历其境观察与直接文化接触而完成的典范性研究，是对"以试用假设始，以实地证验终"治学方法的完美呈现。李安宅对实地研究的积极推介和努力实践、"主位视角"与"客位视角"有机结合等方法对增进文化了解与沟通都具有开拓性意义。林日杖《编辑视野下的李安宅研究：学术研究综述的范式转型》，通过"篇名检索""主题检索"及"全文检索"三种方式在中国知网上检索"李安宅"，并结合其他来源的相关论著，对当前学界李安宅研究作初步评估。文章结合林则徐等较为成熟的人物研究及任乃强等刚兴起的人物研究,对李安宅研究的现状及今后的可能进路进行分析。

7 月,杨清媚在《社会》发表《"燕京学派"的知识社会学思想及其应用:围绕吴文藻、费孝通、李安宅展开的比较研究》,比较了吴文藻、费孝通和李安宅对知识社会学的引介与消化,以及在此指导下的经验研究,基于此尝试论证三人分别开拓了三种知识社会学的经验研究路径。通过比较,文章指出社区研究可能需要与知识社会学结合,才能将我们对国家与社会的理解推至更深处。席婷婷在《黄河科技大学学报》发表《在当今时代中解读李安宅的〈边疆社会工作〉》,认为李安宅观察与体验到了边疆社会工作的特点,指出了边疆社会工作面临的困难,并对社会工作专业的性质有自己独特的见解。

9 月,苏宁在《四川师范大学学报》2015 年第 5 期发表《论李安宅的美学思想》,从"美学与社会动力""美的境界""审美发生论与美的内在价值"等三个层面考察了李安宅的美学思想,认为他将时代使命、社会责任、美学研究与对战争现实问题的思考融合起来,用人类学学者独特的目光,结合社会学的广阔视角谈美,形成了具有语义学与新兴人文主义双重特征的美学思想。

10 月,刘波在《地方文化研究》辑刊发表《略论李安宅先生的学风及学术品格——以氏著〈藏族宗教史之实地研究〉》为例,阐释了李安宅先生学术品格的三大特点。

2016 年

1 月，汪洪亮在《民族学刊》2016 年第 1 期发表《李安宅的学术成长与政治纠结——两个版本自传比较阅读札记》，对李安宅写于 1951 年和 1961 年的两个版本自传进行比较阅读，揭示其内容差异与思想微妙变化之处，并借此分析李安宅的早年生活对其后来人生的持续影响、李安宅的学术选择及政治纠结。

2 月，黄茂在《中国藏学》2016 年第 1 期发表《一个人类学家对于自己研究史的讲述——以李安宅先生 1961 年 5 月 15 日〈自传〉为中心（下）》，认为李安宅"学贯中西"的学术背景与社会文化变迁紧密相连，李安宅"学以致用"的学术人生正是民国知识分子"志在救国"的学术抱负和爱国情结的体现。

5 月，吴银玲在《西北民族研究》2016 年第 2 期发表《知识、仪式与宗教——读两本抗战时期宗教人类学名著》，认为在中国宗教人类学研究领域，李安宅的《藏族宗教史之实地研究》和田汝康的《芒市边民的摆》是先驱性的重要文本。文章对两书的研究方法与行文风格做了比较研究。

5 月，常宝在《内蒙古师范大学学报》2016 年第 3 期发表《从边疆到民族：关于民族社会工作的批判与想象——兼论李安宅的〈边疆社会工作〉》，认为李安宅提倡了边疆社会工作的"兼顾""倾听""参与"和"适应"的服务模式，对认识和解决目前民族社会工作价值理念、理论建构和实务模式所遇到的制度、机制和文化性困境具有启发性意义。

7 月,汪洪亮在《齐鲁学刊》2016 年第 4 期发表《李安宅的宗教社会学思想》,指出李安宅的学习、工作及专业成长与教会学校密切关联,他在宗教理论研究和实地研究中逐步形成了较有体系的宗教社会学思想,对于处理好民族与宗教关系、宗教信仰自由、不同宗教之间关系具有重要意义。

9 月,刘艳茹在《社会科学战线》2016 年第 9 期发表《从李安宅与理查兹的意义学理论看中西语义研究的断裂与对接》,认为李安宅《意义学》一书吸收了奥格登和理查兹的《意义的意义》(*The Meaning of Meaning*)一书的精髓,结合对我国传统意义学研究方法的批判,提出了在中国建立现代语义学的重要性。这是中国现代语义学与西方的第一次对接,呈现了中西语义学的共性与断裂,以及弥补断裂的设想及局限。

2017 年

1 月,苏杰在《中国穆斯林》2017 年第 1 期发表《李安宅与回族、伊斯兰教研究》,认为李安宅在与回汉族精英人物的对话中,不断加深了其对于回族与伊斯兰教问题的认识,同时也在一定程度上推动和促进了学术界对相关问题的深入探讨。他的思考和努力不仅丰富了民国时期学术界有关回族与伊斯兰教研究的内容,同时也为后来其自身长期致力于宗教实地研究以及边疆建设事业奠定了基础。

3 月,岳天明在《西藏大学学报》2017 年第 1 期发表《论李安宅的边疆社会工作思想——兼及中国社会工作的学术史意识》,认为李安宅从实用主义立场出发,在社会学学科基础上体认社会工作,他对社会工作的性质、类别和趋势及边疆社会工作的探讨直面中国边疆社会现实，是一项开创性工作，表征着那一代社会学者矢志进行社会学本土化探索的努力，是值得珍视的学术财富。

5月，郭一丹在《西华大学学报》2017年第3期发表《论李安宅文化人类学的理论与方法》，认为李安宅对文化人类学的研究对象与性质有确切的理解与把握，提倡文化功能论和文化相对论；他采用实地研究、比较研究、应用人类学等方法，为我国文化人类学的早期建设作出了重要贡献。

2018 年

3月，郭占峰、许静在《社会建设》2018年第2期发表《李安宅边疆社会工作思想及其当代价值》，认为李安宅强调助人自助的服务理念，提倡以人为本的社会工作价值观，主张将"研究、服务、训练"三者合而为一，并重视对边疆工作者的培养。这些思想与理念对于当下边疆社会工作的建构与推进具有重要的借鉴意义。

2019 年

1月，汪洪亮在《民族学刊》2019年第1期发表《李安宅未刊手稿〈十年来美国的人类学〉及其解读》，首次披露李安宅手稿《十年来美国的人类学》全文，并对其写作背景及该文所透露的有关问题略作讨论，认为李安宅论述了1938—1947年美国人类学的理论进展及其学科特性，梳理了美国人类学界相关人物的动态和主要的书刊。

这一观察海外人类学进展的重要文献,具有重要的学术史料价值。

3 月,孙勇、王春焕在《中央民族大学学报》2019 年第 2 期发表《中国边疆研究中的"边疆性"问题探讨——以李安宅的边疆性概念解析为例》,提出李安宅 20 世纪 40 年代提出的"边疆性"概念值得研究,认为民国时期的"边疆"在相对意义上是落后地区的代称;只有进行对比的双解构,才能得出何谓"边疆性"、何谓"边疆性"逐渐消失的结论来。

5 月,西北师范大学硕士研究生朱志刚的学位论文《论李安宅边疆社会工作思想及其启示》完成。该文认为,李安宅的边疆社会工作思想不仅蕴含着服务民族地区、帮助少数民族民众发展自我的指导理论和方法,而且还体现了一位学者建设边疆、热心助人的情怀,这也正是其边疆社会工作思想的价值所在。

6 月,河北大学硕士研究生贾梦瑶的学位论文《李安宅边疆社会工作思想研究》完成。文章梳理了民国时期边疆社会工作的发展脉络,分析了李安宅边疆社会工作思想的内在逻辑和价值理念。

8 月 6 日,为纪念于式玉去世 50 周年,由汪洪亮倡导的"于式玉与民国学术"工作坊在四川师范大学举行。来自中央党史和文献研究院、兰州大学、山东大学、云南大学等机构近 30 名学者与会,就于式玉的人生与学术,包括其藏学研究、教育活动及其贡献等问题做了深入探讨,并就相关研究现状及趋势做了分析。

2020 年

1 月,汪洪亮出版《抗战建国与边疆学术:华西坝教会五大学的边疆研究》，以华西坝上五校联合办学为中心，系统梳理诸校学人同舟共济边疆研究的历程，从时、空、人三个维度，立体呈现抗战时期华西边疆学的学术圈和大后方学术社会的生活图景，以华西坝五校师生组织边疆服务团，开展社会调查、医疗卫生、文化教育活动等生动的史实，揭示其与边疆服务运动的关系，展示学以致用、服务社会、促进团结、充实国家能力的理想和精神。其中对李安宅在华西坝教会五大学边疆研究中的地位和作用揭示甚多。

5月，岳永逸在《读书》2020年第5期发表《语言的"通胀"与意义》，对李安宅出版的《巫术与语言》《意义学》两本书作了解析，认为"与其说李安宅是狭义的社会学家，还不如说他是广义的社会科学家"，也可以说是"中国社会人类学家中的哲学家、语言学家"。凌兴珍在《四川师范大学学报》2020年第3期发表《"人本·创化·适应"：李安宅教育思想及其在边疆教育中的应用——一个社会学/人类学家对中国汉藏教育文化问题的探寻与应对》，认为李安宅提出了"人本·创化·适应"为内核的教育思想，提出了"研究、服务、训练三者合一"的创化教育理论实施方案，是一个具有独立创见的"教育社会学家"或"教育人类学家"和"全面抗战时期国民政府对边疆教育政策的灵魂"。汪洪亮在《原生态民族文化学刊》2020年第3期发表《知人论世：李安宅人生与学术史研究的意义与路径》，认为李安宅的人生与学术是20世纪中国知识分子身体史与精神史的缩影，或许更能代表那个时代较为优秀而声名并不显著的学人群体。文章阐发了李安宅的人生与学术史的研究意义，对既有研究成果进行了回溯，并从社会史视角提出知人论世、通过学人研究而明了那个时代的研究路径。

8 月,汪洪亮在《中国藏学》2020 年第 3 期发表《于式玉的藏学研究与中华民族整体性追求》,梳理了于式玉的藏学研究历程与成绩,认为于式玉的藏学研究,大致可以分为西北、西南及海外三个场域,大致是自 20 世纪 30 年代初至 50 年代,基本持续,少有中断。文章指出,于式玉的藏学研究丰富而细腻,其视野、角度与李安宅既相通,又有差异;贯穿于式玉藏学研究的核心价值观,就是"全体大用",实际上是论证和构建中华民族整体性。

9 月,赵毅衡在《河北师范大学学报》2020 年第 5 期发表《李安宅与中国最早的符号学著作〈意义学〉》,认为李安宅是中国符号学的前驱人物、中国人类学研究的开创者、藏学的奠基者之一。他受到英国学者瑞恰慈影响而写出的《意义学》一书是 20 世纪 80 年代之前中国唯一的符号学著作,有重要的历史价值。王先梅在《中国西藏》2020 年第 5 期发表《西藏第一所小学——昌都小学建设发展始末》,介绍了李安宅、于式玉在昌都小学建设发展中的贡献。[1]

10 月 24 日,由汪洪亮倡议的纪念李安宅诞辰 120 周年学术研讨会在四川师范大学举行。来自国内外 20 多所高校和科研机构的 50 余位专家学者,围绕李安宅、于式玉的人生与学术,以及民族国家认同建构、边疆治理等问题进行了深入研讨。

11 月,孙勇在《西南民族大学学报》2020 年第 11 期发表《中国边疆研究中的"边疆性"问题再探——以李安宅的"边疆性"概念拓

---

[1]　该文摘要:1950 年 1 月,中国人民解放军进军西藏。在进藏之初,中央和西南军区从北大、清华、川大、西陲文化学院以及原国民党蒙藏委员会散居在成渝两地的人员中调请专家、教授 10 余人随军。贺龙向张国华、谭冠三推荐了华西大学教授李安宅、于式玉夫妇,他们渊博的学识和为民族文化教育事业、藏学研究实践所作出的贡献得到大家的一致公认。

展研究为例》，认为李安宅早年提出的"边疆性"问题至今仍有理论价值，具有社会学指向和多学科底蕴。文章尝试对"边疆性"概念下了定义，试图对具有普遍性边疆性质给予内涵到外延的厘定。

2021 年

3 月，岳永逸在《学海》2021 年第 2 期发表《魔障与通胀：李安宅的意义学》，认为李安宅是全能型的社会科学家，是人类学燕京学派的游离者。受到弗雷泽、马林诺夫斯基、吕嘉慈等人学说的影响，李安宅试图建构旨在探究语言、事物和思想三者关系的"意义学"，并在实地研究的基础之上形成了自具文化透视力的认知论。同月，岳永逸在《广西民族大学学报》2021 年第 2 期发表《实地厚生：李安宅的文化社会学》，认为《〈仪礼〉和〈礼记〉之社会学的研究》使"礼"真正成为中国社会学的一个问题，奠定了李安宅社会学研究的文化主义底色；社会学被李安宅演绎成为一种积极的人生观。孙红林、汤庆园在《四川师范大学学报》2021 年第 2 期发表《从"区隔"到"交通"：李安宅边疆建设思想的文化地理学新解》，认为"地形"与"文化"在李安宅的学术思想中始终是统一的"人地关系"整体：在这个整体中，边疆是以地貌为主的自然条件与以文化为主的人为条件的结合，"边疆性"相应地表现为"地形"和"文化"的双重区隔，边疆建设因此指向从"区隔"到"交通"的双线并进实践。

7 月，黄茂在《社会科学研究》2021 年第 4 期发表《基于文化共同体的李安宅边疆思想研究》，认为李安宅基于边疆建设的思考，从语言的魔力、文化的相对性、文化的尊重、"复异中有统一"及"统一中有复异"等维度丰富了文化共同体思想。

9月,《青海民族大学学报》2021年第3期发表一组李安宅研究论文。汪洪亮的《知人论学:纪念李安宅诞辰120周年学术研讨会述评》一文,对2020年10月24日在四川师范大学召开的纪念李安宅诞辰120周年学术研讨会发言和论文情况做了综合述评。文章认为,既有的学术史书写大多关注学术作品的文本与思想解读,而对作品的形成及思想的过程往往较多忽略。从人生史角度进入学术史,还远未形成风气。不少曾经影响很大的学者,至今仍是学术史上的失踪者,或者是失语者。过去较少受人关注的近代学者李安宅的人生与学术研究近年来异军突起,成为多个学科关注的研究对象。钟荣帆的《于道泉、于式玉研究之回顾与前瞻》一文对李安宅的妻子于式玉及妻兄于道泉的学术研究状况做了梳理,认为要加强学术交游、多学科学术成就及学术思想研究。郑莉、张慧敏的《发现女性:论于式玉藏学人类学研究的方法与贡献》一文,梳理了于式玉在藏区人类学考察的经历与成绩,认为于式玉从功能主义理论视角出发,结合解释性描述方法,以女性视角呈现女性经验和微观个体叙事,对藏区文艺研究有着独到的见解;且长期投身于边疆民族事业和社会教育事业,对中华民族共同体意识的构建作出了贡献。

11月,刘波、袁方平在《成都大学学报》2021年第5期发表《李安宅著作〈美学〉新探》,指出李安宅是国内美学研究的先驱。文章从版本源流、编写特点与文献价值等方面,介绍了李安宅1934年出版的《美学》一书体现的美学思想,认为该书意在向国人介绍美学这门在当时中国还未建立起体系的学科,指出李安宅援西入中,从心理学、社会学、语言学的角度考察美学问题,对构筑中国现代美学体系起到了促进作用。同月，王川、刘朋乐在《中国藏学》2021 年第 4 期发表《20 世纪 50 年代初期十八军"西藏问题研究室"的活动及其历史作用》，介绍了李安宅（藏名索南多木吉）、于式玉（藏名央金拉毛）、谢国安（多吉卓巴）、戴新三、杨东生（协饶登珠）等一批藏学专家、藏事人员、藏族红军干部等参加的 1950 年 2—9 月存在的解放军十八军"西藏问题研究室"的相关活动，认为该室从调查研究西藏社会情形、制定进军守则、进行广泛思想宣传等多个方面入手，为十八军决策层提供了大量参考资料，对西藏和平解放事业作出了贡献。

附录 2　纪念李安宅诞辰 120 周年学术研讨会述评

在《中国历史研究法补编》中，梁启超专门谈到人物的专史研究，提出"伟大人物是作专史的主要对象，但所谓伟大者，不单指人格的伟大，连关系的伟大也包在里头"①。在既有的学术史书写中，学界大多关注学术作品的文本与思想解读，而对作品的形成及思想的过程往往较多忽略。中国民族学、人类学的学术、学科史的梳理中，也存在类似问题，较多关注不同历史阶段学科发展的宏观情形，呈现了不同时期相关机构及学术成果，但较少探讨相关学者如何进入相关学科领域，在相关学科领域有何成绩和思想主张及其成因与影响。也就是说，从人生史角度进入学术史，还远未形成风气，梁启超所谓"关系的伟大"呈现得还很不充分。即以 20 世纪上半叶为例，很多在民族学、人类学界影响很大的学者，在现今的学术史论著中，大多寂寂无闻。比如凌纯声、柯象峰、徐益棠、芮逸夫、卫惠林、梁

---

① 梁启超：《中国历史研究法补编》，《中国历史研究法》，上海古籍出版社 1998 年版，第 186 页。

瓯第、岑家梧、蒋旨昂……大多数至今仍是学术史上的失踪者,或者是失语者:虽然时或出现在有关论题中,但他们表达了什么,为何表达,如何表达,学界关注甚少。在当今学人奔走田野的忙碌中,前辈学人曾经的身影和声音均已渐行渐远。

当然,在这种总体较为萧条的学人与学术史研究中,关于吴文藻、费孝通和林耀华的研究相对更早、更为持续且成果较多。近年值得关注的一个学术现象就是,告别学术相对较早、门徒相对较少的李安宅(1900—1985),其人生与学术的研究异军突起,有后来居上之势,成为多个学科关注的研究对象。① 与多数人类学家不同,李安宅的学术领域极为宽广,曾经耕耘在语言学、意义学、美学、民俗学、宗教学等若干个学科领域,且都有著述行世,尤其在边疆研究领域成就最大、著述最多,是开中国现代藏学和边疆研究先河的前辈学者,近代中国边疆研究代表人物,在近代学术史上有着重要地位。李安宅和于式玉是一对重要的生活伴侣和学术伉俪,尤以藏学名世,堪称藏学界的"天涯同命鸟"。他们对中国边疆问题的深刻见解及对中华民族整体性的科学论断,在学界产生了广泛影响。按照梁启超的说法,李安宅堪称"关系的伟大"的重要链接体,尽管其在学界地位与受关注度不如胡适、顾颉刚、傅斯年等"国学大师",但他在民国时期政学两界都有较高声望,其"朋友圈"或者交往范围相当宽广,他的

---

① 仅以中国知网为例,以"李安宅"为篇名搜索,20 世纪 80 年代仅 3 篇,20 世纪 90 年代仅 2 篇,2000—2009 年仅 7 篇。此后李安宅研究成果激增,2010—2019 年达 46 篇(其中 2015 年即有 18 篇),2020 年至 2022 年 5 月 15 日,即有 14 篇,可见学界对李安宅研究关注"热度"上升。以"于式玉"为篇名搜索有 17 篇,其中较早发表的 7 篇题目均含"李安宅"。近年单独研究于式玉的论文已渐增多。这些成果涉及学科有历史学、人类学、语言学等学科领域。

学术话题除了有关学术,也与民族国家建设及边疆社会发展有着直接关联,从而使其人生角色不再是单一的,而是具有丰富的"关系",与诸多话题都有牵连,那么他就完全具备梁启超所言"专史研究"的"伟大人物"标准了。

四川师范大学是李安宅、于式玉工作的最后一站,已成为李安宅、于式玉研究的重要阵地,分别于 2014 年举办了以李安宅为中心的成都历史名人研讨会,2019 年 8 月 6 日召开了"于式玉与民国学术"工作坊。2020 年 10 月 23—25 日,四川师范大学举办了纪念李安宅诞辰 120 周年学术研讨会。来自国内外 20 多所高校和科研机构的 50 余位学者参加会议。

会议开幕式由中国近现代西南区域政治与社会研究中心主任、四川师范大学历史文化与旅游学院院长汪洪亮教授主持。四川师范大学副校长王川教授、李安宅妻妹(于陆琳)之女孟运女士、李安宅外孙女任东晓女士及多位学者分别致辞,或追忆往事,或点评学术,或反思人生,皆情真意切,言近旨远,引起会场师生共鸣。王川在致辞中指出,四川师范大学非常重视李安宅研究,已形成多学科渗透的研究特色,主办学术研讨会不仅是为纪念、研究和承继李安宅丰富的思想和学术遗产,更是为了传承和弘扬他经世治国、以学术奉献国家、为时代建言献策的爱国情怀。

本次会议在线上线下同步进行。与会专家围绕李安宅、于式玉的人生与学术,以及民族国家认同建构、边疆治理等问题进行了深入研讨。以下根据会议研讨情况略作综述。

一、李安宅的人生与学术

李安宅 20 世纪 50 年代填写的相关表格中,在"技术特长"一栏一般只写"民族学",但也不忘注明"亦称人类学"。他去世后一段时间学界大多以社会学家来定性他的研究领域,藏学界则称其为藏学家。新世纪以来学界又大多关注其人类学家的身份。此次会议不少学者对其人类学活动及其意义作了深入探讨。

李安宅广为人知的著作《藏族宗教史之实地研究》已在中国藏学出版社、上海人民出版社、商务印书馆等机构出版多次,主体内容即基于拉卜楞的田野考察。所以,拉卜楞可视为李安宅作为人类学家最重要的田野点。兰州大学宗喀·漾正冈布教授论述了李安宅在拉卜楞寺的研修生涯,对李安宅文章中今天绝大部分读者甚至专家难以辨识的一些专门概念做了诠释,其中包括数以百计的对他以汉字拼写的藏语(包括安多、康方和卫藏方音)专称给出了相应的藏文拉丁转写。他认为李安宅对拉卜楞大寺教育制度的研究具有很强的现代性,全面研究李安宅在拉卜楞的传奇研修生涯,是全面了解他人类学与藏学研究特质和实际成就的关键所在。

北美祖尼小镇是李安宅的另一个重要田野点。西南科技大学崔忠洲副教授认为从事祖尼人类学考察的李安宅是中国"海外人类学"的先驱,不仅因为作为第一位进入印第安人地区做研究的华人人类学家而具有象征性意义,而且其研究的地域和研究的内容都对中国人类学的发展有着特别的启示。

　　李安宅在昆明高峣村的人类学考察少有人知。中山大学刘志扬教授提出应从"内部人视角"和"外部人视角"的交织中理解 1938 年李安宅、于式玉与奥斯古德（C.Osgood，李安宅译为"欧兹古"）在昆明高峣村的调查研究。他认为奥斯古德邀请李安宅来高峣一起研究，是希望有一种内外视角的参照对比研究，这是超前和具有预见性的人类学研究取向。尽管他们在高峣一起工作的时间只有半个月，但李安宅给予奥斯古德很大的帮助。奥斯古德在书的扉页上写上了"献给我的朋友李安宅"，是他们深厚友谊的表达。凯里学院教师余锴从互惠人类学的角度对这一考察进行再思考，对陈波与何国强有关李安宅高峣研究的论述做了进一步梳理与展开，提出了"重返现场""瞻前顾后"的研究思路。

　　四川师范大学彭文斌教授以"线索民族志"为研究方法，对李安宅的《藏民祭太子山典礼观光记》进行解读，思考朝圣者与观光者的互动、神话与神圣空间的构建、旅途中所折射的社会与人际关系、仪礼与地方政治权力、景观与心态呈现等问题，力求从小文章里看"藏边社会"一些大的历史、文化、民俗、政治的线索"再现"（representation）问题，认为该文体现了学术研究对神山体系的构建以及建设汉藏边缘的努力。

　　云南财经大学陈刚教授梳理了李安宅在人类学领域的杰出贡献，认为李安宅深受人类学功能学派的影响，推崇马林诺夫斯基并翻译其著作，为功能主义人类学在中国的早期传播以及国内学者了解西方人类学、观照中国社会作出了极大贡献。

　　李安宅的《〈仪礼〉与〈礼记〉之社会学的研究》受到西南民族大学教授杨正文、张原关注。李安宅在该书序言中说："中国的'礼'既包括日常生活所需的物件(人与物、人与人、人与超自然等关系的节文)，又包括制度与态度"，"'礼'就是人类学上的'文化'，包括物质和精神两方面"。杨正文指出，该书从物质、制度和精神(包括信仰)几个方面展开对中国之"礼"的讨论，这个框架提醒我们可以从物质性层面去探讨和观想中国古代的文化与制度，更重要的是从中国古代文化与制度的物质性讨论中或许能构筑起某些社会学、人类学或历史学的中国话语。张原认为李安宅的学术研究带有强烈的知识社会学色彩，他对《仪礼》与《礼记》的研究与他在藏区从事的实地考察构成了一个在汉藏之间进行知识社会学比较研究的重要路径。通过对儒家官僚与喇嘛僧侣这两种知识人的社会学比较，李安宅基于知识分配方式所导致的社会阶层分类，构建起了汉藏社会间的可比性。这种比较延续了马克斯·韦伯关于知识人作为社会中的文化担纲者的论述，对我们今天理解汉藏两地的社会特质仍具有启发意义。

四川师范大学佘振华副教授敏锐地察觉到李安宅译著中伴随着"人类学家"的身份对翻译工作的影响与渗透，这些译著在翻译策略、词汇句法的使用等方面呈现出不同的特点：在"非人类学翻译"时期，李安宅的译作偏重"信"与"达"，词句多用直译，异化特征明显，从而彰显了自己的译者身份。而在"人类学翻译"当中，李安宅由"信""达"至"雅"，词汇和句法上归化特征明显，在语言层面表现出明显的译者隐身倾向；而在篇名、段落和注释等方面的处理又不失时机地让自己的人类学家身份显形。

四川大学李锦教授考察了李安宅担任华西协合大学社会学系主任期间关于社会学发展的理念与实践，指出华大社会学系具有注重边疆社会学与乡村社会学的特点。这也是后来四川大学社会学和人类学发展的重点领域。

四川大学王鹏辉教授认为,李安宅是中国 20 世纪社会科学通识学人,在边疆学的学术贡献仍有待发覆,他在西北藏民区的史地调查和以此为基础形成的边疆社会工作实为当时西北边疆建设运动的产物,学理上继承了西北边疆史地研究经世致用的中国传统,运用西方现代社会科学赋予中国传统西北边疆史地之学新的时代面貌。

四川师范大学孙勇教授认为,李安宅提出的"边疆性"问题是在边地基层长期调研的基础上通过跨学科研究提出来的,其出发点在于对中国具有边疆属性的那些地方进行依托于"现代性"的改建,以便于整固国家对该地域的治权。

中央民族大学孙红林博士指出在李安宅的边疆观念中,"边疆"是以地形为主的自然条件与文化为主的人为条件的结合,二者分别与"区隔"和"交通"相对应。随着我国边疆交通事业的发展,李安宅边疆建设思想中的文化地理学价值将日益凸显。

西藏民族大学周毓华教授梳理了李安宅的学术历程,认为李安宅的学术贡献主要是在两个方面,一是推动了华西学派人类学的发展,二是倡导中国边疆学科的建设。他的学术既博采众长,又独树一帜,始终在追求读书治国的路上不断探索,始终倡导实地研究,其治学与修养,足以作为衡量那一时代学术高度的最大标高。

四川民族出版社唐怡编审指出李安宅及李安宅研究是不可多得的稀缺选题资源,认为应从李安宅的学术成果、关于李安宅研究的成果,以及与李安宅相关的出版物等方面进行图书策划,全方位、立体化、多维度地展现李安宅及其研究。

西南民族大学硕士生辛海龙,以知网的数据分析为基础,运用改进后的鱼骨图层次分析法，对李安宅早期的人生与学习经历进行全面梳理，以此来探析李安宅教育思想的早期渊源（1921—1931 年）。四川大学戚亚男编辑分享了其采访李安宅后人的往事，并展示了一些珍贵的老照片。

李安宅一生著述颇多，但时至今日仍有部分文献未得到学者们足够的关注。四川省通讯管理局贺宏亮分享了李安宅很少被学人提及的《论事业心——社会学分析之一》《蒋著成都社会事业序》等文章。四川师范大学朱晓舟博士介绍了李安宅旅美时期以"任责"为笔名发表的系列文章《侨乡偶记》，认为其中记载了李安宅留学美国期间对美国西南地区印第安人的观感，对美国黑、白、黄三色人种之间"相对性种族偏见"的思考，对留学生生存状况的描述，前往祖尼进行人类学调查的概况等等，对于理解其早期人类学实践具有重要意义。四川师范大学马磊副教授基于李安宅《陇岷·洮河日记》序文，以民国时期《陇游日记》与《领事官在中国西北的旅行》两个文本为中心，对民国时期中英"洮西"民族社会调查的科学价值、方法论意义做了比较研究。

二、于式玉的人生与学术

与李安宅结为伉俪，同为中国藏学界"天涯同命鸟"的于式玉也受到学者们的关注。

山东大学钟荣帆博士认为于道泉、于式玉是中国藏学史上一对重要的学术兄妹，两人的学思道路是中国藏学转型发展具体而微的例证,充分展现中国藏学在不同历史阶段的沉浮盛衰。学界对于道泉、于式玉的研究尚处于起步阶段,多集中于两人"人生史"的梳理,较少涉及两人的多学科学术成就及其学术思想,几未旁及两人的学术交游及日常生活,未来应从挖掘各种史料、转换研究视角、创新研究方法等方面进一步深化与拓展。

四川大学何广平博士梳理了于式玉的五次边疆考察活动,认为前四次都是在抗战建国背景下参与西北开发和西南开发的实践活动,展现了汉人知识精英群体在国难中参与国家建设、贡献知识力量的一面。于式玉等学者在边地的活动,加强了汉人与边民之间的联系,在一定程度上推动了边地社会的发展;他们基于实地考察提出的边疆建设主张,为政府边疆政策的制定提供了现实依据和理论基础。

西南民族大学马廷中教授及其硕士生胡聪考察了于式玉创办拉卜楞女子小学的背景与过程,认为这一办学实践在强化国族意识、反对分裂、各民族交流交融、互惠互荣等方面具有重要意义。

三、边疆研究及其他

华西边疆研究也是学者们关注的议题之一。陕西师范大学李如东博士对 1920 年至 1937 年华西协合大学传教士在中国西南地区展开的植物(博物)研究进行考察,旨在呈现华西人类学研究的博物学基础。他认为,传教士与国人华西研究之间的相互影响虽有"知识竞争"的意味,但却共享着相同的学术场景。不同的是,前者的智识活动更多服务于"帝国"知识图景的建构,而后者则旨在建立现代国家的社会科学门类。最终，在传教士与国人有关华西植物（博物）和人类学研究智识活动的更迭过程中，华西人类学在一定时期内形成了一种内含博物风格的知识样貌。四川师范大学汪洪亮教授追溯了中国人类学"华西学派"的历史进程，并从事实与学理两个方面对"华西学派"做了辨析。他认为，以葛维汉、李安宅等学者为核心的华西坝上人类学家，具有与既往人类学界所指称的"南派""北派"均有明显差异的学术个性特征，被李绍明称为中国人类学的"华西学派"。2017年李锦以中国人类学"华西学派"的学术体系为题申报国家社科基金重大招标项目获准，其旨趣意在学科史上坐实这个学派的存在，并探讨其学术体系与话语体系。无论"华西学派"的提法是否成立，但李安宅作为华西坝上人类学家的核心人物，却为学界所公认。

涉藏历史研究是参与学者关注较为集中的领域。成都市国学研究会名誉会长、佛学家弘学梳理了民国时期的入藏学法团的历史，论述了密悟、法尊等几位精英在促进汉藏交流及发展藏传佛教等方面的贡献。四川师范大学毛丽娅教授依托清末民初时期四川乡土志的记载，分析了这一时期藏传佛教在四川地区的分布及其影响。四川大学励轩教授以1947年版《国文藏文对照初级小学语文常识课本》为中心，探讨国民党政府如何利用双语教材形塑藏族学生的国家认同。四川师范大学何文华副教授分析了不同历史时期达木蒙古在清朝的待遇及其之于清廷的作用。重庆大学韩腾博士通过对藏汉史料的梳理，讨论了清代后期拉卜楞寺与川西北地区错综复杂的政教关系以及甘川两省的划界等问题。北京第二外国语学院林越英副教授从旅游与发展视角对中国藏区的人类学研究及其研究条件与研究内容进行分析,试图建构中国藏区人类学的雏形。云南大学李志农研究员撰文介绍了云南大学的涉藏研究机构及相关研究状况。南京大学胡箫白副教授从物质文化角度考察明代汉藏交通中不同流通品的象征含义及社会功能,通过汉藏接触地带的三类物品,关注跨地域互动过程中发生的文化变迁与互渗,认为杂谷土司与明廷对于刀具、盔甲的"文化误解"是二者矛盾产生、关系破裂的重要原因,造成了 15 世纪明朝西部边疆最为严重的边防危机。

此外,绵阳师范学院王立桩副教授考察了《西南少数民族地区实行民族区域自治及建立民族联合政权的意见》的制定过程,认为从中可以窥见新政权与少数民族围绕民族区域自治的施行展开的权力博弈。美国西来大学龙达瑞教授介绍了剑桥大学李约瑟东亚科学技术史研究所收藏的关于罗忠恕的资料。四川师范大学陈鹤博士对王川教授所著《李源澄先生年谱长编(1909—1958)》做了辑补工作。

会议研讨结束后,汪洪亮教授作总结讲话。他指出李安宅的学术著述及学术精神,是今日边疆研究与民族学的宝贵精神财富。此次学术研讨会规模大、规格高,海内外学者参加,线上线下进行,表明李安宅研究已经受到学界广泛关注。众多学者从多种学科、多种视角研讨了李安宅的人生与学术,必将进一步推动李安宅、于式玉等学人与学术史的研究。此次学术研讨会以李安宅为中心,对相关问题进行了充分交流与深入研讨,有助于凝聚学术共识,汇集研究力量,对于推动李安宅研究走向深入具有重要意义。

附录 3　重温李安宅关于读书与治学的论述

　　今年 5 月 16 日，我校 60 周年校庆，届时将是校友返校，冠盖云集，一片热闹气氛。在这样一个时刻，我想起了清华大学"终身校长"梅贻琦先生的一句名言："所谓大学者，非谓有大楼之谓也，有大师之谓也。"已走过 60 年风雨历程的四川师大，也有过一批蜚声海内外的大师学者，此时重温他们的一些读书治学的经验，对于晚辈后学是很有助益的。

　　自 1962 年到我校工作的李安宅（1900—1985）先生就是一位大师学者。他一生致力于民族学、社会学、藏学、人类学等多种学科，学采东西，成就卓著；其研究成果至今在西方人类学、社会学、藏学界有很大影响。前段时间，我在阅读李安宅先生著作过程中，发现有几篇论述读书和治学的文章。在这里，我想介绍一下李安宅先生关于读书和研究的一些思想，以供师友参考。

　　通观李安宅先生的读书和治学观的特点，用一个词来概括，就是"以人为本"，即不放掉人本主义的立脚点。李安宅强调，学问贵在做人,贵在为社会谋利益,这应该成为读书的最大意义。李安宅强调了两点。第一,不放掉人本主义(Humanism)立脚点。因为人的一切活动,包括"征服自然,征服社会,以及征服自己,统统都是为自己,为人类",说到底,"统统都是以人为本"。学习目的是很重要的。目的是一切的统帅,是一切实践活动的出发点和归宿。目的决定方向,决定路线,决定方式和方法,决定一切,一切都必须服从目的。"为何学",即学习的目的,它决定着"学什么""怎么学",决定着整个学习系统,其实说到底,也决定了一个人的境界。李安宅也说,"为学问而学问与只讲学问而脱离了人事道德,乃是将手段当作了目的"。第二,"我们要知道一切学问道德都是来自实际经验"。李安宅眼中的"学问之道,在有直接经验"。他在很多文章里都谈到,"学问有两种,一种是头手货,一种是二手货。头手货是自己的经验,二手货是旁人的传闻"。而"书籍无论写得怎样好,对于看书的人不是直接经验,而是间接经验,而是'二手货'了",但是我们仍然要读书,这是因为"有了直接经验,欲得积思广益的效果,我们放着人家的经验记录(书籍)当然要参考参考;我们还无直接经验,若欲准备直接经验的便利,也可参考人家的经验记录。这就是我们所以要读书的理由"。归根到底,就是不能不读书,不能为读书而读书,不能只是读书而不实践。因为"参考旁人的传闻,不过是直接经验的预备,或者有了直接经验以后拿来作一种比较,一番印证,所以直接经验是目的,间接传闻是手段"。

对于当时学风的评价,李安宅一言以概之,"病在不切实际",因此,他提倡"我们非提倡实地研究不可"。由上可知,对读书而言,目的是以人为本,过程则要"直接经验",在实践中学习,在实践中获取直接经验，在实地研究中求取学问，从而增进人类的福利。他一再强调，"我们是人，脱不了以人为本的主义，即知识的目的在乎增进人类的幸福"，他还针对有人反对求学的话，"求学也活着，不求学也活着"，有力反驳之曰："是的。猪也是活着，吃猪的也是活着；亡国奴也是活着，亡人国的也是活着；受人剥削也是活着，革命成功也是活着。不过，所谓幸福不幸福，只看怎样活着而已！所以读书不是要脱离人事，乃是要使人事更丰富；不是不要生产，乃是要生产得更经济；不是不要享受，乃是要享受得更有道理。这样读书才有用处。"从这些地方，我们能深深感受到李安宅读书治学观念中体现出的那种济世达人的宝贵情怀，能够体会那一代学者对祖国深切的爱、对学问的执着。

李安宅是这样说的，也是这样做的。1935 年 7 月他到新墨西哥州的一个名叫祖尼（Zuni）的印第安人部落进行民族学调查，写成《印第安人祖尼的母系制度》（英文本），详细叙述了祖尼部落母系制度的结构与演变，至今犹为国际同行专家所引证。1936 年末，李安宅自美返国，继续执教于燕京大学，主编英文刊物《燕京社会科学研究》和中文刊物《社会学界》，竭力提倡"实地研究"和"实地工作"，主张"产生正确知识的唯一方法，即在实地研究"，只有"直接得来的知"才算"知识即力量"。1938 年，李安宅应顾颉刚之邀，与夫人于式玉赴甘肃夏河县的安多藏区最大的寺庙拉卜楞寺进行藏族社会调查。为了取得第一手资料，李安宅住进寺院，潜心学习藏语藏文及佛学知识，经过三年考察，李安宅写成了《拉卜楞寺调查报告》。1941 年，李安宅入川任华西协合大学社会学系教授兼主任，次年发起筹建华西边疆研究所。抗战时期，成都华西坝以研究边疆为宗旨的三个组织,即华西边疆研究会、中国边疆学会、华西大学边疆研究所,既互相配合又各自独立地开展调查研究,实地考察,主办公开演讲,举办文物展览,出版刊物等,表现出边疆研究的繁荣景象。可以说,李安宅与有力焉。

怎样读书,李安宅先生主要强调了四点。试介绍如下:第一,要读有直接经验的人写的书。李安宅认为,这种书才有"二手货"价值,要尽量读原著。"万不得已,也不过读一读解释这书、批评这书的'三手货'、'四手货',以备参考。万不可只读批评或解释马克思的书便去反对马克思或赞成马克思,或只读批评或解释康德的书便去反对康德或批评康德。"第二,读书外,要努力直接经验。"只有自己印证过的经验才是自己的知识。浮光掠影的知识,只可谈一谈,万不能应用"。第三,"读书的时候,要了解言语文字与思想的关系。在纸片的背后,能够推出作者的原意,一层一层地好像同他亲炙辨证或共同经验,方不致堕在文字障里,永远挣扎不出来"。第四,读书和直接经验,其目的都是要增进人类的福利。"倘若得到一点平面的知识与技能,而同时失掉了与人不可分离的人格,便是本末倒置,根本失掉了所以求知识与所以读书籍的立脚点。"

对照李安宅关于怎样读书的系列论述,我感到李先生所批评的学风至今犹存,李安宅先生所提倡的学风,我们做得还不够。我想起读研究生时,导师推荐我读罗尔纲先生写的《师门五年记》,全书读下来,印象最深的是三个字,那就是"不苟且"。看似简单,做起来却不太寻常,要一辈子"不苟且"又谈何容易。但是正如胡适所说,"凡在行为上能够'一介不苟取,一介不苟与'的人,在学问上也必定可以养成一丝一毫不草率不苟取的工作习惯"。只有以这种"不苟且"

的态度作为治学基础,脚下的路才会更牢固、更坚实。

其实推而广之,不仅做学问需要如此,无论从政、经商或其他类型的工作,都是需要这种"不苟且"的精神和态度的。反观现在学界,许多人仅据道听途说或浮光掠影的一点知识或信息,强不知以为知,动辄信口开河,要么人云亦云,要么强作解人,自以为于天下无所不知,实际上满纸荒唐言,徒增笑柄而已。拿"直接经验"来说,我们也许还是做得很不够的,很多人别说去印证,恐怕很多人连"印证"的意识都还比较缺乏。其实直接经验也不神秘,比如我们学习做论文,光看别人做是不够的,我们还得自己动手做;比如我们学理论知识,还得到实践中检查一下这个理论是否正确或可行;等等。

李安宅讲到的"语言文字与思想的关系"也值得我们重视,同样的一本书,别人能读出其中的微言大义,为何我们却不能得其内蕴呢?除了功底差以外,与我们是否爱思考,是否有"读书读到书背后"的习惯有密切关系。一文本之产生或存在,必有其语境,我们读书便得考察时世及作者的处境及心境,可谓知人论世。

李安宅谈怎样读书,也谈到要做一个怎样的人的问题。他说:"与人接触很少的人,不过仅仅是个人(a mere individual);必是在人家里面发现了自己,在自己里面发现了人家,借着彼此的接触,才获得人类里的地位,才成就一个有身份有人格的人(a person)。有身份有人格的人,才可以利用人家的产物或社会的产物,才可以读书。"可见,在李安宅心目中,读书与做人是一体的。读书是为了做人,是为了谋人类之福利,而只有这样的人才可以读书。联系现实,联系我们自己,该往何处努力,自是不待多言的了。

李安宅还批评民国时期,"学校与教育分了家,书籍与经验分了家"。认为当时的中国教育,"充其量,也不过是制造出方板的'学生',成就不了足以应付活的事体的'君子不器'的活'人'来"。李安宅一直认定,没有直接经验的教育,只是传递旧有的文化,不是"真正教育应有的含义"。而"新"并非标新立异,而是要"在原有的基础上继长增高不求新而自新。"他称前者为形式教育,后者为创化教育,遗憾的是,形式教育因学校的制度化、机关化而占据了主导地位,"尽管从新文化运动以来,大家都在喊,都在批评,然而传统的思想继续作怪,名词花样虽然常常翻新,积极适应的工作则少作,即作也更少有舆论的拥护"。可见李安宅提倡积极的创化的教育,反对消极的形式的教育。他所批评新文化运动在很多方面破得多、立得少,某种程度上成了一"新名词运动",也可说是见道之解。而李安宅所提倡的创化教育,则正可作为我们办教育的一个重要方向。我们的办学宗旨"传承鼎新立人惠众",也表明了我校已开始朝此方向努力了。

汪洪亮草于 2006 年 5 月

主要参考文献

1. 李安宅论著

李安宅:《〈仪礼〉和〈礼记〉之社会学的研究》,商务印书馆 1931年版。

李安宅:《意义学》,商务印书馆 1934 年版。

李安宅:《社会学论集》,燕京大学出版部 1938 年版。

李安宅:《边疆社会工作》,中华书局 1944 年版。

李安宅:《藏族宗教史之实地研究》,中国藏学出版社 1989年版。

《李安宅、于式玉藏学文论选》,中国藏学出版社 2002 年版。

2. 李安宅研究成果

陈波:《李安宅与华西学派人类学》,巴蜀书社 2010 年版。

陈波:《坝上的人类学:李安宅的的区域与边疆文化思想》,《西南民族大学学报》2008 年第 2 期。

李绍明:《评李安宅遗著〈藏族宗教史之实地研究〉》,《中国藏学》1990 年第 1 期。

李培林:《李安宅与礼仪研究》,李培林、渠敬东、杨雅彬主编:《中国社会学经典导读》(下),社会科学文献出版社 2009 年版。

林日杖:《编辑视野下的李安宅研究:学术研究综述的范式转型》,《中国藏学》2015 年第 2 期。

全增嘏:《李安宅之"意义学"》,《人言周刊》1934 年第 19 期。

孙刚:《李安宅的美学思想研究》,东北师范大学硕士学位论文,2008 年。

汪洪亮:《藏学界的"天涯同命鸟"——于式玉与李安宅的人生与学术》,《民族学刊》2011 年第 3 期。

汪洪亮:《顾颉刚与李安宅的人生交集与思想学术异同》,《中国藏学》2015 年第 2 期。

汪洪亮:《建设科学理论与寻求"活的人生":李安宅的人生轨迹与学术历程》,《民族学刊》2010 年第 1 期。

汪洪亮:《李安宅边疆思想要略》,《西藏大学学报》2006 年第 4 期。

汪洪亮:《李安宅的学术成长与政治纠结》,《民族学刊》2016 年第 1 期。

汪洪亮:《李安宅于式玉先生编年事辑》,《民族学刊》2013 年第 6 期。

汪洪亮:《应用人类学视野中的民国边疆服务运动——以李安

宅的相关论述为中心》,《思想战线》2010年第5期。

汪洪亮:《知人论学:纪念李安宅诞辰120周年学术研讨会述评》,《青海民族大学学报》2021年第3期。

王先梅:《五十书行出边关,何惧征鞍路三千——忆李安宅、于式玉教授》,《中国藏学》2001年第4期。

王先梅:《女教授于式玉》,载于西藏自治区党委研究室编:《首批进军西藏的女兵们》,西藏人民出版社2001年版。

王晓义《李安宅教授的社会学思想》,《社会学与社会调查》1989年第5期。

吴银玲:《读李安宅〈《仪礼》和〈礼记〉的社会学研究》,《西北民族研究》2009年第4期。

藏乃措:《民国时期华西边疆研究所考述》,陕西师范大学硕士学位论文,2013年。

张庆有:《记中国藏学先辈——李安宅于式玉教授在拉卜楞的岁月》,《西藏研究》1989年第1期。

3. 其他论著

顾颉刚:《顾颉刚日记》,中华书局2011年版。

顾颉刚:《西北考察日记》,甘肃人民出版社2002年版。

胡鸿保:《中国人类学史》,中国人民大学出版社2006年版。

黄新宪:《基督教教育与中国社会变迁》,福建教育出版社2000年版。

江勇振:《星星、月亮、太阳:胡适的情感世界》,新星出版社2006

年版。

[美]基辛:《文化·社会·个人》,甘华鸣等译,辽宁人民出版社1988年版。

[美]科尼尔斯·奥斯古德:《高峣:旧中国的农村生活》,何国强译,香港国际炎黄文化出版社 2007 年版。

雷洁琼:《燕京大学社会服务工作三十年》,《中国社会工作》1998 年第 4 期。

李绍明:《〈于式玉藏区考察文集〉评介》,《中国藏学》1991 年第 4 期。

李绍明:《略论中国人类学的华西学派》,《广西民族研究》2007年第 3 期。

李绍明口述,伍婷婷记录:《变革社会中的人生与学术》,世界图书出版公司 2009 年版。

梁启超:《中国历史研究法》,上海古籍出版社 1998 年版。

梁庆标:《自我意识与身份:自传研究的新视角》,《宁夏社会科学》2014 年第 1 期。

凌纯声:《中国今日之边疆问题》,正中书局 1934 年版。

刘冠群:《〈康藏情况报告〉与几位藏学专家》,《文史杂志》1997年第 5 期。

刘冠群:《贺龙与几位藏学专家》,《民族团结》1997 年第 1 期。

马戎:《如何认识"民族"和"中华民族"——回顾 1939 年关于"中华民族是一个"的讨论》,《中南民族大学学报》2012 年第 5 期。

梅贻宝:《大学教育五十年——八十自传》,台北联经出版公司1981 年版。

彭文斌：《中西之间的西南视野：西南民族志分类图示》，《西南民族大学学报》2007 年第 10 期。

容新芳：《I.A.瑞恰慈与中国文化：中西方文化的对话及其影响》，商务印书馆 2012 年版。

思慕：《中国边疆问题讲话》，上海生活书店 1937 年版。

汪洪亮：《抗战建国与边疆学术：华西坝教会五大学的边疆研究》，中华书局 2020 年版。

汪洪亮：《知人论学：民国时期的边疆学人与学术》，中华书局 2023 年版。

汪洪亮、钟荣帆：《文化先行与边民为本：徐益棠边政思想述论》，《广西民族大学学报》2019 年第 4 期。

汪洪亮：《20 世纪三四十年代中国学术地图变化与边疆研究的复兴》，《四川师范大学学报》2015 年第 2 期。

汪洪亮：《顾颉刚与民国时期的边政研究》，《齐鲁学刊》2013 年第 1 期。

汪洪亮：《顾颉刚与中华基督教会在西南边疆的社会服务运动——以顾颉刚日记为中心的考察》，《西南民族大学学报》2013 年第 11 期。

汪洪亮：《蜀中学者罗忠恕人生史研究的学术意义》，《四川师范大学学报》2017 年第 4 期。

汪洪亮：《于式玉的藏学研究与中华民族整体性追求》，《中国藏学》2020 年第 3 期。

王汎森：《傅斯年：中国近代历史与政治中的个体生命》，三联书店 2012 年版。

王建民:《中国民族学史》,云南教育出版社 1997 年版。

王利平、张原、汤芸、李绍明:《20 世纪上半叶的中国边疆和边政研究——李绍明先生访谈录》,《西南民族大学学报》2009 年第 12 期。

王铭铭:《民族与国家——从吴文藻的早期论述出发》,《云南民族学院学报》1999 年第 6 期。

王铭铭:《经验与心态》,广西师范大学出版社 2007 年版。

王铭铭:《人生史与人类学》,三联书店 2010 年版。

徐葆耕:《瑞恰慈:科学与诗》,清华大学出版社 2003 年版。

阎明:《历史上的燕京大学社会学系》,《中国社会导刊》2007 年第 14 期。

杨淑贤:《一部直通读者呼吸感受的著作——评李安宅的美学》,《西南民族学院学报》1997 年第 5 期。

杨天宏:《政制转型与中国教会的调适》,《四川大学学报》2009 年第 3 期。

赵晓阳:《基督教青年会在中国:本土和现代的探索》,社会科学文献出版社 2008 年版。

赵夏:《顾颉刚先生对边疆问题的实践和研究》,《北京社会科学》2002 年第 6 期。

郑莉、张慧敏:《发现女性:论于式玉藏学人类学研究的方法与贡献》,《青海民族大学学报》2021 年第 3 期。

钟荣帆、汪洪亮:《徐益棠对边疆民族研究的贡献》,《中南民族大学学报》2020 年第 6 期。

钟荣帆:《于道泉、于式玉研究之回顾与前瞻》,《青海民族大学学报》2021 年第 3 期。

周群华:《著名藏学家于式玉教授》,《文史杂志》1991 年第 4 期。

宗喀·漾正冈布、蔡文君:《拉卜楞的央金拉姆:于式玉对拉卜楞及其周边游牧地区的考察研究(1938—1942)》,《中国藏学》2020年第 3 期。

4. 民国期刊

《边疆服务》《边疆服务通讯》《边疆通讯》《边事研究》《边政公论》《晨报》《出版周刊》《大公报》《东方杂志》《独立评论》《华大校刊》《华文月刊》《华西协合大学校刊》《基督教丛刊》《力行月刊》《青年中国季刊》《人言周刊》《社会建设》《社会学讯》《文化先锋》《西北问题》《新社会科学》《新西康》《学生与国家》《学思》《语文》《责善半月刊》

后　记

拖延了很久,我终于开始写这本书的后记。于我而言,拖延几乎成了习惯。很多时候,灵感千呼万唤不出来,到了紧要关头才姗姗来迟。很多时候,计划非常宏大而精细,执行中时常东鳞西爪,多年后才发现完成度还非常低。很难做到心如止水,常常陷入纠结之中,什么时候让这个研究告一断落,从而另辟蹊径,另起炉灶?有些题目做过本就不必再做,学者也应该眼观六路,瞻前顾后,环视左右,不断发现新问题,开辟新领域。如果守住一亩三分地,不越雷池一步,即使掘地三丈,也是坐井观天。但有些题目,一旦相逢,便如影随形,即使偶尔隐身,也会巧遇于途。

对李安宅的研究,持续已有 20 年了。具体情况,在本书引言中已有陈述。虽非从一而终、心无旁骛,却在峰回路转、移步换景中,总能发现李安宅清癯的身影。无论是在中华基督教会边疆服务研究中,还是在民国边政学研究中,乃至在抗战时期华西坝教会五大学研究中,以及人类学"华西学派"研究中,我都发现李安宅在其中地位显耀,成绩斐然,无法绕过。只在此山中,立于云深处。于是我对李安宅的研究，在林林总总的繁杂事务中一直断续进行。李安宅不是军政要人，亦非草莽英雄，在学界也算独树一帜，但又长期偏安一隅，并无门生绕膝，在当代多种学科的学术史研究中，总是榜上有名，但失于简略。但是李安宅人生与学术的丰富性、独特性，又决定了他不可能长期沉寂，终究会有很多人走近他身旁，走进他的内心世界。近些年来，李安宅研究异军突起，隐然间竟有多学科"围观"之态势。

最初研究李安宅，主要是一种工作安排。虽然进展极其缓慢，但因与其后人特别是李瑞廉的互动，又使我产生了一种不可推卸的使命感。多年来，我在思考四川师范大学的人文社科学术传统，包括中国西南区域研究、边疆研究传统时，都会追溯到当年李安宅从事的学术研究工作，进而将其一些理念融入工作中，屡有新获。四川师范大学大力支持传承弘扬李安宅学术遗产与学术精神，近年来举行李安宅研究之相关学术会议，成立华西边疆研究所，营造了李安宅研究与中国边疆研究的极好氛围；2022 年 7 月成立了李安宅研究中心，相信会对拓宽加深李安宅研究有所助益。四川师范大学 2021 年发布首届"教书育人终身成就奖"，李安宅荣列其中。历史文化与旅游学院开办拔尖人才创新培养班，也因相关老师建议以"李安宅班"命名。这一切，似乎都是水到渠成，顺理成章，然而回望初心，却是断然未曾有此宏图。当年曾表示愿到李安宅墓前拜祭，李瑞廉老人说来日方长；而今就连她也已经长眠地下 10 多年了！这本书出来了，总算可以告慰她老人家了。

其实这本书，只是我的李安宅研究计划之局部。这是一段没有完成的旅程。一直想义无反顾地奔向远方，然而奔了多少年，依然感觉目标很遥远。设计了标题，拟定了提纲，搜集了材料的若干篇论文写作计划，多年过去了，依然是一片荒原。即使是扬鞭策马，我也无法跑遍李安宅辽阔的学术世界。本应厉兵秣马，不徐不疾，直到得心应手，方可行文。这三年来囿于应接不暇的烦琐行政事务，学术发表已经是坐吃山空。库存消耗殆尽，半成品成了烂尾楼，计划的新作仍是腹稿，待产周期却一再延长。我实在不敢承诺短时间即可完成，与其敷衍塞责地加快进度，不如暂以目前书稿交差。2019年，我就将已发表的一些论文稍加打理，予以缀合，又等待新写的论文在某集刊发表后再收入书稿中，没想到审稿周期一拖就是两年，后来竟成了该集刊延迟出版的拖累之一。获悉情况后，我主动表态撤回该文，在个人公众号"峨眉贫侠"一发了之。

得知我还有后续研究计划，谭徐锋兄建议我放缓脚步，待写出更多李安宅研究的成果，整合成一部更厚实的著作，与其不完美出版，不如等待合适的时机。但当我将此郑重的意见再次与编辑陆丽云女士交流后，我非常惭愧地发现，她已经足够宽容地让这个出版合同躺了多年了。她问我计划延缓多长时间，我不由沉默了。我知道这样的等待，注定是很漫长的。我对自己能够快马加鞭写出其他论文完全没有信心，将出版合同继续延宕下去也实在于心不忍。所谓"集大成"的想法，只能暂时搁置。接受不完美的自己，终将成为我的宿命。我也不敢把自己催逼太紧，前段时间遭遇带状疱疹，就有朋友提醒我这是身体免疫力下降的严重预警。我安慰自己，暂时的停歇，是为了更好地出发。于是心安理得地放慢了脚步，且将这本并不算太成熟的书稿交出，算是对过去20年研读李安宅的些许心得的一个小结。

由于书稿不能呈现我对李安宅研究的全部构思，书名确定也颇为踌躇。徐峰兄建议取名"学随世变：李安宅的学术世界"，深得我心，但似乎更适合我计划中的下一本李安宅研究的旨趣。这本书主体上还是考察李安宅的人生历程与学术实践，稍微偏重整体与外围一些，下一本书则更加关注李安宅在多个学科的耕耘与建树，争取能更多进入其"学术世界"，于是只有分两本书来完成他的期许了。

这些年来，我出版了几种书，也发现了一个"规律"，那就是在每本书中我都提出了一些"看上去很美"的想法，但总是发现我从来没有真正达到过这些似乎"不切实际"的目标。这也验证了"知易行难"之古训，或证明了"眼高手低"之通病。遗憾总是存在，更遗憾的是，这个遗憾尚未解决，我们又往往产生了新的想法，从而又必然地产生新的遗憾。我们不能因为存在遗憾就"躺平"了，还得继续奔向下一个遗憾。或许这就是永无停息的奔跑的本质？

缘，有时真是妙不可言。如果没有这种缘，或许研究李安宅早就浅尝辄止了。我与人交往较为被动，竟不觉与李安宅后人交集越来越多。任志林、李瑞廉两位老人住在成都，2007—2009 年间经常打电话请我去改善伙食，当时就常遇到他们的女儿任东晓女士。除了谈论养生问题，说得最多的就是当年"老头"（李安宅）的最后 20 年。提起不堪回首的往事，李瑞廉快言快语，颇有鲁迅"一个都不宽恕"的风骨；任志林则宽厚大度，总说"都是过去的事了"，"主要还是时代造成的"。谈及李安宅研究的未来，李瑞廉更多一些期待，任志林则相对平和，宽慰我，年轻人有自己的事，可以慢慢来，不要打乱你自己的节奏。说到别人的研究，李瑞廉较为在意其观点和表达，任志林则表示允许别人有自己的理解。在这些时候，我在表示理解李老师的同时,更赞成任老师。于是话题经常在开饭前李老师"不讲原则"的批评中结束。在李瑞廉接洽下,我还在2008年奥运会前夕到北京看望了李印生、李秀廉。李印生蓄长须,眼神清澈,精神矍铄,谈及往事,颇有怀才不遇之心境。当年四川编辑李安宅社会学遗著选,李印生曾写《两个学者的故事》,希望能收入选集中,却未如愿。对于乃父,他的评价,就是个读书人,喜欢搞政治,其实不懂政治。这句话我至今印象深刻,但我也搞不清楚怎样才能算懂政治。李秀廉则更多强调与李安宅的聚少离多,对其学术也不了解,手头也没有资料。总体来讲,李安宅生前一度高朋满座,晚年孤冷凄清,子女多不在身边,共同语言或许也不多。这或许也是常态,今日与往昔大体亦如一。

2019年8月,为纪念李安宅夫人,也是民国有影响的藏学专家于式玉去世50周年,我筹办了一个小型的"于式玉与民国学术"工作坊。缘于在我个人公众号上读到多篇有关李安宅、于式玉的文字,孟运女士留言其为于式玉小妹于陆琳之女,于是通过四川大学陈波教授获得其微信,取得联系。她告知曾为陈波和兰州大学宗喀教授提供于式玉书信数封,并将其留存的相关资料发给我参考。她本欲参会但因感冒,由我代读其亲笔写作的《我的大姨》。恰好宗喀教授闻讯亦来参会,言及其选编的拉卜楞游历资料得到了孟老师帮助,不胜感慨。2020年10月,我又组织了纪念李安宅诞辰120周年学术研讨会,孟运女士和任东晓女士分别以线上线下形式参会,讲述了她们心目中的大姨、大姨父和外公外婆,晚辈的视角,动情的追忆,令与会学者唏嘘不已。非常赶巧的是,2020年11月8日,我和彭文斌教授在京出差,恰在中央民大附近,便联系李秀廉家人,得知老人家在楼下晒太阳,便前往探望,却见陈波教授和一个出版界的朋友正陪着老人坐在椅子上,不由不感叹无巧不成书。他乡遇故旧,也算旅途一乐趣。只是老人不能久坐,近午我们还有安排,就提前离去了。2022年暑期异常炎热,在汗流浃背中欣喜发现公众号中竟有李安宅堂弟李安宇之子李新、李安寰之女李学廉的留言。李新自称"老李",拒绝我称呼其"李老"或"李老师"。他精力充沛,为我搜寻不少珍贵照片,还能想办法把像素做大,提高图片清晰度。他还将李家简单谱系与我分享,发来他撰写的李家佚事。有些资料没法在本书分享,或许可以在下一本书中得到展示。无独有偶,李学廉也说:"您千万别称呼我老师,在下不敢当,喊我阿姨、老李就好了"。她对重现李安宅那代学者的精神有很多想法,期待在以后的日子里实现!

其实走笔至此,完全可以结束这个后记。习惯做短文的我,一反常态地絮叨,并不是因为书稿及附录删去了几万字而感觉"吃亏",而是因为的确研究李安宅时日既久,太多往事值得追忆而已。

在我博士论文,也是我承担的第一个国家社科基金项目结项成果《民国时期的边政与边政学》2014年即将出版时,杨天宏先生拨冗作序,认为拙著"首次完整重建了近代中国边政学产生、发展及演变的历史事实",对诸多学人"在该学科的学术创建以及相关学科领域的学术成就,作了有别于其他学术史书写的介绍与研究,重新拾取了已在很大程度上被忘却的这段学术史记忆。尤其引人注目的是,作者对李安宅深入的近乎个案的研究以及对他在这一学科领域地位与贡献的强调,与李绍明'中国人类学的华西学派'概念的提出功效相似,具有部分改写中国人类学历史的含义",并强调过去"李在人们的学术记忆中被淡化","现在他从边政研究的角度将涉及李安宅及相关学人的学术贡献展示出来,其意义不言而喻"。① 后来我想,之所以持续多年研究李安宅,或许与杨天宏老师的这一番勉励有关。李安宅的确是中国近代学术史上的一个独特存在,其跨学科的研究实践,其立足于中西学术汇通,力求学为世用,提出了许多原创性的观点,早晚会在学术史书写中大放异彩。② 要对李安宅的学术进行全面深入的解读,可能大多数学者都会感觉力有不逮,但也不必因此望而却步,恰需要多种学科的学者合力而为。近些年来学界对李安宅学术思想的发掘,已经证明了这一点。

同年,福建师范大学学报编辑林日杖兄拟撰一篇编辑视野中的李安宅研究,对我做了访谈,后来写出了一篇虽以李安宅为例谈学术综述,但实际上渗透了其对人物研究方法论体悟的论文。该文即对我计划中的李安宅研究著作做了"广告"——"汪洪亮《变动时代的人生与学术:人类学家李安宅评传》(人民出版社,即出)",并我从发表的系列论文中概括出"学术(边疆研究)与人生两个维度",并指出"这两个维度进行综合考察,是汪洪亮基本的研究取向","是历史学者的研究方法"。随后他提到,从历史学的角度来看,撰写李安宅的全面评传,"将其定位为人类学家是不公平的",而我更多是将其作为个案,"力图反映的东西其实主要还是历史学人的雄心,关注重心其实并不在人类学,人类学家只是作为一个标签(在没有更合适的标签前所采用的一个标签)罢了"。③ 的确,李安宅涉猎学术领域宽

---

① 参见杨天宏:《序》,汪洪亮:《民国时期的边政与边政学》,人民出版社 2014 年版,第 5—7 页。该序又以《"边政"何以成"学"》为题,发表在《社会科学研究》2014 年第 4 期。

② 参见汪洪亮:《李安宅:中国近代学术史上的一个独特存在》,《西华大学学报》2022 年第 3 期。

③ 参见林日杖:《编辑视野下的李安宅研究:学术研究综述的范式转型》,《中国藏学》2015 年第 2 期。

泛，以学科命名的单一标签显然无法覆盖周全，唯有不胜枚举或最简单的复合型的表述——"学者"可以相称。此时重提这个"广告"，更添惭愧和惶恐，我仍然未能做到"反映近代中国成长起来而在当代中国过世的那一代学人的生存境遇"。一切历史都是当代史，而当代史书写之难，也不言而喻。

不管怎么样，这本书就这样端出来了。不管是否能得到读者朋友的认可，我都要在此表示感谢。尤其欢迎由衷的批评，使我在后续的研究中能够更加深入。还要感谢杨天宏、李大龙、王川、孙勇、彭文斌、弘学、王晓焰等前辈对李安宅研究工作的勉励和支持，感谢在李安宅研究相关会议中承担了大量工作的年轻同事和研究生同学们。感谢人民出版社陆丽云编审的耐心等待和精心编辑，使本书得以"闪亮登场"。还要感谢《中国藏学》《思想战线》《西藏大学学报》《齐鲁学刊》《青海民族大学学报》《湖北民族大学学报》《西华大学学报》等曾经发表我相关前期研究成果的刊物及审稿编辑们，尤其是《民族学刊》慷慨接纳了我的五篇李安宅研究论文，为我再接再厉写作提供了持续的动力。

最后还是感谢生活中的日常与无常。祝福大家在未来日子里多一些平顺和平安。

汪洪亮

2022 年 9 月 23 日起草

2022 年 9 月 29 日草毕

2023 年 10 月 13 日再改于成都狮子山

责任编辑:陆丽云
封面设计:滢　心

图书在版编目(CIP)数据

学随世变:李安宅的学术人生/汪洪亮 著. —北京:人民出版社,2023.11
ISBN 978 - 7 - 01 - 025830 - 0

Ⅰ.①学… 　 Ⅱ.①汪… 　 Ⅲ.①李安宅(1900—1985)-人物研究
　Ⅳ.①K825.1

中国国家版本馆 CIP 数据核字(2023)第 137922 号

学随世变:李安宅的学术人生
XUE SUI SHI BIAN:LI ANZHAI DE XUESHU RENSHENG

汪洪亮　著

人 民 出 版 社 出版发行
(100706　北京市东城区隆福寺街 99 号)

北京汇林印务有限公司印刷　新华书店经销

2023 年 11 月第 1 版　2023 年 11 月北京第 1 次印刷
开本:710 毫米×1000 毫米 1/16　印张:17.25　插页:3
字数:200 千字

ISBN 978 - 7 - 01 - 025830 - 0　定价:88.00 元

邮购地址 100706　北京市东城区隆福寺街 99 号
人民东方图书销售中心　电话 (010)65250042　65289539